ディスコースとしての心理療法

PSYCHOTHERAPY AS DISCOURSE
Therapeutic Conversation leading to Possibilities

可能性を開く治療的会話

児島達美　著
＋
和田憲明　田崎みどり　永尾嘉康　伊藤勢津子　森　俊夫

tomi shobo
遠見書房

はじめに

私が心理臨床の世界に入った当時、指導教員であった霜山徳爾先生がことあるごとに若き我々に対して語ったのは「心理臨床家は黒子《くろこ》に徹せよ」という言葉であった。黒子とは、表舞台に立つ役者あってのものであり、その役者を支える影の存在である。しかし、あれから三十余年を経るなか、今や、心理臨床家はさらなる〝制度化〟と〝専門化〟によって否応なく役者として表舞台に立つことになり、それに相応しい立ち居振る舞いをより磨かなければならなくなってきている。であれば、かつてのそれとは異なるあらたな黒子の存在を強く意識しないわけにはいかない。このあらたな黒子の存在に背中を押される形で、これまで書きためてきた拙論をこの度表舞台に挙げることにした。

以下、各論文について若干の案内をしておこうと思う。

序章は、本書のために唯一書き下ろしたもので、私の面接場面におけるクライエントとの体験について、森岡正芳氏の高論に触発される形で演劇論を援用した小論である。我ながら不思議に思うのは、まだ駆け出しであった頃から現在に至るまで、この小論で述べたことが私の心理臨床感覚の通奏低音となっていることである。

第1部の三本の論考は、家族療法との長い付き合いの中で、折りに触れて感じ、考えてきたものである。第1章は、東豊氏との出会いが私自身にもたらした貴重なものである。第2章は、自分で言うのもヘンだが、ある種の〝児島達美〟論になっているようである。第3章は、正直なところ突っ込みの甘さを禁じ得ない。

それをあえて載せたのは、今後さらに家族が多様化する中にあって、浮上しつつある夫婦問題を展望する上での一助になるのではないかと考えたからである。

第2部の四本の論考は、家族療法から出発してブリーフ・セラピーさらにナラティヴ・セラピーへと連なる私の道程を示している。第4章は、今は亡き森俊夫氏からのありがたいご指名によって実現したもので、一九九〇年代後半から二〇〇〇年代にかけて大いに議論となったSteve de-Shezerらの解決志向アプローチとMicheal Whiteのナラティヴ・セラピーの異同について論じている。この経験が、第5章での私自身もかねてより構想してきた「問題の外在化」の再考を促した。この頃から、ナラティヴ・セラピーの世界はさらに広がりを見せ、私も〝ナラティヴ〟なるものへとさらに誘われるのだが、どこかで、足踏みしている自分がいることも感じているのである。第6章は、そうした私と〝ナラティヴ〟なるものとの微妙な関係の記録といってよいだろう。一方、心理臨床の世界は〝制度化〟と〝専門化〟の道を確実に歩みはじめていた。そのような風景を、いわば遠近法的に浮かび上がらせようと試みた一文が第7章である。

第3部は、盟友の一人として私自身大いに触発されながら、森俊夫氏同様今は亡き和田憲明氏によるスーパーヴィジョン実践報告である。和田氏と木下みどり（現、田崎）、永尾嘉康および伊藤勢津子の三名の心理臨床家諸氏それぞれとの間で交わされたケースを巡る〝治療的会話〟の場面にコーディネーターとして参加できたことは、筆者にとって実にかけがえのない財産となっている。執筆当時、これらの〝治療的会話〟をできる限り詳細に再現したいという思いから一名につき二章分を費やしている。そのためにやや冗長の感は否めないが、ここはあえて読者にじっくりとお付き合い願うことにした。あらためて、和田憲明という稀有な心理臨床家がいたことを是非とも心に留めていただきたいものである。

第4部における二本の論考は、これまた二名の心理臨床家との出会いにより実現したものであるが、現在の私にとって、言語実践としての心理臨床における一つの理論的到達点を示したものと言ってよい。第14章の木下みどりの実践研究は、私が知る限り、国内外を通じても従来からの精神医学あるいは臨床心理学による総合失調症および認知症の心理療法論を遥かに超える〝治療的会話〟の可能性を示したものとして出色である。そして、最後の第15章は、これまたまことに残念ながら今は亡き高橋規子氏との対話によるものである。ただし、本論は、高橋氏が遺した見事な〝ナラティヴ〟論との対話を試みたもので、その結果、筆者のなかで数年来渦巻いていた心理臨床における言語実践論に一つの道筋を見出しえた点で何にも代えがたいものとなった。

本書は、ほぼ、私の心理臨床家としての歩みに沿って構成されてはいるが、読者それぞれで関心を持たれたところからつまみ読みしていただいて一向に差し支えない。

なお、いずれの論考も内容を損なわない程度に初出原稿に加筆、訂正を加えている。

児島達美

目　次

目　次

目　次

ディスコースとしての心理療法

序　セラピストは良き観客たれ

　私の古くからの友人に舞台での役者稼業を続けている男がいます。もう随分昔のことですが、その彼から、次のような話を聞いたことがありました。公演は、大体、一日に二回（昼の部と夜の部）で数日間行われるわけですが、同じ演目でありながら、毎回、出来不出来があるというのです。たしかに、プロの役者とはいえ、セリフをとちったり、お互いの動きが、稽古の時と同じでなかったりすれば、出来が悪かった、ということになるでしょう。ところが、彼いわく、それももちろんあるが、それ以上に出来不出来を決めるのは、その時々の観客の反応であって、仮に、演じる側としてはうまくやれたとしても、それが即、観客の良い反応を生むわけではないらしいのです。逆に、演じる側からすれば、イマイチだったなあー、と感じていたところが意外にも観客の反応は良かったり、ということもあるとのこと。加えて、演じる側にすれば観客の反応が良いことに越したことはないが、だからといって、そのことをあまり意識し過ぎると、芝居自体の出来はおろか、観客の反応も悪くなるのだそうです。いずれにせよ、芝居の出来不出来は観客に依存する、というような法則があるらしく、このあたりは、役者の経験がない私でも、わずかながらの観客経験から何となくわかるような気がしました。

また、当時、その友人が所属していた劇団が主に別役実の戯曲を演目にしていました。私は、何度かその演劇をみるうちに、その不思議な世界に魅かれるようになり、家族療法の実践と相通じるものを強く感じていきました。そうした折、心理臨床を演劇論と絡めて論じてみようという企画が持ち上がり、私も含め、心理臨床家としてはまだほんの駆け出しであった数人の仲間で、生意気にも『心理療法とドラマツルギー』と題する本を出版することになります。この企画を通じて初めて出会ったのが森岡正芳さんでした。そして、彼が、この本の中で書いた論考が「観客論――終わりなき対話」と題するものでした。要するに、セラピストがクライエントを前にした時、あたかも観客になったつもりで話を聞いてみたらどうか、という提案だったのです。前述の古い友人の話と符合して、私には、このいわばセラピスト観客論が、セラピストとクライエントの関係のありようを再考するのに何やら手掛かりになりそうに思われ、本当にありがたい出会いでした。

そこで、早速、クライエントが語るストーリーを聴く際に、クライエントを舞台上の役者に、セラピストである私を客席の観客に見立てた面接を試みてみました。すると、どうでしょう、それまでのクライエントの話を聴いていた時とは異なる様々な体験をすることになりました。まず第一には、それまでは、同じテーマを執拗に繰り返すクライエントに対して退屈し、苛立ちを感じていたものが、それほどでもなくなってきたのです。また、話の中身がよくつかめないようなものであっても、以前であれば、何が言いたいのか、と、ついクライエント自身に対して評価的な思いに駆られたのですが、これまた、それほどでもなくなってきたのです。なにせ、私は、観客なのですから、役者としてのクライエントが語るストーリーを堪能すればよいのです。ですから、気持ちを動かされて深いため息をついたり、軽いうなり声が出ることもあれば、時に、ストーリーの展開に思いもかけない飛躍が現れて、ちょっと怪訝な表情を見せたり、あるいは、苦笑気味になったり、と、以前であれば押し殺し気味であったこうした私自身に生じる様々な反応を自然に見せるようになったようです。そのせいかどうかはわかりませんが、役者としてのクライエントの語りが微妙に変化することに気づくようになりました。これらの効果について、下手な理屈をつければ、舞台と客席の隔たりのようなものが、クライエントとセラピストとの間にほどよい距離感をもたらすのかもしれません。

そんな体験をしているうちに、ある思いが私のうちに沸いてきました。「このクライエントが語るストーリーを堪能した観客は、すでに他にもいるのだろうか？」そこで、ケースによってですが、特に、面接の初期段階で、クライエントの話が一段落した際に「今、○○さんがお話しになられたことを、今までどなたかに話されたことがありますか？」と尋ねてみるようになりました。それに対して「ここで、話するのが初めてです」なんて言葉を聞くと、私は、ひそやかながら贅沢な思いに浸ることができるのです、「そうか、この私が、唯一の観客なのだ」と。そこで「もっと良き観客になろう」という思いが自然に沸いてきます。じゃ、そうでない場合は？　もちろん、ちょっと気持ちが下がらないわけではありませんが、それまでの他の観客よりも「もっと良き観客になろう」ということになります。

ところが、ほどなく、私は観客だけでいることに満足できなくなってきていました。クライエントが語るストーリーのつながりが今一つ掴めなかったり、あるいは、語り方に少し違和感をもったりして、もっと違う語り方をするといいのに、なんて考えが私の頭に浮かんできたりします。つまり、観客の私はいつのまにか、舞台稽古中に観客席から役者に注文をつける演出家みたいになっているわけです。ということは、そのストーリーは、あたかもすでに一つの脚本として用意されていて、クライエントは役者として、今風でいえば、そのテクストをいかに語り、演じているか、ということになってきます。実際、そうした感覚の中で、私は、時折、クライエントの語りに口をはさんだりしながら、「ハイ、では、続けてみてください」というような指示をするようにもなりました。すると、それらのストーリーはいっそうリアリティのあるものとして私には感じられるようになり、さらに、これまた今風で言えば、ストーリーの書き換えにもなっていくのです。そう言えば、もう一人、私の心理臨床の仲間である菅野泰蔵さんが、かつて、セラピストはクライエントがもっているタレント性を売り込むプロデューサーの役割もあるのだ、ということを語っていたことを思い出しました。

私の場合は、個人面接だけでなく、家族療法の経験から家族合同面接もよくやるのですが、この二つの面接形態の違いは、ここまでの、いわばセラピスト観客論からすると、やや異なった舞台鑑賞の経験になります。通常の舞台公演は、複数の役者たちによって——その多くは主役と脇役といった役割が与えられています——演じられますので、家族合同面接は、役者間のお互いのやり取りや動きが見えるという意味では、セラピストを観客に見立てるやり方はすごくフィットしているように感じられます。ついでながら、家族療法の技法の中には、面接途中で、家族メンバーが座る位置を変えるように指示する場合がありますが、これなど、まさにセラピストが観客だけでなく演出家の役割をとっていることになります。それに対して、個人面接ですと、まさに一人舞台なので公演スタイルからすると稀なものですが、すでに述べたように、これはこれで、セラピストである私は、観客として、さらに演出家としても独自の舞台を堪能することができるように思います。そして、最近、個人面接において試みているのは、クライエントが語るストーリーに登場する重要な人物たちを、舞台上に、シルエットにして配置し、その動きを、ストーリーの展開に応じて追っていくように意識する方法です。

あらためて、クライエントを役者に、セラピストを観客さらに演出家に見立てる演劇論的な方法は、心理臨床の世界において、それなりの、否、もっと本来的な価値を持っているのではないかと、ひそやかに確信してはいるのですが、ただし、一つだけ決定的に違うのは、演劇の世界では観客が役者にお金を払うのに対して、心理臨床の世界では役者が観客にお金を払うという点です。

文　献

吉田圭吾・武藤晃子・高良聖・森岡正芳・児島達美（1993）心理療法とドラマツルギー．星和書店．

第１部　私から家族療法へ

第１章　私が家族療法から教わったこと

Ⅰ　はじめに

あれは、たしか一九九九年の秋頃であっただろうか。翌二〇〇〇年五月の日本家族研究・家族療法学会第十七回大会会長である狩野力八郎先生より鳥取大学の東豊先生ともども大会プレコングレスでの発表の依頼をいただいた。そこで、東先生には司会と指定討論をお願いし、タイトルを「家族療法を読む――家族研究からブリーフ・セラピーまで」とすることにした。これは、家族研究・家族療法から出発しつつ現在ではその〝二卵双生児〟ともいうべきブリーフ・セラピーへと傾斜してきている心理臨床家としてのこの私の流れをあらためて整理してみる機会にもなると考えたからである。大会も近まり、そろそろ準備をと考えていた矢先、今度は、同学会誌編集委員会よりこの原稿の依頼もいただいた。何か計算されたようなタイミングで、私にとってはまさしく「私と家族療法」を言葉に、さらに文字にして、多くの学会の諸氏にご検討いただく光栄を得たわけである。まことにあり難いことである。

したがって、以下の記述は第十七回大会プレコングレスでの私の発表の流れそのものであり再現でもある。

しかも、発表時に、私自身発表前には予想もしなかったような「私と家族療法」の関係についてのよりあたな〝洞察〟めいたものが見えてきたり、また、東先生による指定討論やさらにフロアとの交流からも得るものが多かった。そこで、本文中に、それら発表時での出来事のいくつかを（　）内に示すことにした。

Ⅱ　家族療法との出会い

私が上智大学大学院で本格的に臨床心理学の勉強を始めていた頃、当時出会ったいずれの心理療法の考え方に対しても何か違和感を感じていた。今、その違和感を仮に言葉にするとすれば心理主義ということになろうか。そうした折、ひょんなことから本学会の前身であった「関東家族療法研究会」に参加する機会を得た。そこでまずびっくりしたのは、システム論とかサイバネティックスとかダブルバイントとか、はたまたBateson, G. や Jackson, D. D. といった名前などおよそそれまでの臨床心理の世界ではまったく耳にもしたことのないような言葉や理論が飛び交っていたことである。それは一九八三年のことであった。わけもわからないままであったが、ただ、何か面白そうだという感覚であった。そして翌一九八四年一月の同研究会にて本学会の設立が決定され、同年五月十一日順天堂大学有山記念講堂で第一回の同学会大会設立記念発表会が催された。

そして、この本学会設立記念としてミニューチン先生が講演をされた。私は、先生の講演のあとのディスカッションで臆面もなく次のような質問をした。「家族療法はいろいろな治療法の一つであるならば、家族療法もその効用と限界をもっていると思うのですが、この患者や家族には家族療法をしない方がよいと判断される時があるのでしょうか」。こう質問するやいなや、ミニューチン先生は壇上から駆け下りてきて、私の目の前いや鼻先でまくしたてられた。私は面喰らってしまい、何か先生の機嫌を損なうようなことを言ったのだろうかと心配になった。そこで先生がとにかく主張されたのは、家族療法は一つの技術ではなく考え方なのだということであった。私は、あらためてこの「考え方」つまり家族を一つのシステムとしてみてみるという認識論そのものに新鮮さを感じたのであった。

（発表会場には、このミニューチンの講演の通訳をなさった岩村由美子先生も参加してくださっていた。休憩時間に、岩村先生からその時の通訳の苦労話を伺いつつ、お互い本学会に関わってはや十七年の歳月が流れたことを懐かしんだ次第である）

この年の初め、私は大学院に在籍したまま、東京都立駒込病院心身医療科にてパートながら初めて臨床の機会を得、かつ、初めて多くの摂食障害の患者さんとご家族に会うことになった。家族療法、ミニューチン、心療内科そして摂食障害。これが私の臨床家としての原点になった。当時科長であった河野友信先生が家族療法の重要性を強く認識しておられたことも私にとっては幸いであった。自由に家族面接をやらせていただいた。約一年後、梅田病院という都内の民間病院で初めて入院施設をもつ心療内科に移ることになったが、私の摂食障害に対する家族療法熱はさらに高まっていった。ここの院長であった山本晴義先生もこれまた私の家族療法を全面的に応援してくださった。ミニューチンの『家族と家族療法』や『心身症家族』、また摂食障害に関してはブルックの『思春期やせ症の謎』や当時すでに摂食障害の精神病理については第一人者であられた下坂幸三先生の多くの論文、鈴木浩二先生が紹介されたミニューチンとパラゾーリの治療理論を比較検討された「神経性無食欲症の家族療法」などを参考にしながら家族療法にのめり込んでいった。あわせて鈴木浩二先生が主催しておられた国立精神衛生研究所（現、国立精神・神経医療研究センター）での家族療法研究会のグループスーパーヴィジョンなどにも参加させていただいた。こうして私は「家族療法を知らない臨床家は臨床家にあらず」といった調子の生意気ぶりを発揮することになった。

（この頃の生意気ぶりの証拠として，「Anorexia Nervosa の家族病理」と題した私の初めての学会発表抄録を示した）

以下はその一部である。

「……母子関係は，患者の発症による〈サディスティックな依存〉に満ちた言動によって，それまで一見安定した合理的な母子関係が〈融合〉した非合理的関係へと転回した。……両親関係は，明白な葛藤の存在というよりも，〈どうこう言うことなく認め合う〉という情緒的交流に乏しい関係で，〈役割先行〉の関係も見られた。……本症の家族は，病前においては一見安定した問題のない関係を維持していたが患者はその裏にひそむ〈偽安定性〉を，その症状を通じて家族を〈巻き込む〉ことによって露にするとともに，あらたな家族共同体を目指そうとしたと解釈できる……」

いやはや，何をかいわんやである。そういえば，これと似たようなものをこの学会の何回目かの大会で発表した折，牧原浩先生より「理屈は良いけど，家族の話はちゃんと聞いてる？」とやんわりとしかし手厳しいご指摘をいただいたことを覚えている。

Ⅲ　東豊先生との出会い

さて，このようにして実際の家族療法の経験は梅田病院を中心に増えていき，対象となる疾患も摂食障害のみならず不登校や境界例とよばれる思春期・青年期例からアルコール依存症，不安神経症，強迫神経症，うつ病，いわゆる心身症などの成人例まで広がっていった。しかし，治療成績はというと正直なところあまり芳しいものではなかった。そのような中，私と同じ大学院の後輩が摂食障害の勉強をしたいということで梅田病院に研修に来ることになった。たまたま，高校二年生の摂食障害の患者が紹介されてきたため，彼女にも家族面接に一緒に入ってもらうことにした。これが私の最初の複数治療者による家族療法の経験となった。ほぼ月一回ペースでの家族合同面接を七回行ない、各面接は治療者同士のプレセッションから面接途中でのインターセッション、さらにインターベンションというミラノ派の定型的な家族療法のスタイルを遵守した。幸いなことに、このケースは後半から変化が生じはじめ、終了時ではＩＰの食行動を含めた家庭内外での行動も落ち着きを取り戻した。今から思うと、それまでの私単独での家族療法のやり方では、このケースもこれほどうまくいかなかったのではないかという気がしている。それにまた、共同治療者となった大学院生の彼女は家族療法に関してはまったくの門外漢であり、すでに精神分析のスーパーヴィジョンを受けていたので私としては正直なところ不安であった――その頃の私は、今よりもずっと精神分析アレルギーであった――しかし、そうした治療者間のオリエンテーションの違いなど結局あまり関係なかったわけである。

そこで、このケースを大学院の紀要にまとめることにした。その紙上コメンターを、当時すでに新進の家族療法家として大阪で活躍しておられた東豊先生にお願いした。ところが東先生からは、すでに治療報告として文字になったものにコメントやスーパーヴァイズはしない、ライヴもしくはビデオ、最低でも面接のオーディオテープでなければだめだというご返事であった。そこで、妥協案として、われわれがすでにまとめていた原稿を材料にしながら、実際にディスカッションを行ない、それをテープにとって可能な限り逐語の形にしたものをコメントとして掲載するということで東先生のご了解を取りつけた。この〝変形〟スーパーヴィジョンセッションが行なわれたのは一九八六年であった。

(ここで、私は、そのコメントのすべてを示し、東先生にも協力いただいてお互いのやりとりをその場で読み合うことにした。それの方が当時のスーパーヴィジョンセッションの実際を再現できると考えたからである。一通り読み終わったあとに東先生に感想を求めてみた。へぇー、こんなこと、ワシ言うとったんですか

ー、でも、ほんま、なつかしいわ、とニヤニヤ）

このコメントの詳細をここですべて紹介できないのは残念であるが、ともかく、この時に東先生から教わったのは、システム論であれ精神分析であれ何であれ、治療者がもつ病理論なり治療論は常に仮説に過ぎないのだということであった。それまでの私は家族と面接する際にすでに一定の見方を携えていて、それに家族を合わせようとしていたことがより一層明確になった。今でこそ、ブリーフ・セラピーの一つのメタ理論として知られるようになった構成主義的な発想を東先生は当時すでに先取りされていたわけである。『セラピスト入門』『セラピストの技法』など、その後の東先生のご活躍は言うに及ばずだが、往々にして派手な、操作的なと揶揄される東先生の治療スタイルの大本が、実は家族療法をも超えたところにあったと言える。くわえて、すでに述べたように、私がコメントをお願いした際の東先生の基本的な立場自体、自らの観念とストーリーの中に甘んじがちな多くの臨床家に対して、ある意味で自分が見たものしか信じないという徹底したプラグマティズムの精神を体現しているように思われる。それが結果的に、クライエントや家族への援助可能性を高めることになるのではないだろうか。

これだけの示唆を東先生からいただきながらも、私の方はというとなかなかそこまで至らずその後も右往左往の状態が続いた。しかし、家族面接をするにせよ、それまでの家族システム病理論の枠から少しずつ動き始めていたことだけは間違いがないようである。そのような中にあって、あらためて私にとっての家族療法を全般的に見直すきっかけをつくってくれた本は、アッカーマン研究所で家族療法の研修を終えられた亀口憲治先生が一九八六年に翻訳出版された Hoffman, L. の大著『システムと進化―家族療法の基礎理論』であった。さらに、Bateson の『精神の生態学』『精神と自然』などからは、関係性や相互作用パターンの認識論およびそれにもとづく言語論の世界のおもしろさに強くひかれ、「心理療法の『枠』は誰が決めるか―枠、コミュニケーション、関係」と題する一文を書いた（児島、2008に所収）。実際の臨床的な方法については、Haley, J. の『家族療法―問題解決療法』『戦略的心理療法の実際』、家族療法のメッカでブリーフ・セラピー発祥の地でもあるＭＲＩのWeakland, J. らが著した『変化の技法』などから影響を受けた。これらの著作を通じて私は、当初の静態的な家族システムの捉え方の限界を知り、それよりも治療的コミュニケーションをいかに構築するかということの重要性を認識するようになった。そういえば、その頃、いろいろな関連学会で家族療法が注目を集めるようになるにつれ、とくに家族合同面接に対抗する形で、いわゆるＡＴスプリット方式の面接構造の必要性を訴える発表が相次いだ。そうした発表に対して、なにバカ言ってるんだ、といった調子でさかんにけんかを売っていた私がいたことをよく覚えている。

Ⅳ　家族療法では過去を「不問に付す」か？

その二年後、ＰＣＬという女性三人のセラピストで開業している機関から、「今度、下坂幸三先生と石川元先生のお二人を講師にお招きして家族療法の研修会を主催しようと思うが、その際の事例提供者になってもらえないか」というお誘いを受けた。この研修会の目論見は、下坂幸三と石川元という一流の家族療法実践家の両先生にお互いの考え方をぶつけ合ってもらうことにあったようだが、私にとっては、なんとも贅沢なグループスーパーヴィジョンの機会をいただいたわけである。

そこで、事例として選んだのは、二十代前半のある過食症の女性例であった。一人娘であったＩＰは、幼少期に母親を、その後親代わりとなってくれた祖母もまた中学時代に亡くし、その後は父親との二人暮らしを続けていた。しかも、母、祖母いずれも自殺で、かつ第一発見者がＩＰであるというつらい過去の歴史があった。私は、父親との同席面接を中心に一年以上関わり、なんとか、ＩＰは自分の生活の安定をはかれるまでになっていた。面接の中心は終始父親とＩＰの間の心理的な分離にあったが、当然、そこに介在するであろう母と祖母の自殺という重要なテーマをどう取り扱うかという点については、私の中では今一つ整理できずにいた（児島，2008に所収）。さて、当日の研修会でも、当然のことながら、以上の点をめぐる議論が下坂先生と石川先生との間でかつそこに私も加わる形で繰り返し行なわれた。このような経験自体、そうそう誰にでも訪れるものではないが、さらに、私にとって思いもよらぬ幸運となったのは、この研修会でのやり取りが石川先生の手でほぼそのまま逐語の形で学会誌に掲載されたことである（家族療法研究 第六巻、1989）。そして、そのタイトルが他ならぬ「家族療法は過去を『不問に付す』か？」であった。石川先生ご自身がすでにためておられた「不問」のテーマに、たまたま私のケースが合致し、かつ下坂先生の精神分析的な立場からの過去への接近法との出会いがこの論文執筆への強い動機となったとのことであった。家族療法という場面でいわば精神分析と森田療法が交流する形で、過去における問題の取り扱い方が徹底して議論された論文となった。

（私は、以上述べたような石川論文の趣旨の部分だけを会場で示し、読み上げながらあらためて「不問」の意味を考えさせられた。と同時に、二年前の一九九八年の五月、東先生のおられる鳥取大学精神科（川原隆造教授）で開催された「内観療法シンポジウム」にシンポジストとして招かれた折の議論とそこで私が感じたことを思い出していた。このシンポジウムは内観療法シンポジウムは内観療法のもつ本質を他の心理療法各派から検討しようという試みであった。内観療法の特徴は、周知のごとく「身調べ」と称する過去の、とくに家族成員との関係において自分が「してもらったこと、して返したこと、迷惑をかけたこと」を順番に回想していく方法をとる。これが内観である。そして、標準的な治療構造は、民間施設であれば、そこで一週間起居しながら一定時間内観を行なう。内観療法家は、毎日数回内観者のもとをおとずれ、身調べの内容を聞くのだが、その内容についてはそれを確認する程度で、その解釈なり、治療者側の何らかの応答がなされることもない。このような方法が〝ブリーフ〟な治療成果をあげるのだが、私は、内観療法の内にもまた治療者側の「不問」のあり方を見たわけである。考えてみると、過去の問題をどう取り扱うかということは、森田療法や内観療法といった日本独自の心理療法のみならず他の各心理療法学派の特徴やさらに治療者個人の資質の違いなどを見出す上で重要なメルクマールになりそうだ。さらにいえば、心理療法に通底するもっとも重要な課題ではないかという感じさえしたのである。その意味からすると、家族療法こそ、この課題に一番真剣に取り組んできたと言えるのではないだろうか。そして、この「不問」との遭遇が、その後に私が構想した「問題の外在化」、さらにブリーフ・セラピーへと移り行くいわば序章ともいうべき経験になっていたように思われてきたのである）

V　問題の外在化

それは六十代の女性の患者であった。喘息が悪化したために梅田病院にて入院加療となった。さっそく喘息コントロールのための薬物が処方された。別段心理的問題もなさそうなので、私がこの患者の治療に関わることはなかった。ところが、ある日のケースカンファレンスにて、この患者がなかなか服薬をしようとしないことが問題となった。看護師がその理由を問うたところ、患者いわく「薬は飲むな」という声が聞こえるというのである。明らかな幻聴症状であったが、それ以外は病棟でも何ら問題となる行動も見られないために治療スタッフは説得にかかった。しかし、ご多分にもれず患者はその場では「ハイハイ」とにこやかに応対するものの結果は変わらず、そのために何よりも喘息症状のコントロールが滞ってしまい治療スタッフも頭を抱えていた。私はこの話を聞きながら、ふと、遊佐安一郎先生が日本の臨床家として初めて書かれた家族療法の本の中で紹介されていたある一節を思い出していた（遊佐，1984）。それは「自分には神がいる」という妄想をもっているがゆえに治療者の指示を一切拒否するケースに対して家族療法の父とも呼ばれているJackson, D.D. が行なったあるアプローチであった。Jackson は，患者の妄想自体を否定することなく受け入れ「その神と話したい」と患者に申し入れることによって治療関係の再構築を図ったのである。

私は，無謀にも，この Jackson のアプローチを使ってみようと思い立ったのである。治療スタッフの許可のもと，さっそく患者のベッドサイドにおもむき「幻聴の主に是非伝えてもらいたいことがある」という形で接近した。その結果，患者の幻聴はほどなく消失し，服薬も可能となって喘息症状も落ち着いた。このアプローチのもっている構造自体，妄想や幻聴といった症状に特異的なものではなく，より広く臨床的な問題への解決方法となり得るのではないかという考えが膨らみ，その後，個人療法，家族療法の区別なく，また神経症や心身症圏内のケースにも適用してみた。その結果，もっとも私が感じたのは，それまでだと，どうしても患者・家族と私との間で錯綜した治療関係に陥りがちであったものが，そうならず，むしろ症状や問題に対峙している患者・家族を私が支援するような関係へと変化することを経験し得たことであった。そして，従来の多くの心理療法が問題や症状を個人であれ家族であれ，彼らの心理的，行動的，システム的属性に原因帰属させるか，それらに還元もしくは同等のものとして見なしていることとそのこと自体が，かえって治療の効率性を阻むことになるのではないかと考えたのである。そこで，症状や問題をいったん患者・家族から切り離すような介入を行ない，かつ，症状や問題が持続するのは，それらと患者・家族の対処行動との間の相互作用の結果にあるとし，そこに治療者が関与することで，問題・症状，患者・家族そして治療者という三者関係として治療場面を構成してみるということを構想した。このアプローチを私はとりあえず「問題の外在化」と呼ぶことにし論文にまとめてみることにした（児島，2008 に所収）。ただ，その時の私の中では、この考え方に確たる自信はなく、こう言ってはなんだが、きっと多くの臨床家からは妙なことを言っている奴がいるくらいにしか思われないだろうという感覚があり、それだけに、今読み返してみても、随分肩に力の入った理屈先行のものになってしまっていることがうかがえる。

ちょうど、その直前であったと思うが、カルガリー大学のTomm, K. 先生が鈴木浩二先生のお力添えで二回目の日本での家族療法ワークショップを行なわれ、私も参加した。そのワークショップではトム先生は時間のほとんどを割いてWhite, M. の家族療法を紹介された。これがおそらく日本で最初にWhiteの名が知られた時ではなかっただろうか。「EXTERNALIZING THE PROBLEM」、この英語の文字を目にした時の私の驚きというか、その何とも言えない感覚は今でもよく覚えている。トム先生は、Whiteの仕事に対する積極的な評価をすでに論文にまとめられており、そのコピーを参加者にくださった。私は、ほとんどまとめかけていた自分の「問題の外在化」の論文にさっそくWhiteの仕事をつけ加えた。その後、私にとっての「問題の外在化」は技法としてというよりも、一つの臨床的なスタンスのようなものになっていった。この過程の中であらためて、問題は「問題」として取り扱うことの必要性も認識するようになり、後藤雅博先生や伊藤順一郎先生がこの頃から取り組まれた統合失調症に関する家族心理教育的アプローチは大変参考になった。ただ、Whiteの「問題の外在化」の背景にある考え方と私のそれとの相違については今でもまだ整理できないでいる。

（私の最初の「問題の外在化」に関する学会発表での図と、カール・トムの論文の一部を示し説明したあとに、フロアから、私が考えたアプローチが時を同じくして海外でもすでに出ていたということを知った時の気持ちをもう少し聞かせほしい、もしかしたら悔しい思いがあったのではという質問が出された。正直、そのとおりであった。ただ、この私の経験をつうじてあらためて強く実感されたのは、文化や言葉の異なる臨床家同士であっても、それぞれが日々の臨床の中で思い描くものにはどこか共通したものがあること、さらに、家族療法に限らず、日本における多くの先輩や同僚たちのすぐれた臨床研究の数々はすでに〝世界標準〟のものであるということであった。ただ、なかなかそのように認知されないのは、やっぱり英語という問題にあるのではないかということを述べさせていただいた。さらに、これらのことと関連して、かねてより私が苦々しく感じていたことも一言付け加えさせていただいた。家族療法が日本に導入されてほどなく、この学会でさかんに論じられはじめたのは「日本独自の家族療法を確立する必要がある」という論調であった。私は、心理療法のみならず文化的差異の側面を決して無視するものではない。しかし、もっとも文化的な差異が現れやすいとされる家族というものを臨床の対象とした家族療法のこれまでの実践や、日本家族研究・家族療法学会における東西の交流による成果を見てみても、やはりそこに文化差を超えて通底するものがあることは間違いがない。そういえば、一九九一年の秋、渋沢田鶴子先生の肝いりで参加させていただいた第一回ヨーロッパ家族療法学会の折、一緒だった吉川悟先生が私に「なんや、変わらへんな。日本の家族療法の方がよっぽど進んどると思われません？」と言われたことを思い出した。心理療法における文化差は一つの表現形の差なのであって、それをもって即日本もしくは東洋に固有のものというふうに認識してしまう風潮はいかがなものかという気がして仕方がない。事実、一九九五年福岡で開催した第一回環太平洋ブリーフサイコセラピー会議以来、私が出会うようになった米国の優秀なブリーフセラピストたちの多くが、実は禅などを通じて実にわれわれ以上に東洋的な智恵に誘われつつ〝米国流〟のスタイルを作りあげているのである）

Ⅵ　再び内観療法から家族療法へ

（プレコングレスの最後の休憩のあと、いよいよ東先生からのまとまった指定討論がなされた。東先生は、この三年ほど前に鳥取大学精神科に移られたが、ここの教室が内観療法の臨床研究を行なっていることを知り、ご自分では正直〝何やら辛気臭いなあ〟と感じつつも、これも新しい職場への〝ジョイニングのつもり〟ということで仕方なく一週間の集中内観を受けられたとのことであった。ところが、実際、内観を始められると、自分でも思いもよらないほど過去の「身調べ」の事実が次から次へと口をついて出て涙が止まらず、同時に言い知れぬ感謝の念が沸き起こってきたとのことであった。それは言うまでもなく、内観療法家の過去の問題を十分聞きつつもまさに「不問に付す」その臨床的態度と不可分であったことが強調された。それと関連していくつかのケースも紹介されたが、このエピソードを語られる東先生の口調に、おそらく会場の参加者の方々は、いつもの東先生の〝オチャラケ節〟とは違ったもう一つの東先生を見られたに違いない。そして、鳥取大学に移られてから先生が精力的に展開された「虫退治」や「鳴門のうず潮」といった家族療法の場面での文字通り「問題の外在化」のアプローチが、このご自身の内観体験と符合していることに言及された。実は、この休憩に入った直後、東先生が私にしきりに次のように語られていた。「ようやっとわかったぞ、外在化のうまい治療者と下手な治療者の差が、これや、これや」。さて、他にも家族療法との出会いから得られた私なりの経験や、今日のブリーフ・セラピーとの関連についていくつか考えていたことはあったが、私に与えられた時間もそろそろ終わり近くとなっていた。少々残念ではあったが、それ以上に何より東先生がなされた討論のもつ意味の重要性を考えたとき、今回のプレコングレスに参加して下さった方々にはこれ以上のすばらしいおみやげはなかろうと確信して終了となった）

Ⅶ　おわりに

ここで、プレコングレスで言い残したことについて、あらためて確認しておかなければならないのは、「不問に付す」とは単純に過去や問題を無視するとか、扱わないということではないということである。これは「問題の外在化」においても同様である。その点では、昨今のブリーフ・セラピーの流れの中で大いに関心を呼んでいるソリューション・フォーカスト・アプローチにおける「問題を扱わず、ダイレクトに解決に焦点をあわせる」という場合においてでも十分に検討されるべきところであろう。Berg, I.K. の実際の面接を見ていて私が強く感じることは、「ミラクルクエスチョン」などといった特別な技法群を用いて解決に焦点をあてるアプローチを行なう以前に、いかにクライエントの語る過去や問題に耳を傾けているかという点である。決して無視はしていない。そして、解決に向けた質問をしていく際でも、常に注意深くクライエントの語る「問題」や「過去」についての言葉をそこに含ませているのである。

家族療法からブリーフ・セラピーの流れの中で今の私が得た最大の糧は、一つは治療者自身を含む治療システムに関する知見であり、もう一つはサービスとしての心理臨床のあり方に関する視点である。さらにどうしても付け加えたいのは、コミュニケーション論をベースにした今日の治療的会話論である。これらはとくに一九九〇年からの九大病院心療内科、さらに一九九六年からの産業場面での臨床経験の中で強く意識されてきたものである。時を同じくして、臨床心理士の専門性に関する議論の数々に私も臨床心理上の一人として遭遇することになった。とりわけ、スクールカウンセラー事業とともに臨床心理士会内部でさかんに行なわれた学校場面での臨床心理士の役割と機能に関する議論を見ていると、正直いって、何を今さらガタガタやっているんだという感が強くなった。その意味では吉川悟先生の編著による『システム論からみた学校臨床』はもっともっと多くの臨床心理士に読まれてしかるべきものである。

この社会システムの中で心理臨床家とはそもそもいったいいかなる存在か、このことを常に親身になって一番教えてくれたのが他でもない家族療法であり、良くも悪くも（?）本学会を通じて出会った多くの内外の先輩方と仲間たちであった。

文　献

児島達美（2008）可能性としての心理療法．金剛出版．
吉川悟編（1999）システム論からみた学校臨床．金剛出版．
遊佐安一郎（1984）家族療法入門．星和書店．

第２章　遠い親戚のおじさんのように振る舞う

I

今回、特集「家族療法家、原家族を語る」の執筆者の一人にご指名を受けたわけだが、はたしてこの私にその資格があるのかどうか。というのも、筆者はこれまで自分の原家族体験が心理臨床家、とりわけ家族療法家の道への選択とその後の家族療法の実践にどのように影響しているか、ということについて真面目に考えるということをほとんどしてこなかったからである。したがって、結論からいえば、この企画についてはは最初からお断りしてもよかったのかもしれない。しかし、不思議なものである。この依頼を受けて以来、何かにつけて、このテーマが頭に浮かんできて仕方がない。ということで、一度、このテーマについて考えを巡らしてみることは、筆者にとって何か価値があるかもしれないと思い、さっそくペンをとる、いや、パソコンを開く、ことにした。ところが、いざ、文字にする段になると、これがなかなかうまくいかない。どうも、このテーマは筆者にとって論を立てていくような文体にはあわないのである。そこで、仮想インタビュアーを立て自問自答の対話形式ですすめていくことにした（以下、Ａは仮想インタビュアー）。

Ⅱ

Ａ：どうですか、今回のテーマから、まず児島さんの頭に最初に浮かんでくることってどんなことがありますか？

児島：そう、そこなんですが、僕の場合、以前からよくいっていたのですが、家族療法の世界に入ったのは、家族そのものに関心があったわけではなく、あくまで家族療法の認識論というか、要するにシステミックな発想に魅かれたわけです。

Ａ：でも、実際に家族療法を始められるようになれば、どうしたって、目の前には、父親とか母親とか息子といった家族メンバーとしてのありように目がいきますよね。それとも、児島さんは、それぞれの家族メンバーもあくまでシステムを構成するコマに過ぎないというように見ておられたんですか？

児島：そんなことはありませんけど。

Ａ：そうですよね。だとすれば、たとえば、目の前の特定の家族メンバーや相互のやり取りに感情的に動かされたりということもあるのでしょう？

児島：あなたのおっしゃり方は、なんか、私があたかも冷徹なシステム思考者のように……。

Ａ：いや、失礼しました。ただ、私は、まえまえからシステム論に基づく家族療法というものが理屈ではそうかもしれないとは思いながらも、どうしてもそこに何か温かみに欠けるものを感じていましたのでね。

児島：温かみに欠ける？　うーん……そうそう、そのことで今思い出しだのは、家族療法学会の最初の大会に招かれたミニューチンの講演を聞いた時のことですね。

Ａ：ほう、あの構造派と呼ばれたマスターセラピストのミニューチン？

児島：そうです。講演の中で、彼は家族を前にして自分は〝遠い親戚のおじさんのように振る舞う〟と言ったんですね。彼のこの言葉は、その後も何か私の記憶の中に刻まれているんです。

A：へぇー、面白いですね。しかも、児島さんにはこの言葉が記憶の中に刻まれている。ということは、それ以来、児島さんも家族を前にした時にはミニューチン同様、遠い親戚のおじさんのように振る舞っておられると……？

児島：うーん、でも、彼のこの言葉を聞いた時の私はまだ三〇代そこそこでしたから、おじさんのように振る舞う、って言ったってちょっと無理がありますよね。

A：まあー、そりゃそうですけど。

児島：彼は、この言葉でセラピストと家族の間の治療関係というか、いいかえればジョイニングのある様相というか、そういうものを表現しようとしたんじゃないかと思うんです。

A：なるほどね。ジョイニングといえば、これは今やミニューチンだけのものでなく家族療法そのものの基礎になっているものですよね。

児島：ええ。私の場合、心理臨床家としてのスタートがイコール家族療法だったということがあるかもしれませんが、心理療法の基礎といわれている受容とか共感とかラポールといった言葉よりもジョイニングという言葉の方がとても好きになりましたね。これは私の偏見かもしれませんが、受容とか共感というとどうもベタッとした感じがするんですが、ジョイニングには、そのベタッとした感じがなくてしかも何か適度な距離感というか……、そう、温かみみたいなものが。

A：うん、うん。ということは、児島さんからすると、遠い親戚のおじさんみたいなセラピストは家族にとって温かみがある、と？

児島：うん、まあー。でも、そう言われてしまうと、かえって反発したくもなりますが。

Ａ：だって、ここまでの話の流れでいけば、当然、そういうことになりませんか？　まあー、それはともかくとして、同じ親戚のおじさんでも、〝遠い〟というところもミソなんでしょうね。近すぎるとまずい?!

児島：ええ。それに今の私は、年も文字通りのおじさんになっちゃったんで、余計このおじさんメタファーがなじんできているのかもしれません。実際、子どもと家族のケースでは、みずから〝ヘンなおじさん〟と称していますからね。

Ａ：志村けん風にやってるんですか～？

児島：ハハハ。でも、今の子どもたちには通じないでしょう。

Ａ：そういえば、児島さんは〝余計なお世話はしない心理療法〟ということもよく口にしておられますが、このおじさんメタファーもそれと何か関連があるんですか？

児島：あるかもしれないですね。でも、余計なお世話はしない、もしくは、先ほど適度な距離感みたいなことを言いましたけど、あらためて振り返ってみると、多くの個人であれ、家族であれ、結構巻き込まれてしまったケースも少なくないみたいですね。そうなると、もともと、巻き込まれやすいところを無意識的に防衛していた結果としてミニューチンのあの言葉がぴったりきた、ということにもなるのかな。

Ａ：あれ、児島さんの口から〝無意識的な防衛〟なんてセリフが出てくるとは？

児島：いやー、あなたとお話していると、だんだんそういう考えに引き込まれていくようで。

Ａ：ええっ、私が誘導しているとでもおっしゃるんですか？

児島：いや、そういうわけではないんですが。ここまで、遠い親戚のおじさんのように振る舞うというミニューチンの話をさせていただいているうちに、これはやっぱり私の原家族体験とどこか関係があるのかなー、と思わざるをえないようなことが出てきたので……。

Ａ：それは興味深いですね。お話しされてみます？

児島：ええ、そうですね。実は、私の原家族体験の中で一人重要な人物がいるんです。それは母親のすぐ上の兄にあたる、文字通り私にとっての伯父の存在なんです。四年ほど前に八十歳なかばで亡くなりましたけど。

Ａ：ほうー。でも、今、児島さんは「じつは……」と断わられながら話し始められましたね。ということは、このインタビューを始める前から、すでにそのおじさんのことを話そうと思っておられたのでは……、勿体ぶっておられたんですか？

児島：うーん、さすが、ですね、Ａさんは。

Ⅲ

児島：この伯父と私の父親とは、じつは、太平洋戦争中の戦地ですでに出会っており、苦労をともにした戦友だったんです。また、偶然にも同郷ということもあったので、それこそお互いを知りつくす間柄だったんですね。だから、幸いにも日本に帰還できた時、伯父が自分の妹を戦友である父親に紹介し、結果、結婚にいたったというのは、戦後間もない日本の状況から考えても、当然といえば当然の成り行きであったといえるのでしょうね。

Ａ：なるほど。そうして生まれたのが児島さんになるわけですが、そうなると、普通の甥っ子と伯父の関係とは随分違った感じなんでしょうかね。

児島：ええ。それに私の記憶の中では、小学校のころまでは、まだ独身であった伯父がちょくちょく私の家に来ていましたね。その後、どれくらい経ってからかは忘れましたが、伯父は仕事の関係で遠い他県に移り住み、そこで伴侶を得ました。ですから、それ以降はあまり顔を合わせることはなくなったんですが、それでも、いつも何か身近な存在でしたね。だから、たまに伯父に会うことがあると、とても楽しい気持ちになりましたし、なによりも、父親と母親もよく伯父のことを話題にしていたのを覚えています。それに母親にとっては、小さい時からとにかく自慢の兄だったようで、そのことはよく口にしていました。

A：ということは、児島さんにすると、いわゆる男性モデルとしてはお父さんとそのおじさんの二人がいた、ということになりますかね？

児島：そう言われれば、そうかもしれません。伯父が陽性タイプで父親が陰性タイプという感じでしょうか。ここで、父親のことについてちょっと話させてください。父親は、あの年代の男性にしてはとても家庭的な人でしたし、私からいうのもちょっと恥ずかしいんですが、まさに子煩悩でしたね。怒られた記憶はまったくありませんし。それにあの時代にしてはめずらしく、私は一人っ子でしたがら、近所の人たちからも、児島君はいいね、お父さんもやさしいし、なんてよく言われていましたね。でも、高校のころから、どういうわけか、その父親のやさしさがだんだんと鼻についてきたというか……

A：父親のやさしさが鼻についてくる!?

児島：ええ。そして、このことが、つまり、父親のやさしさとの対決、というとヘンなんですけど、そこに伯父が登場することになるんですね。今から思い出しても、そのときの伯父の登場は、私の人生にとって大きな節目になったんじゃないかと感じるんです。

Ⅳ

児島：あれは、私の結婚式の前夜のことでした。たまたま、結婚式の会場が伯父が住んでいた都市に近いところでしたので、伯父からの誘いで、その前夜、伯父宅に私の両親と共に泊まることになったのです。そして、その夜は、「前夜祭だ」ということで伯父夫婦も大喜びで大歓待してくれました。話題は、私の結婚のいきさつから始まって、当然ながら昔話に花が咲き、酒の酔いもまわってきたのか、伯父の得意の踊りが飛び出し、父親もそれにつられて一曲、という調子でした。こうして夜が更けていくうちにきっと、私も相当酒を飲んでいたからでしょうか、どういうきっかけでそうなったのか、今でも、ここのところは記憶がないんですが、気がつくと、父親を罵倒し始めていたのです。「お前、それでも男か！」って、たしか叫んでいたと思います。それに対して、父親はひとことも反論せず、ただ、じっとうつむいているだけなんです。それがまた、私にすると癪に障って、さらに罵倒する。最初のうちこそ怒りをそのままぶつけていましたが、そのうちに涙が出てきて、最後の方は泣きじゃくりながら……という風になっていたと思います。母親はただオロオロするばかり。どれくらい時間が経ったでしょうか、伯父のひとことで、これも何て言ってくれたか覚えていませんが、ともかく、それで、この私の結婚前夜祭は幕となったのです。

A：うーん。それで、翌日の肝心の結婚式は大丈夫だったんですか？

児島：ええ。それはなんとか。ともかく、翌日、父親と母親、それに伯父夫婦と結婚式場に向かったのですが、たしか電車を乗り継いで一時間以上はかかったと思いますが、この間、お互いどういう感じでいたかは覚えていませんね。ただ、式場について妻に会った時、妻が私の顔を見て「どうしたの、その顔⁉」

と驚いていたのはよく覚えています。まだ若いとはいえ、なにせ、寝不足と二日酔い、それに加えて泣きじゃくっていたわけですからね。

A：いやはや、なんと申し上げてよいかわかりませんが、その後、児島さんとお父さんとの間に、それにお母さんとの間でも何かしこりみたいなものは残らなかったのですか？

児島：そこなんです。この結婚式前夜の大騒動といいますか、そうそう、父親に面と向かって文句を言ったのは、それこそ、これが最初で最後だったんですが、これを境に、さきほど言いました、父親のやさしさが鼻につくというのは、ほとんど消失してしまいましたね。

A：要するにふっきれた、ということになるんでしょうかね。それと、伯父さんもさぞかしびっくりされたんじゃないかと思うんですが……

児島：はい、今、伯父のことも言わなきゃと思っていたんですが、どの段階でだったかは忘れてしまったのですが、伯父がひとこと、およそ次のようなことを言ってくれたんです。「俺には、こんな風に息子とやり合うことすらできないからな、うらやましい」と。伯父夫婦は、結局子どもに恵まれないままでした。

A：どうなんでしょう、ここまでの児島さんの原家族といいますか、その特におじさんの存在と、冒頭に話されたミニューチンの〝遠い親戚のおじさんのように振る舞う〟という言葉の間には、やはり何か関連があるんでしょうかね。というか、関連がある、というふうに児島さんご自身が思われていることに意味があるんでしょうか。このあたりは何とも言えませんけどね。それに結婚という節目でのできごとであることも、いわゆる家族ライフサイクル論からすれば、これだ、って感じでいえそうですが。まあー、それはともかく、あらためて、最後に私自身、児島さんのお話から思い出した言葉があります。それは、かつて河合隼雄先生が言われたことなんですが、家族関係における〝斜めの関係〟のもつ意義ということです。どうも、ありがとうございました。

V

ここまで書いてみて、ふと思いついたことがある。それは、この原稿を、筆者がもっと若い時期に依頼されていたとしたら、どのように書いたであろうか、ということである。それからもうひとつ、このように書いてしまったことによって、これからの筆者の臨床実践にさらに何か変化が起こるのだろうか、ということもちょいと気になってきた。ほかにも、いろいろと連想がわいてきて仕方がない。が、ひとまず、ここでペンを、いやパソコンを閉じることにする。

第3章　日本における夫婦療法のゆくえ

Ⅰ　はじめに

一九八四年に日本家族研究・家族療法学会が設立されて以来、家族療法という名称については、その内実は別にしても、日本の多くの臨床家の間でそれなりの市民権を得てきているように思われる。しかし、夫婦療法となるとどうであろうか。筆者が知る限り、現在でもなお馴染みが薄い感じがする。しかし、筆者は、この数年の経験から、今後は、夫婦療法の機会がより増えてくるのではないかという気がしている。そこで、筆者なりに、日本におけるこれからの夫婦療法について展望してみようと思う。

ところで、日本においてこれまで夫婦療法が馴染みの薄いものであったことの理由として〝日本の家族は親子中心で欧米の家族は夫婦中心である〟というのが定説となっていた。その一つの証拠が米国の家族療法に関する最大学会の名称である〝American Association for Marital and Family Therapy〟すなわち「米国夫婦・家族療法学会」に現れている。事実、米国では夫婦療法の方が家族療法よりもその歴史は長いという。渋沢ら（1995）は米国における夫婦療法の系譜について次のように紹介している。「……夫婦の問題に対する援

表1　夫婦療法の対象となる問題1

1）恐怖	8）セックスの問題	15）不妊症
2）多重人格障害	9）アルコール症	16）乳がん
3）自己愛障害	10）暴力	17）HIV 感染
4）不安障害	11）近親姦	18）糖尿病
5）摂食障害	12）強姦	19）再婚
6）うつ病	13）不倫	20）子どもの問題
7）薬物乱用	14）慢性腰痛	21）高齢化

（渋沢ら、1995）

助はキリスト教の牧師が結婚前のカップルと何度か会い、結婚に対する心構えについて一緒に話し合うという慣習に端を発する。キリスト教では結婚は神の前で二人の人間が夫婦となることを誓うことであり、この誓いを守る援助をすることが、牧師の仕事の一端として見なされる。そして、問題を抱えた夫婦の相談にのることもパストラル・カウンセリング（牧師によるカウンセリング）の業務の一部であった……」。このように米国の夫婦療法はキリスト教の伝統のもとに発展してきたものであるから、その意味では、日本で夫婦療法が固有のものになりにくい事情も理解できるわけである。しかし、米国の夫婦療法も、時代の変遷とともに、今や、夫婦間の愛情問題だけに限られるわけではなく実に幅広い問題を扱うようになってきており（表1）、これらの問題は今日の日本においてもほとんど同様である。それでもなお、日本においていまだに夫婦療法が馴染まないというのは、夫婦（両親）で相談に出向くということにどこかハードルが高いところがあるということの現れであろう。とくに、子どもの問題を扱う場合に「親面接」といいながらその実態のほとんどは「母親面接」である。これらの理由についてはいまさら述べるまでもなく、日本の社会および家族における相変わらずの母子関係中心主義を示すもので、それを臨床の専門家側も強化してしまっているところ大である。もちろん、家族療法イコール夫婦（両親）同席の面接を意味するものではないが、それでもなお、面接場面への夫もしくは父親の登場はそれだけですでに大きなリソースとなることは筆者自身の経験からも大いに頷けるところである。では、これまで夫や父親の面接への参加を積極的に促してきたかというと、必ずしもそうとはいえないところがあった。例のごとく、夫や父親の面接への参加については仕事上忙しいだろうから無理をさせない、という一見ジョイニング風なスタンスをとりつつ、実のところ、そこには、筆者の男性としてのジェンダー意識が働いていることを認めないわけにはいかない。今、筆者の手元に「家族療法研究」誌十二巻三号「夫婦」特集号（1995）と同二十四巻二号「ジェンダーと家族療法」特集号（2007）があるが、この両誌を読み直しながら、これからの夫婦療法の実践すなわち男たちの面接へのより積極的な導入をはかるにあたって、あらためて筆者自身のジェンダー再点検の必要性を感じているところである。この点をまず前提にしつつ、以下、筆者が夫婦療法についてあらためて考える契機となったいくつかの経験について紹介することにしたい。

Ⅱ　夫婦関係に関わるケースの増加

筆者が現在関わっている臨床心理士養成大学院の附属相談機関において、ここのところ直接・間接に夫婦関係にまつわる問題を主訴とするケースが確実に増えてきている。本年4月から10月までの半年間の新規ケースをみても34例中9例がそれにあたる（表2）。9例中、直接夫婦間の愛情問題に関わるケースが6例、夫もしくは妻が抱えている心理的・身体的問題についてそのサポートの仕方を主訴にその配偶者も一緒に来談したケースが2例、あとの1例は青年期の娘の問題を契機に夫婦間および実家との関係を主訴に夫婦で来談したものである。とくに、直接夫婦間の愛情問題を主訴とする来談については、過去においても単年度でせいぜい1～2ケース程度であったことを考えると、その増加は著しい。その背景には事例2、3のようにDVというタームが認知されてきたこと（ただし、いずれも危機介入を必要とするほどではなかったが）が一

表2　夫婦問題を主訴に来談したケース

NO.	来談者	主訴	来談経緯
1	30歳妻、31歳夫	出産前後からの腰痛は幼少期のトラウマが原因ではないか。夫の理解も欲しい。	電話帳で調べ、自発来談。
2	39歳妻、39歳夫	現在妊娠4カ月（第1子）。夫のDVについて相談したい。	市の女性相談部門に相談したところ、当センター紹介となる。
3	46歳夫	妻にDVと言われた。家族とのコミュニケーションをどうにかしたい。	職場メンタルヘルス相談に行ったところ、当センター紹介となる。
4	49歳妻、48歳夫	夫との関係（価値観の違い）および義母との関係に悩んでいる。	以前、長男のことで悩んだ際、当センターで相談を受けた。
5	43歳夫	浮気（現在は清算）をきっかけに妻の気分の変動が激しく対応に困っている。	職場メンタルヘルス相談に行ったところ、当センター紹介となる。
6	58歳妻、58歳夫	交通事故後の夫への対応について相談したい。	夫の妹の知り合いであるスクールカウンセラーからを紹介された。
7	41歳妻	小学3年の娘の頭痛に夫婦関係が影響しているのではないかと思う。	電話帳で調べ、自発来談。
8	44歳妻	うつ病になった夫を素直にサポートする気持ちになれない。	以前、長女の不登校で悩んだ際、当センターで相談を受けた。
9	35歳妻、55歳夫	娘二人の問題に夫婦および家族との問題が関係しているのではないかと思う。	県の婦人相談所部門に相談した際、当センター紹介となる。

つあげられるであろう。さらに、事例４、７、８は長年の夫への不満を訴える四十代の妻たちであり、そこに共通するのは、やはり夫側の妻に対する親密性に関わるコミュニケーション能力の不足のようであり、まさに、今日の日本における中年期男性の問題点を浮き彫りにしているように思われる。また、夫が単独で来談した2例のケースは珍しいが、彼らはいずれも職場のカウンセラーからの紹介であることからすると、産業メンタルヘルスの場が働く男性たちにとってはプライベートな問題についても相談するという行動を促す機会になっているように思われて大変興味深い。ちなみに、筆者もかつてある製造業の事業所で産業メンタルヘルスに関わった経験があるが、そこでも、男性従業員からの夫婦・家族関係に関する相談を受けることが結構あった。それに何よりも夫が業務上のストレスからうつ病になるなどのケースでは積極的に妻との面接も導入したが、これは夫の職場再適応の点でも大いに効果が得られたという実感がある（児島ら、1998）。

以上、地方都市での臨床心理士養成大学院相談機関におけるしかもこの半年間のデータだけなので、ここから即日本全体の傾向を断じることは慎まなければならないが、筆者は、これを機に、臨床家側がこれまで以上に積極的に夫婦（両親）面接の導入をはかるとともにその臨床データの蓄積を行う必要があるように思う。

Ⅲ　ＤＶ防止活動への関わりの経験

十三年ほど前に長崎の地でＤＶ防止のためのボランティア活動が始まったが、現在では、この活動は「ＮＰＯ法人ＤＶ防止ながさき（代表：中田慶子）」として組織的に整備されるとともに地域社会の中に確実に根を下してきている。筆者は、開設まもなくから、この電話相談のスーパーヴァイザーを引き受けている。一、二ヵ月に一回のペースで行われる十名前後でのグループスーパーヴィジョンだが、毎回、電話相談のケースを巡ってメンバーたちの間では活発な意見が交換される。周知のように、ＤＶ問題は、現在では犯罪として法律的にもより明確にされてきているから、ディスカッションでも被害者としての女性と加害者としての男性という構図は免れ難い。それになによりも、電話相談のボランティア全員が女性であるから、素朴な形での男性への批判（同時に、その相手である女性側への同情とともに苛立ちの感情も含めた）の様相を帯びる。もちろん、彼女たちも経験を重ねるなかで、徐々にそうした素朴な感情だけでの対応では難しいことを理解してきてはいる。しかし、それでもなお、「……やっぱり、男性としては女性を支配したがるものですかね？　口なんて台詞が飛び出したりする。また、「うちの主人は暴力はないけど、私が何か言うと、すぐ不機嫌になって、全然、話にならないのよ」という声も出たりする。すると、参加者たちの間では大いなる連帯感が生まれることになるのだが、唯一男性である筆者としては、ちょっと居心地の悪さを感じざるを得なくなるのである。そこでつい、「なんか、私が男性軍の代表として叱られているみたいですね」と返すと、彼女たちはふと我に返ったように「あらー、そんなつもりじゃないんですよ」と言い訳したりする。こうしたやり取り自体は、目の前のＤＶのケースを検討する際に、彼女たち自身が揺さぶられざるを得ない情動反応を和らげ、ケースとの心理的距離をとる役目を果たしてくれる。それはそれとしても、筆者は、間接的であれこれほど多くのＤＶの実態を知らされるとなんとも暗澹たる思いにならざるを得ない。とりわけ、加害者である男性たちに対しては、「お前たち、いい加減にしろ！」とそれこそ筆者の方が暴力的な気分になってしまう。子どもや女性たちを虐待し、また、生徒や部下たちへのハラスメントに懲りない男たちとの直接的なワークに従事しておられる中村正氏の「男性というジェンダーは、いまだに謎だらけだと思う」（中村正、2007）という発言に筆者自身も頷かざるを得ない。

また、別の小さなグループスーパーヴィジョンでは、スーパーヴァイジーの一人に婦人相談所の一時保護所で心理相談を担当している女性の臨床心理士がいるのだが、これまで彼女が提示したケースを通じても、筆者は、現代の日本における夫婦関係なるものにおいて男女間（だけに限らないが）のエロスの世界とそれをある意味で抑圧する婚姻という社会制度との間にあらたなせめぎ合いが生じつつあるように思えるのである。

Ⅳ　遺伝医療の進歩に伴うあらたな夫婦・家族問題

昨今の遺伝医療とりわけ出生前診断技術や生殖医療（不妊治療）技術の進歩は著しいが、それに伴って夫婦・家族にあらたな問題が浮上してきている。筆者は、長崎大学附属病院遺伝カウンセリング室を中心とした長崎遺伝倫理研究会での定期的な勉強会に参加する機会を得る中でその実態を知ることになった（長崎遺伝倫理研究会編，2005）。たとえば、出生前診断技術の進歩によって、出生前に高い確率で遺伝性疾患による障害児であることが判明した際、夫婦に求められる〝自己決定〟のプロセスの困難さは想像をはるかに超えるものであり、そのプロセスをいかに支援できるか、というのが遺伝カウンセリングに課せられた課題なのだが、その多くは遺伝性疾患の〝説明と同意〟に終わってしまっている。とくに医療倫理の大原則である患者の〝自己決定権〟に関しても、とりわけ遺伝医療の現場では、当事者夫婦（事情によっては、夫不在ということもあるだろうが）の〝関係〟の中で行使されるものと思うのだが、残念ながらそのような〝家族療法的〟認識はほとんどない。その意味でももっと日本の医療現場に"medical family therapy"（McDaniel et al., 1997）の考え方と実践が導入されなければならないとあらためて強く実感するものである。また、遺伝性疾患の最大の特徴は、言うまでもなく、その影響が次世代にまで及ぶという点にあり、そのことがこれまで遺伝学的な家族（家系）研究の成果を生み出すとともに、一般社会においてはよくも悪くもある種の家族神話を形成する役目をも果たしてきたといえる。ところが、今日のさらなる遺伝医療の進歩は、ごく身近な身体疾患までもが次世代へと引き継がれることを強く予見させるものとなることによって、これまでの遺伝学における〝過去から現在へ〟に〝現在から未来へ〟の系譜がさらに加算されることになる。その結果、人間は、知らなければそれなりに幸福であったことが、知る・知らされることによって現在のみならず将来の、それも次世代にまで及ぶであろうあらたな苦悩をも背負うことになるが、実際にそのような苦悩を背負うことになる夫婦を前にしてどのような支援が可能なのだろうか。それにまた、近い将来、結婚しようとするカップルはお互いの遺伝情報を開示し合った上でなければ結婚しない（できない）という風景も日常のものとなるかもしれない。

もう一つ、遺伝医療と関連してあらたな夫婦・家族問題を顕わにしつつあるのが生殖医療技術の進歩に伴うものである。この領域について筆者は直接関与した経験はないが、すでにマスメディアを通じてその実態が知られつつある。長年の不妊治療によってもなお子どもに恵まれない夫婦が、それ以後の夫婦関係をどのように構築しようとするのか、ここにも夫婦関係を支援するあらたな夫婦療法の必要性があるように思われる。そして、〝なんとしても自分の遺伝子を残したい〟という人間のある意味で根源的な欲望は、そのようにして生まれてきた子どもたちが将来自らの出生を知るに及んだ時、その複数の異なる役割を担った親たちはその子どもたちに対してどのように対処するのだろうか。

V　結婚・夫婦関係に関する最近の心理学的研究から思うこと

最近、日本においてもようやく結婚や夫婦関係に関する詳細かつ実証的な研究の成果が蓄積されつつある（柏木ら、2003）。たとえば、「無職（専業主婦）の妻と有職の妻とでは、夫に対する満足度において後者の方が有意に高い」、「職業をもっている妻の年収と夫の年収との差が小さいほど夫婦間の親密性は高くなる」、「性別役割に関して伝統的な考え方をもつ夫と平等的な考えをもつ妻の組み合わせでは、その逆の夫婦の組み合わせに比べて夫婦間の満足度において前者の方が有意に低い」といった知見が明らかにされてきている。筆者は、大学の学部および他大学で家族心理学の講義を担当するようになって初めてこれらの成果を知るようになったのだが、臨床家たちはもっとこれらの研究の成果にも目を向けるべきではないかという思いを強くしている。というのは、夫婦間の親密性の問題は、ごく日常的な生活の営みの積み重ねと切り離せないものであり、かつ、それらの生活は今日の社会・経済的な要因と密接に関連したものであるからである。さらに核家族化したとはいえ（否、それゆえにこそ）、若いカップルがそれぞれの原家族からの自己分化を果たし得ないゆえにその関係において破綻を来していることについても夫婦・家族療法家はあらためて目を向けておく必要があるように思う。

Ⅵ　おわりに

かつてHaley, J.（1976）は夫婦関係を三者関係システムとしてとらえる視点を提供したが、筆者は、あらためてその意義を感じている。それは、夫婦とはいえ二者関係なるものが本質的に孕んでいる危うさへの認識である。と同時に、そうした二者関係の「かすがい」となる第三者の、それも当該夫婦にとって「外部」に位置するものの存在と役割の重要性である。夫婦の危機に際してはたしかにセラピストがその役割を担うことになるのだろうが、できることならば、夫婦となるすなわち結婚の時からそのような第三者が用意されるシステムが形成されるとよいのではないかと思うのである。あえていえば、それは「仲人なるもの」の復権である。

文　献

Haley, J.（1976）Problem-Solving Therapy. San Francisco; Jossey-Bass Publishers.（佐藤悦子訳（1985）家族療法：問題解決の戦略と実際．川島書店．）

伊藤良子監修・玉井真理子編（2005）遺伝相談と心理臨床．金剛出版．

柏木恵子・高橋恵子（2003）心理学とジェンダー：学習と研究のために．有斐閣．

柏木恵子（2003）家族心理学：社会変動・発達・ジェンダーの観点から．東京大学出版会．

児島達美（1987）家族システム論からみた夫婦療法の一考察．In：日本心理臨床学会編：心理臨床ケース研究５．誠信書房、pp.215-232.

児島達美（1998）産業心身医学の実践（２）．心身医療、10 (7); 55-58.

Kojima, T.（2006）The development of family therapy in Japanese psychosomatic medicine. In: Kubo, C. & Kuboki, T. (Eds.): Psychosomatic Medicine. Amsterdom; ELSEVIER, pp.154-157.

McDaniel, S.H., Hepworth, J., & Doherty, W.J.（1992）Medical Family Therapy: A Biopsychosocial Approach to Families with Health Problems. New York; Basic Books.

長崎遺伝倫理研究会編（2005）遺伝カウンセリングを倫理する：ケーススタディー．診断と治療社．

中釜洋子（2008）家族のための心理援助．金剛出版．

中村正（2007）男らしいコミュニケーションにそくしてすすめられる変化のための対話：男性性とジェンダーの視点からの社会臨床へ．家族療法研究、24 (2); 92-95.

ＮＰＯ法人ＤＶ防止ながさき：http://www.geocities.jp/dv_greentomato/index.html

渋沢田鶴子（1995）異文化としての夫婦療法．家族療法研究、12 (3); 230-238.

柘植あづみ（1999）文化としての生殖医療．松籟社．

第２部　ブリーフ・セラピーそしてナラティヴ・セラピー

第4章　ブリーフ・セラピーへの招待

Ⅰ　ブリーフ・セラピーの源流――ベイトソンとエリクソン

森：今回の特集（児島注：初出は『現代思想』巻4号、二〇〇二年のブリーフ・セラピーの特集であった）の中では、最近の心理療法の中で話題となっている二派の創始者、マイケル・ホワイトとスティーブ・ドゥ・シェイザーの論争と対話である「家族療法の新しい方向性」の論文が翻訳されます。この論文では「ナラティヴ・セラピー」と「解決志向ブリーフ・セラピー」の理論的、実践的な水準での異同が色んな形で現れていますが、今日は、この論文の骨子とその背景を中心に、最近のブリーフ・サイコセラピーの源流にある思想、その現在の展開、そして今後のあり方について、長崎純心大学の児島達美先生に話を伺っていきたいと思います。まず、心理療法が今、どのような方向に来ていて、その中で二派はどのような位置を占めているのかということから伺えますか？

本章は、森俊夫との共著である。

児島：はじめに指摘しておかなければならないのは、ナラティヴ・アプローチのマイケル・ホワイトと解決志向アプローチのドゥ・シェイザーを同じブリーフ・セラピーと呼ばれるものにひとくくりにしていいかどうかという点です。厳密に言えば、ホワイトのアプローチの方はあくまでナラティヴであって、いわゆるブリーフ・セラピーの範疇には入れないのが普通ですし、ホワイト自身もそうされるのは好まないと思います。ただ、この二人がそれぞれの立場や背景、考え方で従来からの精神医学や心理学、さらにそれらを包含する近代の人間科学をベースにしたセラピーとは異なる方向性を明確に示し、それを実践してきた結果、実は、この二人のベースにあるものにきわめて共通した点が見られてきたということです。それに、ひとくちにナラティヴといっても、今ではホワイトのものだけに限られるわけではなく、一方、ブリーフ・セラピーにしてもドゥ・シェイザーの解決志向アプローチだけを指すのでもない。ただ、マイケル・ホワイトとドゥ・シェイザーが出会うことによって、ブリーフ・セラピーも含めた心理療法のあり方により広がりが出てきたと言えるかもしれません。少なくとも私はそのように感じています。

さて、この二人の論文に共通して出てくる名前の一つがグレゴリー・ベイトソンです。彼自身は臨床家ではなく文化人類学者です。それと、これはホワイト自身はそんなに言及していませんが、もう一人重要なのは臨床家であるミルトン・エリクソンです。いわゆるブリーフ・セラピーと言われているものの源流はその二人にある。

ミルトン・エリクソンは精神科医で、催眠療法の達人でした。ただし、普通、催眠というと直接催眠なんですが、エリクソンは通常のコミュニケーションの中にある無数の催眠的な要素を駆使することのできた天才的な人だと言われています。

一方、文化人類学者だったベイトソンは一九五〇年代にドン・ジャクソン、ジェイ・ヘイリー、ジョン・ウィークランドと一緒にコミュニケーション研究のプロジェクトをやっていた。その中でベイトソンは、統合失調症の患者さんとその家族、特に母親との間の相互のコミュニケーションを観察して、従来の伝統的な精神医学とかの枠組みとは全く関係なく、コミュニケーションのバターンそのものを観察して記録にとり、詳細に考察を重ねる中で、かの有名なダブルバインド・セオリーを発表するんですね。統合失調症の患者さんのコミュニケーションそれ自体は精神医学から見ると確かに病理的ですが、ベイトソンはそれが病理的かどうかではなく、むしろ、それも相手との繰り返されるある種のコミュニケーション・バターンの中で学習された一つの積極的な反応様式だと主張したんですね。さらに重要なのは、このダブルバインドが医師・患者関係の中でも認められること、場合によっては、これが治療的にもなり得る点を示唆したことです。

ベイトソンの功績は、決してダブルバインドそのものにあるのではなく、むしろ、ダブルバインドを見出すための方法と、そのベースにある認識論にこそポイントがあるのです。彼の言葉の中から僕なりに一つ選ぶとすれば、それはやはり「はじめに関係ありき」でしょう。つまり、個人自体の存在をアプリオリに見る見方から、個人の個人性は、他者との関係性における差異によってはじめて浮かび上がるという考え方です。ですから、その関係性が変われば自ずと個人のあり方も変わる。となると、個人の変化を見るためには、その個人を含む関係性自体を見ないといけない。その点からすれば、心理的問題や症状と呼ばれるもの、さらにそうした問題と解決の間の関係においても同様の観点から捉えられることになるわけですね。さらに、意味の世界も変わる。また、関係性とは言い換えれば「場」に他なりません。「場」を研究の対象とするということは、必然的にその研究者もまたすでにその「場」に含まれることになる。家族療法という「場」でいけば、セラピストもまたすでにその一員ということになる。他にもいろいろと議論すべきことはあるんですが、ともかく、こういった認識の世界こそ、現代における人間の心と呼ばれるものについてのあらたな方向性を示したことだけは間違いがないと思います。

そして実はベイトソンはコミュニケーション学者として、エリクソンのセラピーのやり方にも関心を持っていた。実際に会ってエリクソンとも話をしています。これは正確な言い方ではないかもしれませんが、ベイトソンもさすがにエリクソンにはついていけなかったようです。エリクソンのコミュニケーションのとり方は多重なレベルの意味を駆使するものですから一義的にそれを理解するのは難しい。ただ、その方法が治療的にはきわめて効果を示したのです。そして、このエリクソンのアプローチに大いに関心を寄せたのは、ウィークランドやヘイリーの方で、彼らはエリクソンのセラピーから多くを学び、それが、ブリーフ・セラピーの基礎をつくり、その後の発展に大きく寄与するのです。

ベイトソンの研究プロジェクトは三年ほどで終わるわけですが、そのグループのウィークランドやドン・ジャクソンたちがMRI（メンタル・リサーチ・インスティテュート）というセラピーの研究所をサンフランシスコ郊外のパロアルトという町につくるんです。彼らはそこで、従来の精神病理学などをベースにしたアプローチとは全く違う観点、つまりベイトソンとエリクソンの研究の中から出てきたコミュニケーションの考え方をベースにしたセラピーのモデルを研究しはじめる。「ブリーフ」という言葉を最初に使ったのがMRIのグループです。一九六七年だったと思います。それが現在のブリーフ・セラピーに至る流れです。

一方で、すでに述べたような家族療法の動きも始まるわけですけれども、ブリーフ・セラピーと家族療法は、言ってみれば異母兄弟のようなものなのです。家族的なメタファーだけど（笑）。いずれにしても、患者やクライエントが示す問題や症状をそれ自体としてではなく、常にある重要な対人関係の中の相互コミュニケーションにおける文脈でとらえようとする点では共通している。この重要な対人関係の最大のものが、他でもない家族になるわけです。

Ⅱ　スティーブ・ドゥ・シェイザー――解決志向アプローチとは何か

森：では、スティーブ・ドゥ・シェイザーとマイケル・ホワイトのそれぞれの理論と実践について伺っていきたいのですが、まず、ドゥ・シェイザーについて伺えますか？

児島：ドゥーシェイザーは一九八七年にＢＦＴＣ（ブリーフ・ファミリー・セラピー・センター）を、奥さんのインスー・キム・バーグと始めます。直訳すれば「短期家族療法センター」ですが、ドゥ・シェイザーはシステム論的に発展してきた家族療法とは全然関係がないことを明言しています。とくにＭＲＩのウィークランドそしてエリクソンにも彼はずいぶん影響を受けていた。ＭＲＩというのは家族療法とブリーフ・セラピーを一緒にしたような形でできたんだけれども、いわゆるガチガチの古典的システム論をもとにした家族療法とは違っています。

ガチガチの古典的システム論をもとにした家族療法というのは、とにかく患者さんの家族全員に集まってもらってコンジョイント・セラピーつまり合同家族療法を行うものです。合同で会っていろいろと話し合いをしていく中で関係性のパターンを読んで家族の構造をマッピングし、クライエントの問題は父親と母親のある関係を隠蔽するパターンで動いているとかいった仕方でなされるアプローチです。僕はちょうどそれが日本に入ってきた時に出会っていて、僕自身、最初はガチガチの古典的家族療法家だった。従来の一対一の、クライエント、患者さんとセラピストだけのカウンセリングでは駄目だ、家族でないと絶対に駄目なんだと思っていた。当時の学会のシンポジウムが「個人か家族か」なんていうテーマで組まれていたような時代だった。

ＭＲＩも確かに家族療法の伝統をもってはいるんですが、彼らはとにかく家族のメンバーが全員集まらなきゃいけないなんて全然考えない。彼らはこう考えるんです。よくクライエントの問題と言うけれども、場合によってはクライエント自身がそれを問題と感じているかどうかはわからない。本人は別に自分には関係ないと思っているということもあって、むしろ問題だと思っているのは周りだったりする。その中で、家族のメンバーの問題を何とかして解決しなければと、当人に一番関わっている人、それは多くの場合は母親で、場合によっては家族のメンバー外の人だったりすることもあるのですが、ＭＲＩの言い方では「一番汗をかいている人」、その人に会えばいいんだと。クライエントが問題だからどうというよりも、実にシンプルに、一番汗をかいている人、誰が一番問題にしているのか、に彼らは着目するんです。だから、別に本人がこなくてもいい。そして、そうやって一生懸命解決しようとしているのに相変わらず問題は持続しているとするなら、それはどうも問題そのもの、症状そのものというよりも、周りが一生懸命解決しようとしている、その解決の仕方がむしろ問題を持続させているんだというふうに転換を図る。従来のやり方だと、治らなかったり、問題が持続する時には問題の性質そのものを一生懸命調べる。そうすると当然医学モデルになって、患者さんの抱えている問題とか症状とかを分析して、これは重症だから続くんだという考え方になるのですが、ＭＲＩの方は、いや、問題そのものの性質よりも、それについて周りがいかに一生懸命解決しようとしてきたかという方がむしろ問題を持続させるんだと言い出した。これは当時からすると、全然受け入れられない。

森：いわゆるセカンド・オーダー・サイバネティクスですよね。

児島：そうです。そしてＭＲＩはその他にもいろんな研究プロジェクトをもっていたわけですが、その中の一つとして先程お話しましたブリーフ・セラピーもあった。その一つのリサーチとして、最初からセッションを一〇回なら一〇回と決めておいて、全てのケースをそういう方法でやってみて効果はどうかというのを調べたんです。その結果、セラピーは時間をかければかけるほど効果があるという思い込みがあるけれども、実はそうでもないということを実証的なデータとして彼らは出しているんですね。ドゥ・シェイザーは、こうしたＭＲＩの解決に焦点をあてる方法をより洗練させ、エリクソンの巧みなアプローチの仕方を随分取り入れて独自の質問法を開発していくわけです。それはとてもシンプルに公式化されていて、誰にでも使いやすい点が魅力の一つになっているのです。

それと理論的な点から、ドゥ・シェイザーに一番大きな影響を与えていると思われるのは、ヴィトゲンシュタインの言語哲学でしょうね。ヴィトゲンシュタインの哲学を理解するのはとても難しいのですが、僕の単純な理解からいけば、言葉は現実を表すものという従来の言語観とは異なって、言語そのものが現実をつくるという言語観の採用でしょう。そうそう、忘れていましたが、ＭＲＩの理論的な支柱をつくった人にポール・ワツラヴィックという人がいて、彼の最初の著作が『人間コミュニケーションの語用論』（山本和郎監訳、二瓶社）というものなんです。その後、彼は『現実はいかにして現実か？』(1976) というちょっと頭が痛くなるような本を書くわけですが、これらなんかも言ってみれば、言語そのものが現実をつくるという考え方と密接に関連したものですね。

ですから、実際のセラピー場面において、セラピストがクライエントの問題に焦点をあてた言語の使用を行えば、クライエントは問題に満ちた現実をどんどんつくっていくし、解決に焦点をあてた言語の使用を行えば解決を志向する現実がつくられるということになる。きわめて単純な言い方ですが、これが「解決志向アプローチ」の中心的な考え方ではないでしょうか。

Ⅲ　マイケル・ホワイト――ナラティヴ・アプローチとは何か

森：では、ナラティヴ・アプローチのマイケル・ホワイトについて伺えますか？

児島：マイケル・ホワイトの場合は、彼が生まれ育ったオーストラリアの文化性と時代性の影響が非常に大きいように思います。日本で一番有名になったのは、エプストンとの共著『物語としての家族』（小森康永、金剛出版）です。エプストンはニュージーランドの出身ですね。ホワイトは、大学で社会福祉学を専攻するんですが、当時すでに政治にも強い関心を示したといいます。彼は、精神科ソーシャルワーカーとして、精神科の病院や、日本で言えば児童相談所みたいなところで一介の若い臨床家として仕事を始めるんだけれどもその中で家族への関心を強めていく。同時に、従来からの精神医学や心理学的な家族のとらえ方に疑問を持ちはじめたようです。一九八三年にダルウィッチ・センターを開設して本格的な臨床と教育・研修活動を始めるのですが、この間に、米国を中心に発展してきた家族療法に触れることによって、彼なりの独自の発想を生み出す。また、これはある種の必然でもあったのでしょうが、ミシェル・フーコーの思想に大いに影響されていきます。そのようにして、彼の家族療法家としての名声を高らしめたのが、あとでも話題になりますが「問題の外在化」です。

『物語としての家族』の理論的な部分を読むと、医者と患者、セラピストとクライエントといった関係性はある近代的な制度を前提に作られていて、そうである限りその関係性自体がいわば抑圧的で、クライエントだけではなくセラピスト自身をも抑圧しているのではないかと。ここに、彼がフーコーの理論に準拠した理由があるんですね。さらに一九七〇〜八〇年代にはジェンダーの視点なんかもどんどん入ってきて、実際、古典的システム論による家族療法がかなり隆盛になった頃に、アメリカで、そういう家族療法に対するものすごい反発が起こる。そしてその最大のグループは女性たちだったわけです。つまり家族療法の前提の中には、父親はこうでなければならない、母親はこうでなければならないという、伝統的なジェンダー格差が含意されていると。

そういう社会的、政治的コンテクストが、家族にどのように影響しているかというところにホワイトは非常に関心を引かれていく。ですから、システム論のようにいわば抽象化された形ではなく、家族というものをトータルでサポートするという視点は、それも政治的な色合いをもったものとして、彼の中では自然に身についていたんだと思います。今回の論文冒頭の解題で、ホワイトとドゥ・シェイザーのアプローチについてジェフ・チャンとマイケル・フィリップスがまとめている中（1993）で、ホワイトは非常にポリティカルであると指摘しています。社会状況とか政治性とかがクライエントや家族の問題に影響しており、今の近代的な治療システム自体がすでに抑圧的で、治療、セラピーという名のもとに極めて抑圧的なことが行われているということを強調している、その意味でポリティカルだと。その点、ドゥ・シェイザーはそういう意味での政治性はそんなにないですね。ポリティカルという点では、オーストラリアだとアボリジニ、ニュージーランドだとマオリ族という、いわゆる文化的なマイノリティをめぐる問題が近年それぞれの国で大いに論じられ、実際、社会運動としても動き始めている。そのような文化的な葛藤への意識も当然ホワイトはもっている。

それから、マイケル・ホワイトの実際のセラピーについて語る場合、もう一つ忘れてならないのは、ドゥ・シェイザーとは違った視点ではあるけれども、やはり言語に対するセンシティビティの高さでしょうね。とりわけ、人間が自己の人生について認識する際、それは常にあるストーリー性をもった語りのモードによるものであり、それがその人の経験を形作るのだということ、しかも、問題を抱えた多くのクライエントの語りのモード自体が近代的な抑圧の様相に影響を受けていることを前面に押し出した点です。ですから、彼のセラピーの中心となるのが「リ・ストーリング」（再著述）、つまり、クライエント自ら自分の人生の歴史について、ある意味での〝非抑圧的な〟あらたなストーリーが書けるように援助することになるわけです。そして、ここでもう一つ重要なのは、実際はクライエント個人が書くストーリーではあるけれども、そのストーリーにはすでに多くの人々も参与していることを促す点です。これなどは、近代西洋における個人主義自体の抑圧性をも意識したものではないでしょうか。ですから、ナラティヴ・アプローチとは、まさに、この近代的な知の体系や権力の構造の影響のもとにあるクライエントそして家族の語りの経験それ自体に着目するものと言えるのではないでしょうか。

Ⅳ　ドゥ・シェイザーとホワイトの共通性――例外・ユニークアウトカム・会話

森：論文ではその両者の共通点と違いとが、いろんな形で出ていますが、次にその点について話をしたいと思うんです。まず、両者の共通点について伺えますか？

児島：わかりました。二人の理論的バックグラウンドは今、お話ししました通り、かなり違うんだけれども、実際のセラピーのスタイルとか中身を見てみると非常に似たところがある。その一番のポイントは、ドゥ・シェイザー達がよく言う「エクセプション（例外）」です。クライエントや家族は、いつもこんなに大変で、もうどうしようもないと「問題」について語るわけですが、しかしそういう問題が起こっている中でも、彼らなりに何とかしのいでいるという部分がすでにあるんですね。それをむしろ引き出す。問題の原因は何か、あなたは自分の問題をどう考えているのかというアプローチではなく、そういう問題を抱えながらも、今まで常に、少しでもやれていることを引き出していくというアプローチ。これを彼らは「例外」と呼んだんです。しかも、それは単にクライエントの過去における「例外」にとどまるのではなくて、ちょっと変な言い方ですが〝未来おいてすでに実現される〟ものでもあるのです。

そして実は、それと同じようなアプローチをホワイトの方もやっていて、ホワイト達の方はそれを「ユニーク・アウトカム」と言っているんです。ユニークというのは、その家族、クライエントにとって、問題にすごく影響されているストーリーの中で、未だ語られざる経験ということになります。ホワイト達はそういうところに焦点を当てて引っ張りだすようなアプローチをしているんです。

ホワイトは爆発的に人気が出てきて、一方、ドゥ・シェイザーのアプローチも九〇年代に入ってくるにつれてどんどん人気が出てくる。ドゥ・シェイザーの場合は、インスー・キム・バーグという彼のパートナーの功績が大きいんですけどね。彼女は韓国系アメリカ人のセラピストです。それで、ホワイトのワークショップに出た人が、「ホワイト先生のユニーク・アウトカムというのはドゥ・シェイザー先生たちのエクセプションという考え方とどう違うんですか？」と。逆にドゥ・シェイザーのワークショップに出ると、「ホワイト先生はユニーク・アウトカムというけれども、それと全く同じじゃないですか？どう違うんですか？」と。

繰り返しになりますが、今までのセラピーのスタイルだと、クライエントが何か問題を抱えているとすると、これはどういう問題か、問題はどの程度のものか、それは診断的に言うと何なのか、なぜそういう問題が起こってきたのか、というふうにアプローチするのがオーソドックスなやり方です。

それに対してドゥ・シェイザーたちは、問題そのものがどういう原因でどう起こって、ということを追究すること自体が問題を持続させると考える。一方、ホワイト達はどうかというと、クライエントや家族がこれは問題だと感じている時に、多くの場合は、例えばこういう家族のパターンだからこういう問題が起こるんだ、だから家族のパターンを変えて問題を解決しようと考えるんだけど、ホワイトたちはむしろ、問題は問題、その人はその人という考え方で、クライエントにしろ家族にしろ、問題にたまたま影響を受けて不自由になっているんだと考える。そういう形で特にホワイト達のアプローチとして有名になったのが「問題の外在化」という技法です。つまりドゥ・シェイザー達もホワイト達も、源流を辿れば、共にオーソドックスな原因探しのアプローチをやめたところから始まっている点では同じなんですね。

では、そのオーソドックスな原因探しのアプローチ、あるいは人間が抱えている心理的な問題、という捉え方の前提になっている近代的、哲学的なベースは何かと言うと、いわゆる心的実在論なんですね。問題はその人の中にあるのだと。心の問題というのは大体、そういうイメージでしょう。それで、それを抱えているその人自身と問題がぴたっと重なる形になって、今度はそこから、いわゆる性格特性論のような心理学や精神医学、精神病理学が出てくる。こういう問題を抱える人はこういう性格傾向があるとか、こういう人格特性があるからこういう症状を引き起こすんだといった具合に、症状や問題とその人自身のあり方を一緒にして考える。その点では、さきほども言いましたように、古典的な家族療法も同じで、問題の所在を家族システムのあり方に還元する。これがサイコライゼーションです。つまり心理学という名のもとに、クライエントなり家族のあり方それ自体がおかしいのだというモデルになる。

ドゥ・シェイザーもホワイトも、そういうものとは違うという点では共通している。もちろん、クライエントや家族は自分達がいけないんだ、これが原因なんじゃないかという語りをしてきますが、それを少しずつ、今は問題によって影響を受けて不自由になっているけれども、ではその問題に対してどういうことができるのか、残されているものには何があるのか、というふうに拡げていって、いわば問題とその人達自身の間に一つの「間」を置くように話を構成していく。そういう具体的なアプローチでは両者は似ているというので、彼らの対話が収められた『セラピューティック・カンバセーション（治療的会話）』（1993）の編者たちも、これは一回、議論をさせてみようという話になったんじゃないでしょうか。

それと、その『セラピューティック・カンバセーション』というタイトルについても、一言、注釈を付けておいた方がいいかもしれません。セラピストとクライエント、精神科の医者と患者の間のやり取りは通常、心理療法と言っているけれども、基本的にクライエントなり患者が語った言葉を、専門家である精神科医やカウンセラーが、自分達が持っている専門的理論で置き換え、解釈していくというものなんですね。古典的な精神分析の解釈の仕方はそうです。あなたが今、言っていることは、あなたは気がついていないかもしれないけど、実はこういう意味なんだと。これが大体のやり方ですね。

ドゥ・シェイザーやホワイトも含めて、最近では多くのナラティヴ・アプローチの人やブリーフ・セラピストたちが、そうではないことを強調するためにあえて、「カンバセーション（会話）」という言葉を使っている。もちろん、実際的にはクライエントは援助を求めて来て、セラピストはそれに対して何らかの立場で支援するという関係性にあるわけだけど、しかしそこでお互いがやり取りをするスタイルはよりコラボレイティブで、協働的なんですね。向こうが言っていることをこちらが訂正したり、裏にはこういうことがあるのだと言ってみたりするのではなくて、むしろこちら側の問いかけと向こう側の答えとを相互に交わしあう中で、実は新たなストーリーが展開する。

そこに力点を強く置いているのが、ハーレン・アンダーソンのガルベストン・グループです。我々の業界では従来から、クライエントがどういう人で、その人が抱えている問題がどういうものなのか、あるいはその人が話すことをセラピストが充分に理解しなければいけない、ということが言われるわけですが、皮肉屋のスティーブに言わせると、そんなのは幻想で、アンダスタンディングではない、ミスアンダスタンディングなんだと。常に誤解し、誤解しあっているからそれを訂正しようとするんだと。誤読の連続で、その意味ではクライエントとセラピストがお互いを充分に理解できる地点なんて死ぬまで永遠に訪れないと。ハーレン・アンダーソンたちはそれを、「理解の途上に留まる」という言い方をしています。また、かつてドゥ・シェイザーのグループで勉強していて、今では自分たちのスタイルを作ろうとしているスコット・ミラーという若手の優秀なセラピストのグループがいるんです。彼が最近書いた本で『「治療不能」事例の心理療法』（児島達美監訳、金剛出版）というのがあって、これは僕のグループで翻訳したんだけど、彼は日本語版の序文に、「百尺竿頭」という禅の公案をひっぱってくる。高い竿の一番てっぺんにのぼったら、そこからさらにもう一歩踏み出せという難問が与えられる、というのがその意味なんですが、つまり、結局、理解の途上に留まっているのだ、だからわかったと思った瞬間がすでに間違いなんだというんですね。

我々の間では、自分がやったケースについて、こういうケースでこんなふうにうまくいかなくて、どうしたらいいのかとグループでディスカッションするわけですね。グループ・スーパービジョンとか事例検討とか、それはどういう学派でもやるんですが、実際にクライエントに会っていると、クライエントはこう言っているけどそれをどう理解したらいいのかわからなくなり、迷う。その時にセラピストはどうするかというのがテーマになる。そのことを何年か前に森さんと話していたら、森さんは、シンプルに、まずクライエントに聞く、と。そのクライエントとのやり取りの中でこちらが迷っているんだったら、僕は今、迷って、どうしたらいいのか混乱しているんだけど、どう理解したらいいのか教えてって聞けば一番いい、だって、一番知っているのはクライエントなわけだからと。わからなくなったら、まずクライエントに聞けと。考えてみるとものすごくシンプルな話なんだけど、従来のスタイルのカウンセリングとかセラピーではほとんどないことです。

僕も、大学院生が「今、セッションがこうなっているんですけど、どうしたらいいんでしょう？」と聞いてきた時に、「クライエントに聞いたら？」って言うと、「えっ？　そんなこと聞いていいんでしょうか」と。そういう時に僕が言うのは、「あなた、クライエントを信用してないでしょう」って。いいから聞いてみなと。偉い先生の本を読んだり、スーパーバイザーに聞く前に、まずクライエントに聞いてみな、何か面白い答えが出るぜと。ブリーフ・セラピーにはいろんな特徴があるけど、これなんかはその真骨頂だと思う。確かにクライエントは何か非常に問題を抱えて悩んで来ているわけですけど、でも、それでもなおかつ、それと格闘して頑張っているわけでしょう。そうするとその問題についてどうしたらいいのかは、クライエントがやっぱり一番の専門家でしょう。そっちの話をまず聞く。

ブリーフに触れることによって、僕なんかはそれが最大のメリットというか力になった。それまでは自分が何とかしないといけないと思っていた。もちろん、セラピーだからある責任性はあるんですが、そういう力み方がなくなってくると、変な言い方なんだけど実に楽しい。クライエントと一緒に、わいわいがやがやできるようになる。それはやっぱり一番、大きいんじゃないかな。

あともう一つ、ドゥ・シェイザーとホワイトだけでなく、ブリーフ・セラピーやナラティヴ・アプローチに関心を持ち、実際にすぐれた臨床家の多くに共通するのは、アカデミックな、つまり大学の精神科とか心理学科の中からよりも、在野で開業している人たちの中からの方が多く生まれてきているという点であり、ここのところがすごく面白い。ホワイトにしたって、ドゥ・シェイザーにしたってそうです。

さらに、ホワイトもドゥ・シェイザーの奥さんで優秀なセラピストであるインスー・キム・バーグもソーシャルワーカーとして出発しているから現実の社会のあり方に対する感覚が鋭い。事実、米国で家族療法を発展させてきたのは精神科医や心理学者よりもむしろソーシャルワーカーたちだったんです。こういう喩えがいいかどうかわからないけど、近代医学に対する一見すると怪しげな民間医療のような位置付けの方が、ブリーフ・セラピーにしろナラティヴ・アプローチにしろ、いいのかもしれないなんて思ったりもするんです。

V　ドゥ・シェイザーとホワイトの差異――「外在化」の技法をめぐって

森：ドゥ・シェイザーとホワイトの共通性について伺ってきたんですが、次に、両者の違いについて伺いたいんです。原因を追求しないということでは二人は共通しているけれども、問題から出発するという意味では、スティーブが言うようにホワイトは依然として問題志向ですよね。一方、ドゥ・シェイザーはそれ自体を飛び越えている。ここの違いは私は凄く大きな違いだと思うんです。決して無視されるべきではない。例えば技法で言えば、私や今回の特集に登場する黒沢幸子さんだって外在化を使うけれども、しかし我々は問題志向では外在化を使っていない。

児島：そうですね。そのへんは僕はホワイトと近いところがあるんだけど、問題志向というのはつまり、先程お話ししたように、人間の行動や心を理解する際に、その背景としてある近代的な体系、制度を想定して、それに対するアンチテーゼを立てるという形でのアプローチをするということですね。実際に僕なんかも大学病院の仕事をずっとしてきたわけですが、いわゆる医学モデルの中でやってくると、言葉の使い方なんかも含めて、自分達が受けて来た教育自体に対して、そういうアンチテーゼとしての問題設定、アプローチで応じていくということにやはり非常に親近感を感じるところがあるわけです。個々のドクターがどうこうというのではなく、クライエント達も専門家達も全て、我々の思考パターンを支えている制度によってひどく悪影響を受けている、そしてそれが問題なんだという見方になりがちなんですね。その最大のものが、先はどの性格特性論であったり病理モデルであったりするわけです。

森：問題志向の枠組みの中で外在化を使ってしまうと、結局、「これ」がいけないんでしょうという形になって、その「これ」というのを実体の近いものにプロジェクションしてしまった時に、それとクライエントとの間で対立が起こってくる。そして、これは今回の特集に掲載される私との対談の中で河本英夫さんがおっしゃっていたことですが（2002)、そういう形での外在化は、場合によっては妄想形成につながる。河本さんのその指摘は確かに的を得ているものだと思います。

児島：それは確かにありますね。ニュージーランドのワイカト大学の大学院にナラティヴ・カウンセリングコースがあって、最近、そこで勉強している人の話を聞く機会があったのですが、やはりポリティカルな姿勢が非常に強い。ポリティカルになるということは当然、要するに「これ」が問題なんだ、「これ」の影響下でクライエント達が苦しんでいるんだ、という構図になる。

森：ファンタジーで扱えるものになっていればいいんだけど、ファンタジーついていっちゃうと、いろいろ困ったことがそこから起こってくる。

児島：ホワイトなんかも、見ていると、今、言ったような色合いがだんだん強くなっているような気がする。下手をするとカリスマティックになる危険性を感じなくもない。ホワイトくらいの人だから、それによって起こってくる新たな問題について全く意識していないとは思えないですけどね。その点ではドゥ・シェイザーとの差は大きい。ドゥ・シェイザーのやり方は、クライエントをちょこちょこっとつつく、という感じですよね。これは僕のイメージだけど、ホワイトたちのやり方は、クライエントや家族、地域とかに、さっき言ったようなエスニシティの問題とかをひっくるめて自らがわーっとコミットしていく。それに対してドゥ・シェイザーは本当に禅坊主だよね。「うん。ああ」とか言って、「お前、鐘ついてこい」みたいなもんだよ（笑）。ホワイトは熱い。すごくパッショネート。と言っても誤解して欲しくないのは、セラピーのスタイルがそうだというのではなくスタンスですね。ドゥ・シェイザーの方は皮肉屋で、全くクライエントや家族に共感していないみたい。（笑）

森：そのへんのバランスは、先程も名前が出た、ドゥ・シェイザーの奥さんのインスー・キム・バーグがすごくとっている。彼女もコミットメントするけれども、ホワイトのコミットメントとは違う。インスーのそれは、本当に一人の人間に対するコミットメントで、それ以上の広がりはない。一方でホワイトのコミットメントは、仮想敵国を持ってきて、「これ」にどうしましょうかね、という感じで連帯を作る。まさに問題志向で外在化を使っているわけですけれども、インスーは解決志向だから、きわめて個人的で、プライベートな、あなたに協力したいというコミットメントでしょう。そこに敵対する何かを全く置かない。

その意味で、問題志向の中で外在化を使うのと、問題志向ではなく解決志向で外在化を使うのとは、決定的に違う。同じテクニックを使っていても、それがどのようなオペレーション・システムの中で動いているのか。問題志向も解決志向も、どちらもクライエントの抱えている事態に一緒に対処していくためのモデルを作るんだろうけれども、何らかの「これ」へのアンチという形でのモデルの形成と、アンチという形ではない、モデルそれ自体の形成という違い。ソリューション・フォーカスト・アプローチ、解決志向で言うモデルというのは何のアンチでもない。だけどホワイト達が言っているモデルというのはアンチなんですよね、あくまで。それでモデルを作ってしまうと、「これ」に対する「アンチ」と言ったっていろいろなものがありうるわけだから、結局その「アンチ」は不明確なままです。そうすると結果としてどうなっていくかというと、結局、「アンチ」でやっている行為それ自体が、「これ」と闘っていること自体が目的になってしまう。ソリューション・フォーカスト・アプローチのモデルの中では、ゴールセッティングをする時には「絶対、否定形で語るな」、つまり「何々ではないもの」とか「何々がなくなる」とか「何々が消える」という形でのゴールセッティングはするな、ということをしきりに言うのは、そういうことを言っているんですね。

もちろん、どちらの場合でもうまく行く場合はあるんだろうとは思います。あるいは解決率に差はないかもしれないけれども、失敗例に関してのこじれ方が違ってくる。解決志向でやった場合は、失敗してもさらっと、「あっ、駄目だったね、申し訳ない」みたいな形で（笑）、変なこじれ方をしていかない。だけど問題志向でやっていってこじれた場合、仮想敵国との対立をさらに強化する形のこじれ方になっていくから、逆に生きにくくなる。要するに問題がどんどん大きくなる。自分達の考え方のコミュニティを形成してしまえばその中ではいいだろうけど、だけど現実社会の中で生きていく時には、そこらへんの溝がどんどん深まる形のこじれ方を多分していくから、失敗した後の予後が違うんじゃないか。

ただ、従来の心理療法や精神療法の人道の中で私達が喋る時には、やはりまず外在化のことを喋る。その方が臨床心理系や医学系の人には受け入れられやすい。いきなりソリューションの話をすると全然通じない。現実に日本ではナラティヴの方がソリューションより広がっている感じがします。いろんな人達がナラティヴってやたらに言い始めてもいますよね。

児島：やっぱり物足りないんだと思うよ，解決志向は。何か熱いものがほしいんだよ，日本の臨床家って伝統的に。僕もその辺は若干の物足りなさを感じることはある。

ただ，ナラティヴというのを概念化するのは，けっこう大変なんですよね。それに，とくに日本でのナラティヴ・アプローチに対する誤解はひどいと思うね。日本でも，昔から心理療法における物語性ということについてはすごく関心が高いんだけど，そこでの物語というのは，要するに。"語りもの"なんですよね。それは日本の神話でもいいし説話でもいいし源氏物語でもいいし，あるいはギリシャ神話でもいい。その"語りもの"の世界とクライエントの何かを常に照合しているんです。夢分析なんかにしたって，その基本はそうでしょう。この夢はこういう意味だ，この文脈はこうだと。何らかの"語りもの"のテキストをセラピスト側が先に用意していて，それの引き写しでクライエントの話を解釈してしまっている。

そういうのをナラティヴあるいは物語アプローチだと考えている臨床家が多い。それはおかしい。実際に目の前でクライエントが語るという行為自体が実はポイントなのにね。"語りもの"ではなくて，まさに。"もの語り"なのであって，その辺の違いを何とかしたいなと，今は思っているんですが。

Ⅵ 「ブリーフ」の意味

森：ちょっと話が変わりますが，ブリーフ・セラピーの「ブリーフ」の意味についていくらか解説をしていただいた方がいいかと思うんですが，いかがですか？

児島：ブリーフというのは直訳すると「短期」とか「簡潔に」とかいう意味ですが，「ブリーフ・セラピー」

をどう日本語に翻訳するかというのは非常に難しくて、なかにははっきり「短期療法」と訳している人もいますが、そうすると「短期療法」対「長期療法」ということになって、例えば二〜三年と長くやるのに対して、短い期間でやるということになる。でもそれは誤解で、実践上の問題でいくと最初から何回で終わらせようなんて考えているわけではない。結果的にそれくらいで終わる。だからどのくらいを短いとするかというのは、実は基準は難しいんですよね。ブリーフ・セラピーの父と言われているエリクソンでも、一、二回で治療を終わらせたケースも沢山あるんだけど、なかには何年にもわたって付き合っている患者さんもいたんです。だから、最初から短くすることを目指すというのでは全然ない。結果的にそうなる、ということです。

ＭＲＩは一〇回と決めてやったという話を先に紹介しましたが、あれはあくまでリサーチとしてやったんですよね。ただ実際に、かなりのケースはそれより少ない回数でクライエントがほぼ満足しているというデータが出て来た。その後も少しずつデータを集めていっていろんな研究を進めていった結果、わかってきたのは、普通、カウンセリングとか心理療法でイメージされている二年も三年もかかるというのがいかに特殊例かということです。

逆にクライエント側が何回くらいで終わるのを望んでいるかという研究もあります。そうすると二年も三年もというのはやはり特殊例なんですよ。さっきも名前が出たスコット・ミラー達のグループなんかの研究では、大体、平均三・四回だったと思います。セッション、面接の頻度は、一週間に一回とか二週間に一回とかいろいろですが、大体、三回から四回あたりで、クライエントにとってのあるクリティカル・ポイントがある。ここにきて、何か自分なりに良くなってみたりとか、そういうことが起こる。それが起こらない場合は、その後、五回、一〇回、二〇回と面接をやっても、変化のプロセスはプラトーになってしまう。そういうデータも出ています。

逆に、究極のブリーフ・セラピーとして、シングル・セッション、一回だけの面接でどれくらいクライエントが満足するかという研究もあります。それにしたって、さっき言ったような基本的なセラピーの考え方とかクライエントとの関係の取り方、そしてこれはホワイトにしろドゥ・シェイザーにせよ、あるいは他の人達も含めてですが、そこに共通するスタンスや考え方、「会話」と呼んでいるようなやり方自体の結果として、そのくらいで終わる、ということなんです。

森：ちなみに黒沢さんが主宰していて私も関わらせて頂いているＫＩＤＳカウンセリング・システムの平均セッション回数は三・五回で、最多終了面接回数は一回ですから、大体、その研究の結果と合致していますね。

児島：セッションが終了して、半年とか一年後に、その後どうですかとフォローアップすると、例えば三回なら三回で終わったケースでも、その効果はちゃんと持続している。よく批判されるのは、そんなに短いセッションだと、確かに良くなったかもしれないけれども、本質的に治っていないはずだと。いわゆる再発が起こるだろうと。実際に、ケースによってはあるんですよ。でも、再発という言葉自体の意味が問題なんです。クライエントなり家族がある問題を抱えて面接に来て、例えば三回か四回で解決する。そして半年後に問題が起こったとする。でもそれはクライエントや家族にとって新しいステージ、次の生活のステージの中で起こってきている問題なわけです。それを従来のモデルでいくと、前の問題がまた出て来たという捉え方になるわけですが、そうではない。再発に対するとらえ方も違うんですね。

ただ、現実的な問題として、特にアメリカでブリーフ・セラピーみたいなものが近年強調されるようになった背景には、今、お話ししたようなサイコセラピーとかカウンセリングの領域における考え方のダイナミックな変化もあるんだけれども、もう一つ、アメリカの保険のマネージド・ケアと呼ばれる流れがあるんですね。日本ではまだそこまで行っていないけれども、アメリカではカウンセリングも保険でカバーできるわけで、ただ、民間の保険会社が全部やるんですね。そうすると実際にどのくらい効果があったかについて、保険会社から厳しい査定が入るわけです。そのためにアメリカでは、カウンセラーは保険会社と契約を結び、そこにきたクライエントはその保険会社に保険を払う。そしてどのくらい効果があったか、何回くらいで終わったか、クライエントはどの程度満足したかを保険会社が厳しくチェックする。この背景にあるのは、日本でも大騒ぎになっているけれども医療費の莫大な増大で、医療費をどうやって下げるかということなんですね。今までは、どのような治療をしてどれくらい時間をかけ、どのくらいの薬を出すかというのは全部、専門家として認められている医者やカウンセラーと治療者側の自由裁量だったわけです。

それに対してマネージド・ケアと呼ばれるシステムが入ってくることによって、専門家たちの治療行為が一体、どのくらいの妥当性があるのかを第三者である保険会社が厳しくチェックすることになるわけです。例えば同じような問題を抱えたクライエントが、カウンセラーのＡさんとＢさんのセラピーを受けたとして、Ａさんのところでは一〇回かかってクライエントが満足し、Ｂさんのところでは五回で満足したとする。そうすると保険会社はＡさんのところに行って、あなたが診たあのクライエントはセラピストＢのところでは五回で終わっているのに、あなたのところではなぜ一〇回もかかるんだ、あなたのところも五回で終わるように努力せよと……。

そういう影響もあることは事実です。アメリカでは特にですが。そうすると、従来の精神分析とか行動療法とかなんとか療法とかという学派とかアプローチの違いよりも、むしろ単に回数の方が問題になってくる。もちろん、その悪影響は沢山、指摘されています。日本も今後どうなるかわからないけど、そのうち東京海上とか日本生命とかいった保険会社ががん保険と同じように付加価値を付けて、あと一〇〇〇円ずつ保険料を払ったら、例えば一回八〇〇〇円かかるのを二割負担でいいですよみたいなことが起こるかもしれない。そうなったらセラピスト側は大変です。

Ⅶ　これからのブリーフ・セラピー

森：最後に、今後のブリーフ・セラピーにおいてポイントになっていく事柄について伺えればと思います。

児島：実は二〇〇一年の十一月、大阪でブリーフ・セラピーを中心とした国際会議を開いたんですね。その時にメインのゲストとして招いたのがマイケル・ホイトという、アメリカのセラピストなんです。彼が基調講演をやったんですが、ホイトは、マイケル・ホワイトもドゥ・シェイザーもハーレン・アンダーソンなんかも全て含めて今のブリーフ・セラピー全体を概観した時に、ブリーフ・セラピーがやろうとしていることには三つのポイントがあるだろうと言うんです。一番はイフェクティブ。実際にクライエントに役に立っているか、効果的かどうか。二番目がエステティック。そのセラピーが美しいかどうか、魅力的なものかどうか。三番目がエシカル、倫理的かどうか。この三つを挙げているんです。

イフェクティブかどうか。治療法は、それが思想的、理論的にどれだけ緻密であっても、実際に役に立たなければ意味がない。そしてエステティックという点では、ホワイトとドゥ・シェイザーを読んでいてそれぞれの仕方でエステティックだなと思ったんです。ホワイトの場合、有名なのは、彼はセラピーでのやり取り自体が「リテラリー・メリット」、つまり「文学的な価値」を持たなければならないと言います。これは彼のナラティヴ・アプローチにおけるベースでもあるわけですけどね。一方ドゥ・シェイザーはミニマリストですよね。つまりできるだけシンプルに、できるだけ無駄を省く。シンプリシティというのは、これはやっぱりすごくエステティックです。逆に、ごちゃごちゃと訳のわからない専門用語、ジャーゴンを並べ立てる学派があるでしょう。ドゥ・シェイザーの言葉で僕が非常に好きなのは「理論的禁欲」。そういうシンプリシティがあります。いずれにせよ、ドゥ・シェイザーもホワイトも、各々の仕方で非常にエステティックですね。

三番目のエシカルというのは、日本語で言うと「倫理的」ですよね。でも日本で倫理と言う場合と、ブリーフ・セラピーでのそれとはちょっと意味合いが違うように思うんです。今、カウンセリングみたいなものがどんどん一般化してきて、当然、倫理規定というのがあるわけですが、それは、あれをやっちゃいけない、これをやっちゃいけないというものです。要するにクライエントの基本的な人権を侵害するようなことはしてはいけないということなんですが、それはもちろんのこととして、しかし倫理が全て否定形で言われているんです。ブリーフ・セラピーの言うエシカルというのは、もっと積極的なんです。コラボレイティブ、協同性とか、先程のジェンダーの問題にしてもそうだし、あるいはセラピストの側がわからなくなったら、それをちゃんとクライエントに聞くとかね。そういうこと自体がきわめて倫理的なんです。だから非常に積極的な意味で、エシカルと言っている。この三つは確かに、現在の、そしてこれからのブリーフ・セラピーのキーワードになるなあと思いますね。

そして最後になりましたが、これらの大きなセラピーの流れに共通する名前をつけるとすれば、それはやはり社会構成主義でしょう。しかし、たとえ、そうやってつけた名前がふさわしいものであっても、そこからすでに「そうではないもの」が必然的に浮かび上がってきて、さっきの森さんの話ではないですけど、自分たちの立場を示すためにあらたな仮想敵国を想定せざるを得なくなる。その意味では、本当に言語というものは厄介なものです。ところが、すでに言ってきましたように、言語はあらたな現実をつくるものでもある。そういう言語のもつ測り知れなさというか、それに対して常に意識を向け、開いておくこと、ここのあたりが今後のブリーフ－セラピーにおけるポイントのような気がします。

文　献（一部は本文中に記した）

Chang, J. & Phillips (1993) Michael White and Steve de Shazer: New directions in family therapy. In: Gilligan, S. & Price, R. (eds.): Therapeutic Conversations. New York, W.W. Norton & Company.（森俊夫・瀬戸屋雄太郎訳（2002）家族療法の新しい方向性―マイケル・ホワイト＋スティーブ・ドゥ・シェーザー．現代思想、30 (4); 84-112.）

Gilligan, S. & Price, R. (eds.) (1993) Therapeutic Conversations. New York, W.W. Norton & Company.

河本英夫・森俊夫（2002）心は自由になれるか―〈解決〉を批判する．現代思想、30 (4); 46-65.

黒沢幸子（2002）タイムマシン・クエスチョン．現代思想、30 (4); 84-112.

Watzlawick, P. (1976) How real is real? Confusion, Disinformation, Communication. New York, Vintage Books.

第5章　「問題の外在化」再考

Ⅰ　はじめに

「問題の外在化」が日本に登場してはや三十年。これを機に、当初より「外在化」にコミットしてきた者の一人として、「外在化」のこれまでを振り返りながらあらためてこの治療モデルのもつ意義について検討してみようと思う。ただし、「外在化」は心理療法における単なる新種の技法以上のものをはらんでいる。すなわち、二〇世紀半ばより台頭してきたポスト構造主義ないしは社会構成主義（Gergen, 1994; Hoyt, 1998）と呼ばれる広範な人間理解のための思潮がその背景にある。しかし、それらの全貌を捉えることは筆者の力量をはるかに超えるものである。それに、「外在化」実践における運用においてもさまざまな観点がある。したがって、本論は、筆者なりの経験に限られたものであることをお断りしておきたい。

Ⅱ　「外在化」の種が蒔かれる

一九八〇年代後半、「外在化」の小さな種が家族療法およびブリーフ・セラピーのさらなる展開のなか（de

Shazer, 1991; 宮田、1994)、オーストラリアとニュージーランドそして日本で奇しくも同時に蒔かれた。そして、一九九〇年代に入るや否や、この種は北米、ヨーロッパはもとより日本においても着実に実をつけることになる。前者は、言うまでもなくWhite と Epston のナラティヴ・モデル (narrative model) によるものである。周知のように、彼らの「外在化」は『物語としての家族』(White & Epston, 1990) を通じて広く知られるようになった。一方、同時期、日本では、筆者が「心理療法における『問題の外在化』および治療関係における『三項構造化』について」(児島、1990) と題する論文を発表し、さらに、それを「治療的三項構造化―二項的な言葉から三項的な言葉へ」(児島、1996) という形で治療言語の構成という観点から捉え直した。また、東は「外在化」という名称こそ積極的には使わないものの、すでに独白の「虫退治」アプローチを実践し始め、そのエッセンスは、後に『セラピストの技法』(東、1997) に結実することになる。このように、それぞれ別の場所で生まれた「外在化」の種ではあったが「共通の遺伝情報」をもっていたがゆえに、それらの相互交流はすぐに始められた。その点で大きな役割を果たしたのはカナダの家族療法家 Tomm である。彼は、White・Epston の「外在化」の意義を北米圏はもとより日本においても積極的に紹介するとともに (Tomm, 1988)、鈴木らとともに日本文化に固有の「外在化」の紹介にも努めた (Tomm、Suzuki, & Suzuki, 1990)。筆者も自らの「外在化」の論文執筆中にトムを通じて初めて White と Epston のモデルを知るところとなった。さらに後ほど触れることになるが、tomm と東の直接的な討論も実現することになる。また、前述の White と Epston の著書を邦訳した小森は、その後、日本において精力的に彼らの仕事を紹介するとともに小森自身もまた彼らのモデルに基づいた治療実践を今日まで展開している。[注1]

ここで、あらためてこれらの「外在化」の種に「共通の遺伝情報」を整理すると次のようになる。すなわち、クライエントや家族が呈する問題／症状の原因を、彼ら自身の人としてのあり方や家族構造等に帰属させる従来からの心理療法を支配しているモデルから決別し、問題／症状をあたかもクライエントや家族とは別個のものとした上で（外在化）、クライエント・家族と問題との相互作用に焦点をあてようとする点である。さらに、彼らのいずれもが家族療法を出自としながらも、家族を問題化する言説[注2]から早々に身を引き、よりシステミックな観点に基づいたあらたな治療言語の使用法の展開を目指している。このような方法によって、クライエント・家族はいかなる問題を抱えていようとも、そのことによって非難されることなく、それゆえにこそ、問題に対処していく主体性を回復することが可能になるというものである。

注１　White と Epston の「外在化」モデルを日本に導入するにあたっての小森康永氏の多大なる貢献については言うまでもない。本来であれば、彼の翻訳、著書のすべてを紹介すべきであったが、紙数の限りもあり割愛させていただいた。ここにひとことお断りさせていただく。

注２　「言説（ディスコース:discourse）」という用語は、White と Epston の「外在化」はもとより今日の社会構成主義的なセラピーを理解する上できわめて重要なものである。しかし、その何たるかについては、なかなか理解が困難である。実は、外国でも同様のようで、その点について Epston（1993）が Lowe（1991）による説明を引用しているので参考のために紹介しておく。

この用法が混乱を招くのは、異なる領域において多様に用いられているからであるが、それには、二つの関連する用法にあるようだ。第一に、言説は会話のプロセスを指している（訳注：この場合、談話と訳されることも多い）……つまり、ポストモダンにおいて、言語が表象であるという見方が拒絶されることによって、意味とはすでに所与のものでも、会話の中で「発見」されるものでもなく、むしろ会話それ自体のなかで現在進行形に作られるものであることが示唆されるのである……。第二の言説の用法は、一九七〇年代よりひろまった知的なムーブメントである構造主義へのある種の反応として生成された、より広く、そして、よりあきらかに政治的な分析形態に関連している……ポスト構造主義理論は、言語から言説へと注意を置き換える傾向にあった。言説は、言われたことと、いまだ言われていないことの歴史的な特殊性を強調することを通して、言語研究を「歴史化」し、「政治化」したわけである。ポストモダニズム、特にフーコーの仕事ともっとも典型的に関連しているのが、この意味での言説である（p.44-55）。

さらに、このことと関連して、是非とも指摘しておかなければならないのは、日本における「外在化」の導入をいわば側面から促進したのが、実は、同時期より日本のブリーフ・セラピー業界にきわめて多大な影響と貢献を成したＢＦＴＣの解決志向アプローチ（Berg & Miller, 1992; Berg, 1994）であり、さらにさかのぼればＭＲＩのブリーフ・セラピー（Fisch, Weakland, & Segal, 1982）にあるということである。とりわけ、Erickson（O'Hanlon, 1987）の独創的な治療実践とBateson、Jackson、HaleyとWeakland（1956）のサイバネティックス思考をもとに「問題の問題たるゆえんはその解決努力にある」としたＭＲＩブリーフ・セラピーの考え方を抜きには「外在化」の種は生まれなかったと言ってよい。以上の点については、小森が一九九三年の日本ブリーフサイコセラピー学会第三回関西大会で行ったワークショップをもとに貴重な論考を行っているが、その冒頭での次の発言(一部、筆者改訂)は「外在化」を論じる上でのひとつのポイントでもある(小森、1994)。

何らかの観察不可能な水面下に隠された事象（深層構造：抑圧された無意識であるとか病理的な家族関係）と実際に観察可能な事象（表層構造：問題とか訴えとして患者が持ち込んでくるもの、端的に言えば、面接での会話）を結びつける作業をやめてみようということでもあります。「もしも深層構造より表層構造を優先させたら、どのような物語が生まれるのだろう？」この仮定的疑問がここでの主題です。（p.69）

Ⅲ　「外在化」の種が芽を吹き始める

こうして、「外在化」の種は、日本でも家族療法やブリーフ・セラピーなどに関心をもつ臨床家の間に急速かつ確実に芽を吹き始め、多くの治療実践が試みられるようになった。加来・和田・光野・渡辺（1999）

は衝動的な行為が持続する男児例、町田・工藤・吉川・中井（2000）は慢性疼痛の成人例、中西・竹川・山本・國吉・笹田・川口・福井（2000）および中西（2000）は摂食障害例に対して「外在化」を適用した事例報告を行っている。ここで興味深いのは、明らかな行動障害や身体症状に「外在化」が効果的に働いている点であるが、そこには、東、児島のいずれもが「外在化」を構想し実践し始めたのが医療領域にあったことが影響していると言えるだろう。

このような動向を受けて、ちょうど十年後の日本ブリーフサイコセラピー学会第一〇回米子大会で「問題の外在化が志向するものは何か」と題するシンポジウムが行われ、その成果が同学会誌一〇号（2001）にまとめられた。ここでは、小野（2001）が治療途中から「外在化」を導入することで変化が生まれた事例を報告し、市橋（2001）は「外在化」のプロセスを「（脱構築）↓（空間を広げる）↓（ストーリーを発展させる）」というモデルで明快に説明している。さらに、松林・椋田・河合・阪中（2001）は糖尿病への「外在化」適用の可能性を示し、坂本（2001）は「外在化」がシステム家族療法をより促進させる契機になることを報告している。これらを受けて、児島・吉川（2001）は、次のような総括をしている。すなわち、White-Epston のモデルについては、彼らのナラティヴ概念に込められた明確な社会構成主義の立場との関連なくして「外在化」だけを論じることはできないこと、また、児島のモデルについては、「外在化」はむしろ「三項的な言葉」をセラピー場面に導入するための一つであるとし、東のモデルについては、いわゆる「虫退治」や「鳴門の渦潮」などのメタファーの利用だけが注目されることに警鐘をならし、あくまでシステムズアプローチの枠組みに基づくものであるとした。そして、最後に「……われわれが『問題の外在化』の虜になるようなことになったら、それこそ『問題の外在化』によるあらたな問題を構成することになりかねないのではなかろうか」と結んでいる。

なお、東のモデルについては、吉川と東がより詳細かつ徹底した検討を行っている（吉川・東、2001）。そのなかで、吉川は、システムズアプローチが目指す治療文脈の構成という観点から、次のように東と White と Epston のモデル間の興味深い比較を行っている。

White らの行っている「外在化技法」は、「虫」という外在化するべき対象物を明示してから、その象徴化したものに応じて文脈を変える手続きを踏んでいます。これに対して治療者HH（東を指す：筆者注）の方法は、「文脈を変える」ということが、治療本来の目的であって、外在化技法とは全く異なるものです。（p.96）

二〇〇一年、大阪で開催された第2回環太平洋ブリーフサイコセラピー会議において、東と Tomm の討論が実現した（東・トム・森岡・廣井・玉真、2004）。ここで東は、システムズアプローチの枠組みでの『虫退治』の方法：原法」を事例提供とともに実に丁寧かつわかりやすく述べ、それに対して Tomm と森岡が貴重なコメントをしている。これは、おそらく、東の「外在化」（と名づけることに本人は今でもよしとはしないであろうが）を理解する上での集大成ともいえるものであろう。以下、「外在化」を一つの技法と考えた場合の東とトムそれぞれの発言を紹介しておく。

東：セラピーにおいて表面的な技法は変化しても、その技法の基礎となる文脈（context）、すなわち舞台作りをする姿勢は変わらない。スーパーバイザーの経験からすれば、虫退治などの技法はただ真似るだけで身につくものではなく、その技法を用いるための舞台作りのトレーニングを通して初めて面接に導入できるものである。

Tomm：セラピストが技法を用いるときに、ともすればセラピストが拠り所とする理論やイデオロギーに固執し、物語を一方的に押しつけようとする潜在的な危険性があることに気づいていなければならない。すべての家族はそれぞれがまったく違うということを忘れてはならない。（p.167）

これ以降、「外在化」による治療実践はさらにすすめられ、応用可能性の広がりをみせるようになってきた。黒沢・森（2001）は、家庭内暴力を伴う不登校女児に「外在化」を適用して効果をあげているが、それにとどまらず、スクールカウンセリングとしてのより広い文脈のうちに「外在化」を位置づけている点が大変意義深い。瀬頭・児島（2003）は、不登校男児とその家族への「外在化」適用にあたって、とくに並行面接を含めた治療チームでのアプローチにおけるポイントについて検討を加えている。同様のものとしては摂食障害事例の報告を行っている大谷（2009）のものがあるが、いずれも、院生やビギナーの心理臨床家の臨床実習を兼ねた「外在化」実践という点で、今後もっと検討されてよいものと思われる。椎野（2006）は、「外在化」導入に失敗した一事例を提示した上で、「外在化」を軸にしながらもリラクゼーション法や直接的な課題による介入さらに解決志向アプローチによる技法など多彩な技法の組み合わせにより効果をあげた神経性頻尿を主訴とする女子大生の事例を報告している。そして「問題の外在化アプローチは、あくまで問題に巻き込まれているレナ（筆者注：クライエントの仮名）の力を引き出すための手法の一つに過ぎない」と結論づけているが、まさに前述の「問題の外在化の虜になること」による危険性を身をもって示してくれている。

ここまで、「外在化」が日本に導入されてからの流れをたどってみた。それらを前提にしながら、以下、「外

在化 - 実践における重要な課題のひとつについて検討してみることにする。

Ⅳ　外在化された問題は「対抗」すべきものか

かの有名な de Shazer と White によるいわゆる「例外」と「ユニークな結果」との異同をめぐる討論（Chang & Phillips, 1993）が訳出されたのをきっかけに児島と森の間で「外在化」に関する議論を行った（児島・森、2002）。そこで森は、問題の原因を追及しないという点ではいずれも共通しているが、White の「外在化」は問題志向であり、de Shazer は問題そのものすら問題にしない解決志向という点で大きな差があるとした上で、White と Epston の「外在化」について次のように論評している。

> 問題志向の枠組みの中で外在化を使ってしまうと、結局、「これ」がいけないんでしょうという形になって、その「これ」という実体の近いものにプロジェクションしてしまった時に、それとクライエントとの間で対立が起こってくる。……ファンタジーで扱えるものになっていればいいんだけど、ファンタジーが現実に結びついちゃうと、いろいろ困ったことがそこから起こってくる。……Berg, I.K. のそれは、本当に一人の人間に対するコミットメントで、それ以上の広がりはない、一方で White のコミットメントは、仮想敵国を持ってきて「これ」にどうしましょうかね、という感じで連帯を作る。……結局、『アンチ』でやっている行為それ自体が、『これ』と闘っていること自体が目的となってしまう。

その上で、次のような危険性に言及している。

> ……失敗例に関してのこじれ方が違ってくる。解決志向でやった場合は、失敗してもさらっと、「あっ、駄目だ

ったね、申し訳ない」みたいな形で、変なこじれ方をしていかない。だけど問題志向でやっていってこじれた場合、仮想敵国との対立をさらに強化する形のこじれ方になっていくから、逆に生きにくくなる。要するに問題がどんどん大きくなる。自分達の考え方のコミュニティを形成してしまえばその中ではいいだろうけど、だけど現実社会の中で生きていく時には、そこらへんの溝がどんどん深まる形のこじれ方を多分していくから、失敗した後の予後が違うんじゃないか。（pp.76-78）

以上の森の論評は、たしかに「外在化」に関する重要なポイントをついていると思われる。筆者自身、初期の頃には、つい、クライエントに対して外在化された問題に「対抗」させようとするところがあり、そのためにセラピーが硬直してしまう経験をもったものである。ところが、ある高校女子のクライエントが「こんなことを言うと、先生にバカにされそう」と恥ずかしげに語ってくれた問題に対する工夫話から、外在化された問題を常に「対抗」すべき対象とする必要はないことを学んだ。彼女は、登校しようとするとどういうわけかイライラが募ってきてどうにもならなくなっていた。それこそ「イライラ虫」と名づけてもよいところだが、そのときはそうはせず、ただ、「そういうとき、どうしてるの？」とだけ質問をした。さて、その彼女の工夫とは――たまたま読んだ漫画の中にあった話からヒントを得たらしいのだが――、自分の机の上に置いてあった小箱を開けて「イライラさん、ここのなかでしばらくじっとしていてね。学校から帰ってきたら、また、出してあげるからね」という「おまじない」をかけ、そっと閉じるということをしていたというのである。そのおかげで、随分ラクになったとのことであった。筆者は、この彼女の「おまじない」に大いに刺激された。その後、クライエントに応じてこの「おまじない」を紹介してみると、結構関心を示してくれる者が少なくなかった。

では、White と Epston の「外在化」モデルの側は、上記の森の指摘についてどのように考えているのであろうか。Epston（1996）は「外在化実践に関するよくある誤解」として次のように述べている（一部、筆者改訂）。

「外在化」が問題を排除したり、征服したり、全滅させることを目指していると思われることである。しかし、たとえそれが分割征服的側面を持っているように見えたとしても、そうではない。というよりも、問題のおかげで重荷を背負わされ、打ち砕かれ、支配されていると経験している人々が、これらの問題とのあいだにオルタナティヴでより好ましい関係を想像し活性化できるような、言語的で関係的な文脈を作り出すことが、ねらいなのである。…（中略）…

なぜ「問題」を全滅させようとしないのか。どうして私たちはそうまでして、あくまで人と「問題」との関係を問題として眺めようとするのか（傍線は筆者による）。第一に、「問題」はただの問題というわけではない。それは、ある意味で、ちょっとした友達にもなる。第二に、まったく助けにならないとしても、昔からの知人を、相手に敬意も払うことなく失脚させたり、追いやったりしてよいはずがない。それに、たとえば、人が問題から自分自身を開放しても、問題がいくらか後に復活し再び自己主張しようとした時、その人が「問題」をうまく征服できず全滅させられなかったと思うよりも、問題はいったん脇において、過去に乗り越えたものがまた復興してきたのだと思った方が、屈辱感が少なく、深い士気喪失に陥ることもないだろう。(pp.307-308)

以上の Epston の指摘については、実際のセラピー上、東にしても児島にしてもほぼ同様のスタンスで行っているものであるが、そのポイントはまさに下線に示した「あくまで人と『問題』との関係を問題として眺めようとする」というところにある。

とはいえ、White と Epston の「外在化」を実践している多くのセラピストには、このモデルの理論的なベースが Foucault の近代批判に基づいているためか、マクロな社会的・政治的言説に対する感受性が人一倍強いように思われる（Monk, Winslade, Crocket, & Epston, 1997）。例えば、Epston（1993）の「内在化言説 対 外在化言説」という論文のタイトルからもわかるように、さらに、そこで「外在化言説」を「対抗言説」とも称しているように、「内在化言説」を今日の抑圧的な社会的・政治的言説として対抗すべき、あるいは排除すべきものとする姿勢がみられるようである。それゆえ、クライエント・家族を近代社会におけるとくに医学・心理学的「内在化言説」の被害者として位置づけ、その救済にあたろうとするような、そのような印象を拭えないともいえる。実際、最近の彼らの仕事をみていると、「外在化」によって主体性を回復したクライエント・家族たちのコミュニティを形成して、それらの連携をはかるような、いわば社会運動的な面が多くみられる。しかし、彼らの実践を注意深くみていると、決して彼らが先頭にたって動かしていこうとするようなものではなく、むしろあくまで「触媒」としての役割に徹しているように思われる。それに、筆者が聞き及ぶ限りでも、彼らがクライエント・家族を前にしたときのスタンスは実に穏やかなものであるという。それでもなお、この論文にコメントを寄せた O'Hanlon は、「内在化言説」が必ずしもイコール問題であるとは言えないとして、「内在化言説 対 外在化言説」を「抑圧的言説 対 エンパワリング言説」と言い換えることを提唱している。いずれにせよ、「外在化」がセラピストをしてそのようなスタンスをとらせるものをはらんでいることだけは確かかもしれない――実際に個々のセラピストがそうするかどうかは別にして。

以上の議論とも関連して、de Shazer らの解決志向モデルについてもひとつコメントをしておきたい。結論から言えば、解決志向アプローチが文字どおり問題を相手にしない、とは決して言えないだろうということである。なぜならば、彼らも、クライエントの問題ストーリーを聞かずにセラピーを開始することはできないからである。それに解決構築のためのコーピング、スケーリング、ミラクル等の質問のうちにも問題は常に含意されている。だから、「ともかく解決だ。問題は関係ない」というように解決志向アプローチをとらえてしまうならば、それこそ、これもまた、さきほど森が指摘したような「現実社会のなかで生きていくときには、そこらへんの溝がどんどん深まる形のこじれ方」に陥る危険性をはらんでいるように思う。したがって、解決志向モデルが効果的にはたらくポイントは、クライエント・家族が抱えた問題を認めつつも、それをあえて問題としては扱わない、というまさに森田療法など日本で生まれた心理療法の特長の一つである「不問に付す」スタンスと共通した面があるように思われる（石川、1989）。

要するに問題志向か解決志向か、という二項対立的な認識論自体がそれこそあらたな問題を構成しかねないのではなかろうか。White と Epston にしろ、東・児島にしろ、はたまた de Shazer にしろ、そこに共通しているのは、現代におけるドミナントかつ制度化された精神医学および心理学的な人間の心についての問題言説に背を向けているということである。しかしながら、我々はこのドミナントな言説の外に出ることはできないというのもまた厳然とした事実である。それに何より、我々の人生は常に問題に満ちている。そのようななかにあって、筆者好みの表現をすれば、「にもかかわらず」生きていくためのささやかな術の一つとして「外在化」はクライエント・家族はもとよりセラピストにも役に立つものと捉えてみてはどうだろう。逆説的ながら、このドミナントな世界がある限りにおいてのみ「外在化」はその存在理由を持ち得る、と考えておいた方がよいのではないかというのが現在の筆者の偽らざるところである（児島、2009）。

V　おわりに

以上、この三十年における「外在化」をめぐって生じてきたトピックスのいくつかを筆者なりにレビューしてみた。そこで、あらためて筆者なりに強く意識されてきたことだが、「外在化」はあくまでクライエント・家族の、いかにも問題に満ちたとされるライフストーリーの中に可能世界（Bruner, 1984）を開くための一助となるのではないか、ということである。我々は、ともすれば、現実はこれなのだ、と限定して言いたくなるものだが、実は、現実世界とは常に可能世界の様相をはらんでいるものであるということ（Kripke, 1980）、そして、この可能世界すなわち「いまだ語られざるもの」あるいは「オルタナティヴ・ストーリー（alternative story）」を開いていていくのがナラティヴとしての、あるいはブリーフとしての言語のもつもう一つの力ではないだろうか（森岡・児島，2004）。したがって、いずれもが目指しているのは極論すればセラピーにおける言語「形式」の変換すなわち治療的会話にすぎない（児島，2002）。となると、他の多くの○○療法とか、××アプローチと呼ばれるものと異なり、ナラティヴ・セラピーとは何か、もしくはブリーフ・セラピーとは何か、と問うてみてもその内実を積極的に定義することはできなくなってくる。ともあれ、これらのセラピーを志向する者は、可能世界を開く言語実践者以外のなにものでもない（児島，2008）。

本来ならば、「外在化」実践におけるより具体的な方法論上の問題についても検討すべきであった。さらに、同じくナラティヴ実践として取り上げられている言語システム論（Anderson & Goolishian, 1992）やリフレクティング・プロセス（Tom, 1991）との関連についても触れる必要があったが、紙数の限りもあり割愛させていただいた。これらについては、読者諸氏でそれぞれ研鑽を深めていただきたい。

文　献

Anderson, H. & Goolishian, H. (1992) The client as an expert: A not-knowing approach to therapy. In: McNamee, S. & Gergen, K.J. (Eds.): Therapy as Social Construction. London; Sage.（野口裕二・野村直樹訳（1997）ナラティヴ・セラピー――

社会構成主義の実践．金剛出版［現在は遠見書房より復刊］）

Bateson, G., Jackson, D.D., Haley, J., & Weakland, J.H.（1956）Toward a theory of a schizophrenia. Behavioral Science, 1 (4).（佐伯泰樹ほか訳（1986）精神分裂病の理論化に向けて：ダブル・バインド仮説の試み精神の生態学，上巻．思索社、pp.295-329.）

Berg, I.K. & Miller, S.D. (1992) Working with Problem Drinker: A Solution-focused Approach. New York; Norton.（斎藤学監訳（1995）飲酒問題とその解決：ソリューション・フォーカスト・アプローチ．金剛出版．）

Berg, I.K.（1994）Family Based Services: A Solution-focused Approach. New York; Norton.（磯貝希久子監訳（1997）家族支援ハンドブック：ソリューション・フォーカスト・アプローチ．金剛出版．）

Bruner, J.（1984）Actual Minds, Possible worlds. New York; Harvard University Press.（田中一彦訳（1998）可能世界の心理．みすず書房．）

Chang, J. & Phillips, M.（1993）Michael White and Steve de Shazer: New directions in family therapy. In: Gilligan, S. & Price, R.（Eds.）: Therapeutic Conversations. New York; Norton, pp.95-135.（森俊夫・瀬戸雄太郎訳（2002）家族療法の新しい方向性マイケル・ホワイト＋スティーブ・ドゥ・シェーザー．現代思想，30(4), 84-112.）

de Shazer, S.（1991）Putting Difference to Work. New York; Norton.（小森康永訳（1994）ブリーフ・セラピーを読む．金剛出版．）

Epston, D.（1993）Internalizing discourses versus externalizing discourses. In: Gilligan, S. & Price, R.（Eds.）: Therapeutic Conversations. New York; Norton, pp.161-179.（小森康永監訳（2005）内在化言説 対 外在化言説．In：ナラティヴセラピーの冒険．創元社、pp.35-72.）

Epston, D.（1996）Consulting the problem about the problematic relationship. In: Hoyt, M.（Ed.）: Constructive Therapies 2. New York; Guilford Press. pp.148-162.（小森康永監訳（2005）問題をはらんだ関係について問題に相談する．In：ナラティヴセラピーの冒険．創元社、pp.303-328.）

Fisch, R., Weakland, J.H., & Segal, L.（1982）The Tactics of Change. San Francisco; Jossey-Bass.（鈴木浩二・鈴木和子監訳（1986）変化の技法．金剛出版．）

Gergen, K.J.（1994）Realities and Relationships-soundings in Social Construction. New York; Harvard University Press.（永

田俊彦・深尾試訳（2004）社会構成主義の理論と実践：関係性が現実をつくる．ナカニシヤ出版．）
東豊（1997）セラピストの技法．日本評論社．
東豊，カール・トム，森岡正芳，廣井亮一，玉真慎子（2004）「虫退治」の枠組みで行う不登校の家族療法．In：日本ブリーフサイコセラピー学会編：より効果的な心理療法を目指して．金剛出版，pp.149-167.
Hoyt, M. E.（Ed.）（1998）The Handbook of Constructive Therapies. San Francisco; Jossey-Bass.（児島達美監訳（2004）構成主義的心理療法ハンドブック．金剛出版．）
市橋香代（2001）私が「外在化」だと思ってやっていること．ブリーフサイコセラピー研究，10; 56-59.
石川元（1989）家族療法では過去を「不問に付す」か？：下坂幸三氏とのジョイント・スーパービジョンの経験から．家族療法研究，6 (1); 54-74.
加来洋一・和田憲明・光野茂・渡辺義文（1999）外在化が促進される過程：衝動行為が持続した男子児童例．ブリーフサイコセラピー研究，8; 53-63.
黒沢幸子・森俊夫（2001）家庭内暴力を伴った不登校女児への「問題の外在化」アプローチの適用：「問題の外在化」によるる自我統合プロセスおよびスクールカウンセリングにおける「問題の外在化」の効用に関する考察．臨床心理学，1(2); 217-228.
児島達美（1990）心理療法における『問題の外在化』および治療関係の『三項構造化』について．上智大学心理学年報，14; 119-127.
児島達美（1996）治療的三項構造化：二項的な言葉から三項的な言葉へ．In：ブリーフサイコセラピー学会編：ブリーフサイコセラピーの発展．金剛出版，pp.37-45.
児島達美・吉川悟（2001）問題の外在化が志向するものは何か．ブリーフサイコセラピー研究，10; 50-52.
児島達美・森俊夫（2002）ブリーフ・セラピーへの招待─M・ホワイト＋S・ドゥ・シェーザー「家族療法の新しい方向性」を中心に．現代思想，30(4); 70-83.
児島達美（2002）心理療法における〝もう一つの〟治療言語の出現．ブリーフサイコセラピー研究，11; 20-26.
児島達美（2008）可能性としての心理療法．金剛出版．
児島達美（2009）心理療法にとって「ナラティヴ」とは．家族療法研究，26(2); 111-116.

小森康永（1994）物語としての子ども―ＭＲＩとＢＦＴＣのブリーフ・セラピーにホワイト／エプストンの物語モデルを足して3で割る．ブリーフサイコセラピー研究、3; 69-81.

Kripke, S. A.（1980）Naming and Necessity. Oxford; Basil Blackwell and Harvard University Press.（八木沢敬・野家啓一訳（1985）名指しと必然性―様相の形而上学と心身問題．産業図書．）

Lowe, R.（1991）Postmodern themes and therapeutic practices: Notes towards the definition of "family therapy: Part 2". Dulwich Center Newsletter, 3; 41-52.

町田英世・工藤卓・吉川悟・中井吉英（2000）外在化を用いた慢性疼痛の治療：Gate control theory を応用した心理療法．心身医学、40(2); 135-141.

槇野葉月（2006）緑色のカメレオンはどこから来たか：「問題の外在化」のプロセスに関する一考察．ブリーフサイコセラピー研究、15 (1); 31-43.

松林直・椋田稔朗・河合雅代・阪中明人（2001）外在化の血糖コントロール不良例への応用．ブリーフサイコセラピー研究、10; 60-62.

宮田敬一編（1994）ブリーフ・セラピー入門．金剛出版．

Monk, G. D., Winslade, J., Crocket, K., & Epston, D. (Eds.)（1997）Narrative Therapy in Practice: The Archaeology of Hope. New York; John Wiley & Sons.（国重浩一・バーナード紫訳（2008）ナラティヴ・アプローチの理論から実践まで：希望を掘りあてる考古学．北大路書房．）

森岡正芳・児島達美（2004）物語的アプローチ．In：亀口憲治編：臨床心理面接技法3．臨床心理学全書、10．誠信書房、pp.199-261.

中西善久（2000）問題の外在化が促進される治療的変化：摂食障害のケースを通しての一考察．ブリーフサイコセラピー研究、9; 107-122.

中西善久・竹川隆・山本浩・國吉顕子・笹田徹・川口剛・福井博（2000）問題の外在化を用いた摂食障害の治療例．心身医学、40; 26.

大谷由香合（2009）寡黙なＩＰとの面接過程：ＩＰの表情、雰囲気に合わせる．神戸松蔭こころのケア・センター臨床心理学研究、4; 45-57.

小野晴久（2001）治療方針の変更と外在化について．ブリーフサイコセラピー研究、10; 53-55.

O'Hanlon, W. H. (1987) Taproots: Underlying Principlesof Milton Erickson's Therapy and Hypnosis. New York; Norton.（森俊夫・菊池安希子訳（1995）ミルトン・エリクソン入門．金剛出版．）

坂本真佐哉（2001）私が「問題の外在化」を多用する理由．ブリーフサイコセラピー研究、10; 63-65.

瀬頭りつ子・児島達美（2003）「問題の外在化」による物語の構成について：チームアプローチによる小学校不登校事例の家族面接から．長崎純心大学心理教育相談センター紀要、2; 25-34.

Tom, A. (1991) Refleding Processes: Conversation and Conversations about the Conversations. New York; W. W. Norton.（鈴木浩二監訳（2001）リフレクティング・プロセス：会話における会話と会話．金剛出版．）

Tomm, K. (1988) Externalizing the Problem and Internalizing Personal Agency. Draft for Canadian Psychiatric Association.

Tomm, K., Suzuki, K., & Suzuki, K. (1990) The Kan-No-Mushi : An inner externalization that enablescompromise? The Australian and Journal of Family Therapy, 11 (2); 104-107.

White, M. & Epston, D. (1990) Narrative Means to Therapeutic Ends. New York; Norton.（小森康永訳（1992）物語としての家族．金剛出版．）

吉川悟・東豊（2001）システムズアプローチによる家族療法のすすめ方．ミネルヴァ書房、pp.158-176..

第6章　心理療法にとって〝ナラティヴ〟とは

Ⅰ　序論：〝ナラティヴ〟についての私のナラティヴ

ナラティヴなるものが現代の心理療法の世界に登場して以来、この私も、ナラティヴへの関心は途切れることなく続いてきているが、それでもなお、未だにナラティヴなるものの輪郭を明確に描けないでいる。なぜか。その理由について思いをめぐらしているうちに、次のような想念が私の内に次から次へと沸いてきたのであった。「描けないのではなく、描いてしまうことによってナラティヴなるものの何かを失ってしまうのではないか」、「もっとも近しいがゆえに、かえって、それに同一化することに何かしら不安を感じているのではないか」、「そもそも自分の心理臨床実践においては、とてもWhite, M.やAnderson, H.やAndersen, T.たちのようにナラティヴを徹底し得ていないのではないか」、「結局、自分はどこかでナラティヴを恐れているのではないか」などなど……振り返ってみると、これらの想念は、十年はど前より一層強まってきたような気がする。そこには、同時期、それまでの臨床現場での仕事から現在の大学において心理系の学科および臨床心理士養成指定大学院で教鞭を取りだしたことが少なからず関係しているようなのである。というのは、私のナラティヴ志向性を、まさにドミナント・ストーリーに彩られた今日の心理学の世界にワクワクしながらエンゲージしようとしている若き学生や院生たちにどのように伝えていけばよいのか、対抗実践とはいわないまでもオルタナティブ・ストーリーを持ち込むことによってかえって要らぬ混乱を招いてしまうのではないか、それに、他の心理系教員たちとの間での齟齬をできるだけ表沙汰にしない方がよいのではないか、といった懸念をずっと抱いているからである。それゆえにか、学生や院生たちからは、児島はいったい何が〝専門〟なのか、という声を耳にする（もっとも、このこと自体、私は必ずしも悪い気分ではないのだが）。このような私の煮え切れないスタンスを私自身の問題としてそれこそ内在化してもよいのだが、現時点で一ついえることは、ナラティヴもまた非ナラティヴとの関係性において初めてその意味もしくは存在理由をもち得るのではないか、もっといえば、ドミナントあっての文字通りのオルタナティブである、といってもよいのではないかということである。だから、もし、オルタナティブがドミナントを駆逐して覇権を握ることにでもなったとしたら、はたしてそのときの世界の相貌はどのようになっているのだろう、なんてバカな妄想をしてみたりする。だからといって、私はドミナントの世界をそのまま受け入れようなどという気持ちはないのだが、しかし、この私が、いかにオルタナティブで生きていこうとしても、今日のドミナントな社会的言説とそれによって強固に形作られた制度の外に出ることなど決してできないのである。実際、こうして今、私がナラティヴに関する原稿を書いていること自体、本誌が〝専門誌〟であるとする今日の社会的言説と制度なくしてはあり得ない。ということは、ドミナントな世界に身を置きながらもなおいかにオルタナティブを失わずにいることができるか、この一点に私のナラティヴはかかっているように思う。「ちょっと、カッコよすぎない？」という声がどこからともなく聞こえてきそうだが、ともかく、これが〝ナラティヴ〟についての現在の私のナラティヴである。

Ⅱ「問題の外在化」とナラティヴ

私がナラティヴという用語に初めて出会ったのは、他でもない小森康永氏の翻訳によるWhite, M.& Epston, D.の『物語としての家族』（1990／邦訳 1992）によってである。しかし、本書から私が何にも増して得た刺激はナラティヴなるものよりもむしろ問題の外在化とそれに基づいた「影響相対化質問法」であった。というのも、私自身、当時すでに同じく問題の外在化を構想していたからである（児島、1990）。また、同書においてかなりのページを割いて紹介された家族に手紙を書くという方法についても、実は、私なりにそれ以前から試みていたことでもあった（ただし、その内容は、当時盛んに論じられていた逆説的介入をもとにしたものであったが）。そういうわけで、本書は、未だ手探り状態にあった私の心理療法における発想とスタイルに大いなる励ましを与えてくれた一冊である。また、その後、東（1997）が〝虫退治〟や〝鳴門の渦潮〟なるまさに「問題の外在化」に基づいた見事なセラピーの事例を発表するに及んで（ただし、彼は、自らのアプローチを「問題の外在化」とは決して呼ばなかったが）、問題の外在化は日本の臨床家の間にも少なからず広まることになった。しかし、これら日本における問題の外在化は、あえていえば、より効果的なセラピーをクライエント・家族に提供するという点において、あくまでセラピー内部での拡がりにとどまっていたといってよいだろう。それに比べて、White の問題の外在化の方は、すでに、セラピー内部にとどまらない、いわば現代のセラピー自体を〝脱構築〟するような拡がりをみせていることはいうまでもない。そして、一九九〇年代後半には、ナラティヴ・セラピーという名称が彼らの臨床理論と実践に対してはっきりと冠されることになってきたのである。

このような経緯の中で、私の内には、White や Epston らのアプローチに対して強い親近感と同時に今一つしっくりこないものが生まれてきたのであった。というのは、彼らがナラティヴのいわば代表者としての地位を固めていけばいくほど、このナラティヴと問題の外在化との関係はどうなっているのだろうか、ということであった。結論的には、彼らのナラティヴはイコール問題の外在化といってよい。しかし、ナラティヴという概念は、われわれが自らの人生の経験を意味づけ解釈していく上での重要な言語″形式″を示すものであり、かつ、それは単に個人の内部にとどまるだけでなく、常に他者もしくは社会との相互交渉そのものであるから、そこには当然、さまざまなナラティヴのされ方（可能性）が孕まれているがゆえに、問題の外在化もそうした可能性の一つなのではないか、というのが私の理解である。しかし、Epston（2005）が「内在化言説 対 外在化言説」という明確な問題設定をしているところからも、彼らの問題の外在化はあくまで内在化言説への対抗実践としてのナラティヴにほかならないことは明らかであり、それはそれとして理解できるところではある。それにまた、問題の内在化よりも問題の外在化を志向するナラティヴの展開の方がクライエント・家族にとってより治療的になり得るという点については、私も大いに賛意を表するところであるが、それでもなお、より治療的になり得るナラティヴとしては「問題の外在化」以外にはないのか、と問うてみることは可能ではないかと思うのである。この疑問については、O'Hanlon, B. がすでにこの Epston の論文に対するコメントで述べているところでもある。

さらに、これは私が影響相対化質問に習熟していないがゆえかもしれないが、問題の外在化がうまく当該のクライエント・家族にフィットするかどうかは、それを作動させるための（このような物理的メタファーを用いることにも反論はあるかもしれないが）セラピストとクライエント・家族の間でのコミュニケーションそのものの何らかの質が関与しているように思えてならないのである。これを、私は″治療的会話″と呼ぶことにする。こういうと、影響相対化質問自体が治療的会話を構成するのだ、との反論もあるかもしれない。ただ、なぜ、私がこのような考えに固執するかといえば、実にベタな話になって恐縮だが、精神分析家であれ行動療法家であれ家族療法家であれ、はたまたナラティヴ・セラピストであれ、要するにいかなる心理療法のモデルに立つものであれ、実際には、上手なセラピストと下手なセラピストがいることを否定できないからである。ただし、上手／下手といったからといって、それらをすべてセラピストのいわゆるセンスの問題にする気はさらさらない。ともかく、クライエント・家族はもとよりセラピストにとってもオルタナティブな世界が開かれるための治療的会話はいかにして可能か、ということを何とか見定めることはできないか、それが、現在の私の最大の関心事である。それでもなお、問題の外在化が私を魅了し続けていることだけは間違いがない。

Ⅲ　治療的会話ということ

私は、心理療法の世界に入ってまもなく、当時の伝統的な心理療法全般に対してどうしても拭えない違和感をもつことになった。その一つがセラピー場面を支配しているある種の雰囲気であった。そしてその雰囲気を作り出しているのがほかでもないセラピストたちに共通した奇妙な傾聴、なまぬるい共感、他方、〝中立性〟と呼ばれる、その何ともいえないよそよそしさ、などであった。だから、セラピストがクライエントを前にして腹を抱えて笑うなんてことは、それこそご法度なのである。たしかに、クライエントや家族は〝問題〟を抱えてセラピー場面に登場してくるのであるから、彼らの語りが多くなるのは当然だし、それを受けるセラピストも真剣になるのはよくわかる。「クライエントの心は傷ついているのだから、治療者は言葉遣いに十分気をつけなくちゃね」とか「クライエントの言葉の深いところに対する感受性をもたなくちゃね」といった先輩方のご指導もその意味では当然なのであり、そのように振る舞うのが心理療法の専門家なのであろうと自分に言い聞かせてはいた。しかし、それでもなお、私にとっては不自然さがついてまわったのであった。ただ、ありがたかったのは、こうした私の違和感と同じような感覚をもっていた仲間が少なからずいたこと、そして、彼らのセラピーがいずれもまさに共感性にあふれたものであったことである。このような経験を通じて、私の内には、同じく言葉のやり取り（コミュニケーション）でありながら日常のそれとセラピー場面との異同についての意識が高まってきたのであった。その経緯についてはすでに報告しているが（児島、2008）、あらためてそれらを簡単に紹介するとすれば、〝治療的雑談論〟（菅野、1998）、〝おしゃべり効用論〟（森、1999）、さらに私なりに再発見した日本語における〝聞く／問う同一論〟（森岡・児島、2004）などである。その他、黒田（1997）による境界例の家族療法での言語的介入の工夫や、さらに最近では木下（2007）による統合失調症者との会話の可能性を論じたものなどからも大いに影響を受けた。そして、これらと並行してナラティヴの系譜にあたる欧米の臨床家たちの治療言語論の数々に出会う中で、私は日常的な言葉のやり取りを表す会話〟というタームをセラピー場面に持ち込むことの意義を強く意識するようになった。すでに知られているところではあるが、そのいくつかを以下に取り上げてみる。私が知る限りで、最初に心理療法の世界に〝会話〟というタームを登場させたのは de Shazer, S.（1994）ではないかと思う。彼は、家族療法がシステム論を導入することによって精神分析を凌駕したかのように言っているが、実は、両者は構造主義の観点からして同様のものであることを指摘して「……どちらの場合も、説明的メタファーであるプシケとシステムはメタファーとしての地位を失い、会話の中に立ち現れる言葉よりもセラピーにとってより本質的なものと見なされるほど十分現実的なものとなった」（邦訳 p.53）と彼流の皮肉を込めて述べている。また、ほぼ同時期、Anderson, H. と Goolishian, H.（1992）は、かの有名な〝言語システム論〟において「セラピーとは、治療的会話と呼ばれるもののなかで起こる言語的な出来事である」（邦訳 p.64）とはっきりと主張している。そして、文字通りの「治療的会話」なるタイトルを冠した著作が、Gilligan, S. と Price, R.（1993）によって編集出版されている。こうして、私にとっては、一見すると対立的にみえる〝治療〟ど〝会話〟という用語を組み合わせることで（最近はやりの言葉でいえば〝ハイブリッド〟ということになるだろうか）、セラピーの内側すなわちある〝専門的〟な場で起こっていることはもとより、セラピーの外側すなわちクライエント・家族の〝日常生活〟の場で起こっていることをつなぐことが可能な世界を浮かび上がらせることができるのではないかと思うようになった。

ただ、たとえば、前述の Anderson らの著作をみていると、〝会話〟よりも〝対話〟という用語が頻繁に出てきており、その使用の区別は必ずしもはっきりしていない。彼女らが、そのあたりの事情をどのように意識しているか、また、そもそも英語において〝会話〟と〝対話〟という語の使用における差異がどれはどのものかはわからないが、私の日本語の感覚からすると、〝対話〟にはどうしてもある格式性というか、そういうものを先に感じてしまう。そのために、言葉のやり取りによってそこにあらたな意味が生まれ、あらたな経験が賦活されるとするナラティヴの持ち味が失われるように思えてならない。さらに、〝対話〟となると強固な二者関係を前提にしているようなイメージが強く、この点でも、私は〝対話〟にどうしても馴染めない。それに比べると、〝会話〟の方が、その場に参加しているメンバーの数においてはるかに多数（声）性をイメージすることができるし、それゆえに、再帰的質問や関係性の質問さらにアンデルセン流のリフレクティング・プロセスも生みやすくするようにも思える。さらに、〝対話〟だとどうしても言語レベル中心の知的な言語活動をイメージしやすいために、実際のクライエント、セラピスト双方の発話行為における非言語レベルがもっている意義が薄められてしまって味気ないのである。

少々、私個人の好みによる言葉の瑣末な議論に終始した感があるが、ある出来事なり事態に対してどのような言葉を用いればよいか、ということに常に敏感であることもまた、ナラティヴなるものの一つのありようであろうと思うものである。

Ⅳ「モノ語り」と「語りモノ」

さて、ここまでの私の議論を、あらためてナラティヴという用語の定義からみてみると、私にとってのナラティヴは、語られた内容（「語りモノ」）すなわちいわゆる物語よりも、行為としての語り（「モノ語り」）の方にかなり比重があることがわかる。言いかえれば、「何を語ったか」よりも「どう語ったか」への注目である。私のこのような傾向には、やはりBatesonのコミュニケーション論からの影響がかなり大きいように思う。そして、この傾向にさらに拍車をかけているのは、相変わらず「語りモノ」ばかりに注目しがちな日本における心理臨床のあり方に辟易しているからである。しかもそれらをもって、たとえば〝物語の視点からみた心理療法の一事例〟といった事例報告がなされ、そこでは、もっぱら、クライエントの「語りモノ」に対するセラピストのしたり顔な〝解釈〟によって、クライエントはこのような物語を書きました、といったふうな考察がなされているのである。ときには、人類の遺産としての神話や寓話の世界がもっている構造の反復としてクライエントの「語りモノ」の本質を明らかにしようとするものもある。私は、そうした解釈そのものを否定するものではないが、これらがナラティヴと似て非なるものであることは明白であろう。ともかく、クライエントの「語りモノ」は、まずもってセラピストとの〝語り‐聴く〟という相互作用とその文脈、さらに社会的および歴史的言説と権力関係を通じて初めて生み出され、変容を遂げていくものであるということへの意識を欠いたまま、「語りモノ」すなわち物語だけが独り歩きをし、かつ、それによってクライエントをある人物像として特定してしまっているような事態を前にして、私はただ撫然とするしかない。文芸評論家の柄谷（1996）は、個々の文芸作品があたかもそれ自体で独立した価値をもつかのように捉える考え方に異議を唱えて次のように述べている。「一人一人の個人が独立して在るというのが幻想にすぎないように、作品は単独で存在するのではない。単独の作品などあったためしがない。ひとは他の作品を読んだから書くのだし、読む者はそう意識しなくてもかつて読んだ諸作品をその作品と関係づけている。つまり作品は根源的に諸関係として、intertextuality として存在するのである。そうでなければ、作品の『価値』——読むことはいつも評価することである——というものは、原理的に成り立たないだろう」（p.28）。

V　ナラティヴと倫理

ともかく、われわれは言語的コミュニケーションを含む交換の世界から逃れることはできず、この〝交換〟を通じて初めて、そこに参与するメンバーたちの間に差異が生じる。クライエントとセラピストなるものの差異もまた同様である。ところが、この差異は即個別化され（同時に内面化、心理学化され）、それぞれがあたかも独立したものであるかのようにすなわち、メンバー間の境界を明確なものとすることによって、その場で起こることを合理的かつ明示的に示し得るようなコミュニケーションの場と化してしまう。そして、ほかならぬ現代の心理療法の世界こそこのようなコミュニケーションの場を前提にして構築されてきたわけである。ところが、こうしたコミュニケーションの場を支えているところの〝交換〟は、実は、メビウスの帯のごとく自己言及性と決定不能性を常に孕んでおり、メンバーたちも常にそれによって動かされているにもかかわらず、そのことをどこかで恐れているのである。その恐れから逃れるかのように、すなわちこのコミュニケーションの場を何とか維持しようとして必死で作り上げているのが、逆説的ながら、今日の心理療法の世界が盛んに構築しようとしている倫理の問題である。こう言ったからといって、私は、このような心理療法における倫理の構築を否定するものではないし、その必要性は認めるものである。しかし、このレベルの倫理だけではもはや不十分であることを、身をもって示そうとしているのがほかならぬナラティヴではないかという気がしてならない。つまり、心理療法を外側から規定するような倫理ではない、"交換"レベルに根ざした心理療法それ自体に内在する倫理のあり方が、White、Epston、Anderson、Andersenたちのいずれの実践と著作においても貫かれているように思う。その意味において、ナラティヴはまさに心理療法するものといえるのではなかろうか。

文　献

Andersen, T.（1991）The Reflecting Team: Dialogues and dialogues about the dialogues. New York; Norton.（鈴木浩二監訳：リフレクティング・プロセス：会話における会話と会話．金剛出版，2001.）

Anderson, H.（1997）Conversation, Language, and Possibilities: A Postmodern Approach to Therapy. New York; Basic Books.（野村直樹・青木義子・吉川悟訳（2001）会話・言語・そして可能性：コラボレイティヴとは？　セラピーとは？　金剛出版．）

Anderson, H. & Goolishian, H.（1992）The client is the expert: A not-knowing approach to therapy. In: McNamee, S. & Gergen, K. J. (eds.): Therapy as Social Construction. London, Sage.（野口裕二・野村直樹訳（1997）クライエントこそ専門家である：セラピーにおける無知のアプローチ．In：ナラティヴ・セラピー：社会構成主義の実践．金剛出版，pp.59-88.（現在は遠見書房より復刊））

de Shazer, S.（1991）Putting Difference to Work. New York; Norton.（小森康永訳（1994）ブリーフ・セラピーを読む．金剛出版．）

Epston, D. (1996) Catching up With David Epston. Adelaide, Dulwich Centre Publications.（小森康永訳（2005）ナラティヴ・セラピーの冒険．創元社．）

Gilligan, S. & Price, R. (eds.) (1993) Therapeutic Conversations. New York, Norton.

東豊（1997）セラピストの技法．日本評論社．

Hoffman, L.（1981）Foundations of Family Therapy: A Conceptual Framework for Systems Change. New York, Basic Books.（亀口憲治訳（1986）システムと進化：家族療法の基礎理論．朝日出版社．）

Hoffman, L.（2002）Family Therapy: An Intimatc History. New York, Norton.（亀口憲治監訳（2005）家族療法学：その実践と形成史のリーディング・テキスト．金剛出版．）

Hoyt, M. E.（Ed.）（1998）The Handbook of Constructive Therapies: Innovative Approaches from Leading Practitioners. San Francisco; Jossey-Bass.（児島達美監訳（2004）構成主義的心理療法ハンドブック．金剛出版．）

柄谷行人（1996）差異としての場所．講談社学術文庫．

木下みどり（2007）会話を続けていくことの意義とその効果：妄想に変化が生じた統合失調症患者の事例から．ブリーフサイコセラピー研究、16 (2); 82-84.

児島達美（1990）心理療法における『問題の外在化』および治療関係の『三項構造化』について．上智大学心理学年報、14; 119-127.

児島達美（2008）可能性としての心理療法．金剛出版．

黒田章史（1997）境界例の家族療法において言語的介入の果たす意義．家族療法研究、14 (3); 204-212.

Monk, G. D., Winslade, J., Crocket, K., & Epston, D. (Eds.)（1997）Narrative Therapy in Practice: The Archaeology of Hope. New York; John Wiley & Sons.（国重浩一・バーナード紫訳（2008）ナラティヴ・アプローチの理論から実践まで：希望を掘りあてる考古学．北大路書房．）

森敦（1999.2.6）座談ということ．西日本新聞．

森岡正芳・児島達美（2004）物語的アプローチ．In：亀口憲治編：臨床心理面接技法3．臨床心理学全書、10．誠信書房、pp.199-261.

森岡正芳編（2008）ナラティヴと心理療法．金剛出版．

野口裕二（2002）物語としてのケア：ナラティヴ・アプローチの世界へ．医学書院．

菅野泰蔵（1998）カウンセリング解体新書．日本評論社．

高橋規子・吉川悟（2001）ナラティヴ・セラピー入門．金剛出版．

White, M. & Epston, D.（1990）Narrative Means to Therapeutic Ends. New York; Norton.（小森康永訳（1992）物語としての家族．金剛出版．）

White, M.（1995）Re-Authoring Lives: Interviews & Essays. Adelaide, Dulwich Centre Publications.（小森康永・土岐篤史訳（2000）人生の再著述：マイケル，ナラティヴ・セラピーを語る．ＩＦＦ出版部ヘルスワーク協会．）

White, C. & Denborough, D.（1998）Introducing Narrative Therapy: A Collection of Practice-based Writings. Adelaide, Dulwich Centre Publications.（小森康永監訳（2000）ナラティヴ・セラピーの実践．金剛出版．）

矢原隆行・田代順編著（2008）ナラティヴからコミュニケーションへ：リフレクティング・プロセスの実践．弘文堂．

第7章　心理〈相談〉に固有のアセスメントは存在するか？

I　はじめに

今日、社会のあらゆる領域において臨床心理に対するニーズが高まってきているようだが、実際のところ、それらの現場からは、心理の先生は何をする人なのか、もう一つよくわからないとか、自分たちが求めていることに応じてくれないといった声を耳にすることが少なくない。一方、臨床心理の側からは、現場はわれわれに固有の専門性を理解しようとしていないし（できないし?）、現場のニーズに応えるといっても単なる迎合になってしまっては臨床心理の〝真〟の発展は望めないのではないか、という反論もある。このような議論の是非について、今ここで即何らかの結論を出すつもりはないが、現場と臨床心理の間で何やらズレがあるとすれば、いったい、それはどこに由来しているのだろうか。本章では、このような現状認識から出発しようと思う。

ところで、アセスメントとはそれ自体で独立したものではない。なぜならば、アセスメントする側とアセスメントされる側との間に、さらにその前提として、アセスメントされる側がする側に対して、彼らが抱えている何らかの問題についての解決を求めてくる、つまり〈相談〉する・されるという関係性がなければならないからである。これは、あまりにもあたりまえの事態なのであるが、しかし、このことのありようを押さえておかないと、今日の臨床心理学におけるアセスメント論の数々は、いかにも専門的な衣装をまとっているようにみえて、実は単なるアセスメントする側の自己満足に過ぎないということになりかねない。さらに〈相談〉という場合、われわれはつい自分たちが行っている〈相談〉活動のみを考えてそれに固有の構造や意味を考えがちである。そうした副作用を緩和させる意味からも、われわれの行う〈相談〉なるものを、常により広い社会的な相互作用の文脈の中で生じる差異性の結果として把握しようとする態度を持ち続けておくことの重要性を提起したい。そこで、まずは、われわれが行う〈相談〉をさしあたり心理相談と呼ぶことにして、これ以外の〈相談〉との異同を検討するところから始めてみることにしよう。

Ⅱ　相談関係とアセスメントの諸相

相談する・されるという関係は、おそらく人類がこの世界に登場してきて以来ごく日常的なコミュニケーションの営みの一つとしてあったに違いないし、それは、現代においても、場面は多様になっているにしても、さほど変わるものではないだろう。たとえば、妻が夫に「ねえ、あなた、カズオも高校生になるんだけど、学費どうやって捻出したらいい？」と相談したり、「ママ、算数の問題がわからなーい」と子どもが母親に相談したり、ガソリンスタンドで客がスタンドマンに「エンジンのかかりが悪いんだけど、ちょっとみてくれないかな？」と相談したり、タナカ氏が「こんどきたヤマダ課長とどうもうまくいかないんだ。お前はたしか以前、ヤマダ課長のもとで仕事してたんだよな。どう付き合ったらいいかヒントくれよ」と同僚に相談したり、というように。いずれの場合も相談する側は、相談する相手を〝自分では解決できない当該の問題についてなにがしかの知識なり解決策を提供してくれる人物〃として想定しているのであり、相談された側もそのことを了解しつつ、相手の問題について理解しようとし、同時に、自分がどれくらいその問題に答えられるか、ということを勘案する。その結果、相談を断ったり、他の人物を紹介する、といったこともあり得るが、これらすべてが、実は、すでにアセスメント行為であるといえる。しかし、複雑化したこの現代社会にあっては、こうした日常的なものとは別に、多くの専門的な相談関係とそれに付随するアセスメントが制度化されて（されつつ）存在している。[注1]その代表格として法律と医療の世界をとりあげてみる。

法律の世界では、クライエントは、何らかの生活上のトラブルが法律に関係したものであることを意識し、かつ、そのトラブルを法律によって解決できるかどうかということを求めて、法律の専門家のもとに相談にやってくる。それに対して、この専門家は、六法全書や判例に基づいてクライエントの提示する問題の法律上の適否を判断（アセスメント）し、その結果を伝え、もしくは必要な法律の知識を与える。クライエントは、専門家から伝えられた結果が、仮に、自分が期待していたものと異なるものであっても受け入れざるを得ないし、そのことでこの専門家と議論するわけにはいかない。なぜならば、両者の間には、法律なるものが明示的かつ外部的に存在していて、それによって両者の関係が一義的に枠づけられているからである。ということは、この専門家の方も、あくまで〝法の代弁者〃として法律を逸脱した判断をしてはならないことになっている。であるから、どの専門家のところに相談にいっても結果は同じであることが原則である。た

注１　かつての社会においてもこのような相談の専門家はいた。たとえば、僧侶や司祭それに占い師はその最たる例であろう。また、そこまでの専門性はなくとも、落語に登場する大家の旦那などは、長屋の住人たちから世間の知恵と機微に長けた人物として認められていたわけである。なかには、〝よろず相談〃の看板を掲げた者もいた。そして、これらいずれの〝専門家〃たちもアセスメントを行っていたといえるだろう。

だし、現実にはいかなる法律も解釈の余地がないわけではないので、同じ法的問題でも個々の専門家の間で差異が生じることは避けがたい。しかし、それでもなお、なのである。そして、あらためて言うまでもないことだが、法律相談は、〈弁護士〉であれ〈司法書士〉であれ、いずれも専門家として社会から一定の資格を付与された者しか行ってはならないものとされている。

では、医療の世界はどうだろう。一見すると、〈相談〉とは異なるもののように思えるが、その基本である診察場面は上記の法律相談同様、〈専門的〉かつ〈制度化〉された相談関係であることに間違いはない。患者は何らかの心身の不調を訴えて病気の専門家として制度化された医師のもとに〈相談〉に訪れるのであり、その相談内容は言うまでもなく症状のよってきたる原因を明らかにし、それを取り除く要するに治療ということになる。この、いわゆる医師・患者関係にあっても、病気に関する知識体系（診断・治療マニュアル）が、やはり外部的に存在していて、専門家としての医師はそれに基づいて患者の症状をどの程度治療が可能かという、すなわち診断（アセスメント）を行い患者に伝えることになる。ちなみに、昨今では、インフォームド・コンセントと呼ばれる医療における〈相談〉関係のあり方の変化や、セカンド・オピニオンという患者が医師の診断結果に不満がある場合には、別の医師に相談するということが〈制度化〉されてきている。

さらに今日では、福祉相談（という名称はそれほど一般的ではないかもしれないが）も法律・医療と同様の〈専門的〉かつ〈制度化〉された相談関係の形式を整えつつある。ソーシャルワーカーは、生活上での困難さを相談にきた来談者に対して、福祉制度に則した各種サービスの適応の是非を判断（アセスメント）することになる。ついでながら、医療に特化した福祉相談として、昨今、大学病院や総合病院などでは医療ソーシャルワーカーという専門家の手による医療相談という領域が診察場面とは別に制度化されつつある。

その他、それなりの伝統をもつものとしては教育相談や経営相談などもあげられるだろう。さらに、最近、

表1　種々の相談関係とアセスメントの共通性

①相談する・される関係を一義的に規定するもの（法律、医学体系、福祉施策、教育指導要領など）が明示的かつ外部的に存在する。
②その相談領域に固有の問題すなわち〈専門〉外についての相談関係はあり得ない。
③その〈専門〉の質が資格〈制度〉によって担保されている。なお、〈専門〉の名が示すとおり、その他の領域との差別化が明確にされていなければ資格が付与されることはない。
④アセスメントも個別の問題に応じて一義的に確定されることが相談する側はもとより社会的にも期待されている。
⑤専門家と非専門家という非対称的な関係である。

遅まきながら筆者がその仕事ぶりを知った〈相談〉に消費生活相談というものがある。この相談担当者は、現代の複雑化した消費社会にあっていかに消費者の権利を守るかという点で、日々あらたに更新されてゆく消費者法をベースにした個々の事案に関する専門的な知識の獲得のために勉強しているという。このようにして、今日においては、〈相談〉の専門分化が一層すすみ、それに応じて資格〈制度〉（国家資格、民間資格の如何を問わず）の創出が次々と行われてきており、もはや、その全貌を捉えることが不可能になっているくらいである。ついでながら、多くの女性たちにとって大切な美容相談はどうだろう。制度上での専門家の位置づけはないかもしれないが、しかし、デパートの化粧品売り場を訪れる多くの女性客は、そこで応対する店員を単なる店員以上の美容に関する専門家としてみなしているし、店員は客に対して美容上のアセスメントを行っているといってよいだろう。

以上、取り上げた相談関係にはそれぞれ固有の相談内容および社会〈制度〉としての定着度・認知度・新旧度そして専門度において大きな差があることは言うまでもないが、相談の形式という観点から見てみるとそこに共通したものがあることを見て取ることができる。表1にそのポイントを整理してみた。

Ⅲ　心理相談とアセスメントの固有性

さて、表1に示したすでに〈専門化〉かつ〈制度化〉された相談関係との比較から心理相談に固有なるものを検討してみよう。まず言えることは、心理相談には、相談関係を明示的に規定する外的な枠組みがきわめて曖昧であるという点である。要するにその〈専門性〉、すなわち扱うべき問題の範囲が確定し難いのである。そのことは、さかんに喧伝されている《こころの専門家》なるものが皮肉にも示している。《こころ》は本来的に無限定である。したがって、心理相談においては、認知・行動・内面・身体などなど、個々の専門家によって《こころ》の規定の仕方が異ならざるを得ない。そのために、クライエントの問題の取り扱い方において個別性が高くなることは避けられない。このことは当然アセスメントのあり方にも影響する。すなわち、通常予測されるような「問題のアセスメントから問題の解決へ」および「アセスメントにおける個別性から一般性へ」という道筋を辿ることが困難なのであり、むしろ、相談結果としての何がしかの問題の解決状態から遡行する形でしかアセスメントすることができないことが多く、そこには、いわゆる治療関係における相互作用の進展具合からの影響も無視できないという事実がある。さらに、心理相談におけるアセスメントの最大の特徴として、問題よりもむしろ人としてのクライエントのあり方に向けられているということは見逃せない。もちろん、法律や医療などにおいても、クライエントや患者の人となりが問題にされる場合も少なくはないが、しかし、それがアセスメント上一次的に扱われることはない。[注2] ただ、昨今、これら

注2　法律であれ医療であれ、クライエント（患者）の人となりがアセスメント上きわめて重要なものとされる場合がある。前者では犯罪にまつわる司法判断であり、後者では精神医学および心身医学の領域での診断である。ただし、本章は〈相談〉という文脈を中心に論じているために、あえて、本文のような記述を行った。

の相談領域における問題解決においても、心理相談のこうした特徴の必要性を認識し、積極的にそれらの方法を取り入れようとする動きはある。

要するに心理相談においては、たとえ〝臨床心理学全書〟やさらに〝心理査定〟なるものをもってしても、とても六法全書や医学診断マニュアルがもっているような専門家として期待される一義的かつ一般性のあるアセスメントを提供することはできない。このような点からも、今日のあらゆる資格〈制度〉が文字通りの〈専門性〉と不可分の関係にあることは必然的なのであり、ゆえに名称／業務〈独占〉なる概念が、そして、その〈専門家〉には社会制度上、一定の権利と責任が与えられることにより、専門家と非専門家との間に階層性と非対称性が出現することになる。しかし、この点においても、心理相談の場合は、たとえばクライエントとセラピストの間の〝共〟感性や〝共〟同性を旨としているから、やはり〈制度〉としては馴染まない。

以上の考察から、心理相談とそれに付随するアセスメントはどうも〈専門性〉と〈制度性〉を備えた相談関係からはほど遠いという結論を得ざるをえないが、それでもなお、社会のあらゆる領域からその要請があるというのはどういうことであろうか。そこで、あらためて《こころ》の無限定性という点からすれば、実は、心理相談は、法律も医療も教育も福祉も、はたまた産業もこれらすべての領域を包含してしまうような性質を孕んでいるということではなかろうか。それゆえに、それぞれの領域化・専門化され（過ぎ？）た現場においてこぼれ落ちてしまわざるを得ない何かが浮上してきた結果が、今日の心理相談ブームを促進しているともいえるし、それを受けて、さまざまな関係機関が心理相談の〈専門化〉と資格〈制度化〉に向けた努力をすすめてきているわけである。がしかし、このことは同時に心理相談が領域化・専門化をすすめてきた〈制度〉そのものを否定する可能性をも同時に秘めていることに注意しておく必要があろう。このように心理相談とそれに付随するアセスメントは、社会〈制度〉の観点からその専門性自体相矛盾したものを孕んでいるのである。

Ⅳ　〝もう一つの〟専門性に基づく心理相談によるアセスメント

このように見てくると、心理相談によるアセスメントの〈専門性〉の可能性はほとんどないように思えて何ともブルーな気分になるかもしれない。しかし、あらためて確認しておきたいのは、心理相談によるアセスメントがこれだけさまざまな現場から要請されているにも関わらず、その現実、すなわちこぼれ落ちてしまわざるを得ない何かの把握の仕方に従来の臨床心理の専門家モデルがフィットしていなかっただけではないのか、ということである。まさに《こころの専門家》たらんとする、すなわち《こころ》の内面性を実体化し個別化するこれまでの臨床心理の専門家モデルの限界である。そして、その代替案としてここで示そうとしているモデルが、実は、いかなる現場においてもそれぞれ固有の現実に即応し得る汎用性をもったものであることを、以下、筆者がかつて心身医療および産業の現場での心理相談活動での経験を通じて論じてみたい。

心身医療の現場では、心理職である筆者に多くの心理検査を通じて患者のパーソナリティの確定が求められた。しかし、そのようにして得られたデータが実際の患者の治療にどの程度役に立ったかとなるとまことに心もとない。このように言うと、お前は心理検査無用論者か、と非難されるかもしれないが、必ずしもそうではない。要は、得られたデータ自体の信頼性もさることながら、むしろ、それが誰にとって、どのように役に立つのか、ということが実はかなり重要となることを指摘しておきたいのである。医療の世界は、治療効果を〝客観的〟に把握することが求められる世界でもあるわけであるから、心理検査のデータはその一つの指標としても大いに役に立つのである（児島，1992）。また、多くの医療現場で行われている医師と心理職が並行して行う治療面接でも、その前提は患者個人の〝心理的側面〟に焦点を置くのが心理職ということになっているが、しかし、多くの患者の訴えを聞いていると、そこには、当の医師‐患者関係や家族との関係性が大きく影響していることが少なくない。にもかかわらず、あくまで患者個人の内面性にだけ焦点をあてようとするといびつな関係性を構成してしまうことは、すでに家族システム論が教えているところである。もう一つ、産業現場での心理相談の経験から教えられたことといえば、実はそのほとんどが上記の医療現場で生じた相談システム上の問題とほぼ同様であったが、その中でもとくに、産業メンタルヘルスの問題をクライエント社員個人の心理的問題だけに限定することの限界であった。すなわち、企業組織のもっている経営・人事施策との関連をも同時に視野に入れた、あえて言えば個人と組織の双方に〝肩入れ〟をする方法の重要性である。

さて、以上の筆者の経験も含めて簡略ながら、ここでのポイントを整理しておく。

（1）社会的・関係的存在としてのクライエントおよび心理の専門家

個人の自律性を保証する内面の世界すらそれ自体すでに社会的に（そして歴史的にも）構成された諸関係の束としてあるということ、そして、このことは、専門家側も決して例外ではないということを専門家自身がまずその実践活動を通じて明示すること。

（2）各現場に固有のドミナント・ストーリー

各現場におけるドミナントなストーリーもしくは言説、つまり人間理解のモデルがどういうものか。たとえば、医療であれば医学モデル、教育であれば教育モデル、福祉モデルであれば福祉モデル、産業であれば経営・組織モデル、司法モデルであれば法的モデルについて周知した上で、そこにジョイニングする。

（3）当該組織における心理の専門家の位置づけ

心理の専門家はその現場でどのような立場にあるのか、また、どのような組織上の役割なり権限なりが与えられていて、意思決定プロセスのどこに位置しているのか。さらに当該組織とどのような雇用関係にあるのか、ということもまたすでにアセスメントに影響していることを意識し、かつ積極的に利用する。

（4）アセスメントの相互作用性

われわれのアセスメントとは、専門家側に特権的なものではなく、常にクライエントや関係者からの修正を受ける性質のものであるということに他ならない。

Ｖ　おわりに

われわれは、好むと好まざるとにかかわらず、この現代社会における〈制度〉の外に出ることはできない。そして、アセスメントなるものもまたこの〈制度〉による〈専門性〉ゆえにその存在が保障されている。だから、どのような形であれアセスメントしないわけにはいかない。その時、少なくとも筆者に残されている道は、アセスメントしている自分を常にアセスメントし続けていくことでしかないのではないか。本章を終わるにあたって、このことを強く実感している。

文　献

児島達美（1993）外部のサービス機関における実際．In：乾吉祐・飯長喜一郎編：心理臨床プラクティス第4巻 産業心理臨床．星和書店，pp.106-127.

児島達美（1993）臨床心理士による心理学的リエゾン機能について．心身医学，33 (3); 251-257.

児島達美（1998）産業心身医学の実践（2）．心身医療，10 (7); 55-58.

児島達美（2003）産業精神保健におけるブリーフ・セラピー．産業精神保健，11 (9); 3-10.

吉川悟（1993）家族療法：システムズプローチの〈ものの見方〉．ミネルヴァ書房．

第3部　超・スーパービジョン実践編

第８章　ものわかりのよい、手のかからないセラピストとクライエント・その１

Ⅰ　はじめに

このたび、和田と児島を中心に若手の心理臨床家たちと行っているケース検討の勉強会での活動を発表する機会を得た。われわれ二人に共通する〈ケースの見方・考え方〉は、基本的にはシステムズアプローチおよびブリーフ・セラピーである。そしてケース検討の際にわれわれがもっとも重視しているのは、面接場面においてセラピストとクライエントとの間に実際に何が生じているのか、そしてそのことがクライエントの実生活にどのような影響を及ぼしているのか、という点を具体的に浮き彫りにしていくことである。それゆえに、ケース報告者にはできる限り逐語による面接でのデータの提示が求められることになる。このような姿勢に基づくなら、ケース検討の内容を公表する際の記述形式も同様のものでなければならない。したがって本稿においては、

本章は、木下（田崎）みどり、和田憲明との共著である。

われわれがケース検討のために行ったディスカッションをその進展に沿ってできる限り忠実に提示しようと思う。その精神は、今日的にいえば、実際の面接にしろ、ケース検討にしろ、そこで生じてくる事柄はすべて関与する者たちによって共同的に構成されていくものである、というところのものに他ならない。

さて、実際の進め方であるが、まずケース報告者がケース全体についての資料を準備した上で、スーパーヴァイザー役の和田とコーディネータ役の児島はあらかじめそれに目を通しておいた。その後に、三者で約二時間のディスカッションを録音しながら行った。録音したディスカッションの逐語録はケース報告者が作成し、和田が新たなコメントを付け加え、それらをもとに主に児島が編集し直している。なお、一つのケースについて二章の連載形式になることをあらかじめお断りしておきたい。

Ⅱ　ケースの概要

最初のケース報告者は木下である。ケースは四回の面接で一応終結となっている。最初の三回は週一回のペースで四回目はクライエントの事情により七週間後となっている。その約一年後にクライエントより年賀状が届いている。ちょうどその時期に本企画が持ち上り、木下は本ケースを公表することについてクライエントに打診し、快諾を得る。そこで木下は四回分の面接記録をまとめてクライエントに送付し、内容のチェックとコメントをもらうことにした。クライエントからは面接に対する貴重なコメントが寄せられており、また、主治医からのコメントも寄せられている。

Ⅲ　ディスカッション

以下のディスカッションでは、報告されたケースの概要と初回面接までの経過を扱っている。通例ではまず面接経過全体を提示することになろうが、すでに述べたように、ディスカッションもできるだけケースの進展に沿って示すことを眼目にしているので、面接経過についてはいくつかに分割して載せている。そのために、読者にとっては面接の流れが把握しづらいかもしれない。その時には、面接経過の方を先に目を通しておいていただいても差し支えない。

児島：それでは、今から木下さんのケースに和田先生の方からいろいろとご意見をいただきながら、だんだんもりあげていこうと思います。では、和田先生からまず第一声を。

和田：このケースなんだけど、最初の一、二回はうまくいった、でも、そんなにうまくいっていいのかなって木下さんも不安になってきて、その後キャンセルがあったりしながらも、まあーいい方向で終結になった。ところが、その後になってクライエントには実はこんな大変なことがあったということを知らされる。こういうの、僕の経験と照らし合わせても、なるほどなって感じでわかるわけ。そういう意味でもおもしろいんだよね。だから、まずはこのケースをもう一回読み直していきたいと思うんだけど、今、僕の頭の中には、一つのキーワードがあって、それは「ものわかりのよい・手のかからないセラピストとクライエント」っていうものなんだけど、これが、最初に僕が読んだ時の印象なんだよね。あなたも、クライエントもそうなんだけど、ものわかりのよい、手のかからない女の人はこういう感じになっちゃうんだろうかな、っていう。

木下：え～っ！　どういう感じですかー？（笑）

和田：（笑）まあ、それがいいか悪いかじゃなくって、これが勝手に僕の頭の中にあるわけで、そういうところからこれを読んでみてもおもしろいんじゃないかなーと思うわけ。

木下：それは、ぜひ聞きたいです！
和田：じゃあちょっと、一通り読んでいって、そういうような枠というか、先入観で僕は見ながら、ここでこう思った、とかいうのをやらせてもらおうかなー、と。後講釈みたいで申し訳ないけど。
木下：じゃあ、ケース概要のところから。

〈抜粋1〉ケース概要
クライエント：Aさん（三十九歳、女性）
主訴：気分の落ちこみ
家族：夫との二人暮らし
診断名：抑うつ状態
生活歴：大学卒業後保険会社に勤務し、X－15年に結婚。X－1年離婚し、子ども（当時二歳）は父親が引きとる。その後現夫と結婚。初回面接時は妊娠4カ月で、仕事はしていない。
既往歴：X－11年に初めて心療内科を受診、うつ病と診断される。X－2年まで抗うつ薬を断続的に服用して加療するも、カウンセリングの経験はなし。
面接までの経過：通院中のB産婦人科より紹介されC心療内科クリニックに初来院。カウンセリングを希望し、初診日の翌々日の予約をとっていく。Cクリニックのカウンセリングは A T スプリット方式で実施しており、セラピストのカウンセリング時には前後どちらかに必ず医師の診察も受けることになっている（順番は決まっていない）。
面接経過：文中の＊1、2（本章にあり）、＊3（次章）は、Aさんのコメント（次章）を参照のこと。
〈初回面接〉

穏やかな表情で抑うつ的な感じはほとんどなく、応答も非常にスムーズである。Ａさんによると、比較的落ち着いた状態なので、今のうちにカウンセリングを受けたいと思ったとのこと。自己紹介および簡単なあいさつの後、カウンセリングを含め当院での治療に望むことについて質問するところから話を始める。

和田：ここでねー、あーおもしろいなー、って思ったんだよね。患者さんのプロって言うかさー。長いこと患者さんしてはるんやろうなーとか、いろいろ勉強してはるんやろなー、とかさー。困った時にカウンセリング、じゃなくて。なんかこう、用意周到って言うかさー（笑）。

木下：そうですね。なんか、後のこととつながっているような気もしますね（笑）。

〈抜粋２〉
セラピスト（以下Th）：どんなふうになったら、もう病院にも来なくていいし、カウンセリングも要らなくなると思われますか？
Ａさん（以下Ａ）：落ち込みだけなら、薬でなんとかなります。でも、考え方のクセを直さないとまた同じことを繰り返してしまう。今までもそうでした。だから、悪いほうにばかり考えてしまうクセをなんとかしたいんです。
Th：なるほど。Ａさんの、その〝悪いほうにばかり考えてしまうクセ〟について、もう少し詳しく教えてもらえませんか？
Ａ：そうですねえ……（少し考えてから①黒か白かどちらかしか考えられず中庸がないこと、②全部自分のせいだと思ってしまうこと、の二つをあげる）。
Th：たとえばこんなふう、というのはありますか？

A：夫は、うちではほとんどしゃべらないんです。なんか言っても、「うん」の一言で終わり。ディベートなら得意だから延々と続くけど、私はそういうのじゃなくって、もっと普通の話をしたいんです。私とはそんなようなのに、仕事上や友達とはよく話すんですね。それを見すると「私のことが嫌だから？　私のせい？」って思ってしまうんです。夫に「そんなことない」って言われてもそうは思えなくって、「やっぱり嫌なんだ」、と思ってひとりで悶々としてしまうんです。

和田：ここまでで、すでに、クライエントもそうなんだけど、木下さんも手際がいいんだよ、ものすごく。木下さんは、ブリーフ・セラピーなんかの知識もあるみたいだから、たとえばクライエントの〝悪いほうにばかり考えてしまうクセ〟に着目して焦点化するなり、最初の話し方とか導入の仕方というのがすごく手際がいいんだろうと思うんだよね。そしてこのクライエントも、初めてのカウンセリングにしては、自分自身の問題なんかのことをすごく手際よく語っているんだよね。だからさ、手際のいい者どうしが、ササッとやっちゃってる、という。なんか、初回なんやからもう少しなんかあるやろ、みたいなさ（笑）。だってこれって、おそらく最初の十分くらいのことやろ？

木下：そうですねー。たぶん、十分経ってない。五分くらいかも（笑）。確かに、初めてという感じではないですね。

和田：だろ？　とにかく、ぜい肉がないのよ。旨みがないというか。セラピストだけじゃなくってクライエントも、両方とも、共同作業的に手際がいい、っていう印象。だからもう、どんどん合っちゃうんだろうなあって。（追加コメント：クライエントの日常生活など一見すると症状や訴えとは関係ないような部分におもしろい切り目があったり、変化のための大切なものが含まれていると普段から思っています。

なぜなら、そこからはじまる対話がクライエントにとってもセラピストにとっても、いわば手垢のついていないところなので新しい展開、語りが生まれる可能性があるからです。そういう意味もあって、手際のよさ＝無駄を省くという思いがあり、もったいないなあと思っている次第です。）

児島：もし、手際の悪いセラピストだったらどうなるんだろうなー？

和田：辛さとか、今まで苦労されてきたんですね、とか。カウンセリングを受けるにあたってどんなように想像されましたか、とか。あと、薬を飲んできたことと、カウンセリングとの違いとかね。そういうのをクライエントがいろいろ語る中で、セラピストの方はこの辺がおもしろいかなー、とかいっていきながら、初回の終わりがここくらいかな、となるんじゃないかな。

児島：それだと、手際のよいクライエントはどんなような展開になるんだろうな、まあ、やってみないとわからんけど。

和田：うん、わかんない。でも、そういう印象なんだよね。そういう意味では、最初の十分くらいでこの辺まで持ってきてしまうというのは、やっぱり木下さんは上手いのよ。

木下：ほんと、聞かないんですよねー、昔のこととか（笑）。

和田：おそらくね、聞かなくても済むような何か、シンクロしてススッといけちゃうものがあるんじゃないかなー。いきなリスパンと当てたあなたもすごく上手だし。でも、当たらなかったりするんじゃないかなー、と。その分だけ回り道するんだけど、逆に言うたら、そこら辺で少し合わせていく作業ができるというか。まあー、一回目だもんなあ。そこでまた次に、ポンといっちゃうんだもんなあ。

〈抜粋３〉

Th：あー、なるほど。……もし、Aさんのそのクセが解消したら、どうなるんでしょう？

A：え？

Th：うん、今は、〝悪いほうにばかり考えてしまうクセ〟があるから、どんなに「そんなことない」って言われても、「いーや、全部私が悪いんだ」って思って悶々としちゃうんでしょう？　でも、もしそのクセが解消したとしたら……？

A：うーん……、〝しょうがない〟って思うか、〝もっとしゃべってよ〟って言うかなあ……。

Th：あー、なるほど。その、〝しょうがない〟っていうのと、〝もっとしゃべってよ〟っていうのは？

A：〝しょうがない〟っていうのは、こういう人だから仕方がない、っていうあきらめ。それから〝もっとしゃべってよ〟っていうのは、普通の話をしたいって言うこと。

Th：ふんふん、なるほどですねー……。

A：……でも、いっつも悪いほうにしか考えられない、ってわけじゃあないんですよねー。

Th：（！）えっ、そうなんですかー？

A：うん、なんか、天気も関係してそうな気がします。雨の日は何だかひどい感じがするし……。

Th：ははあ。……ってことは、気圧の影響ですかねー？（笑）

A：（笑）あー、そうかもしれません。

Th：（笑）気圧が下がってくるから、とかですね。でもそれなら、台風の時なんか大変なんじゃないですかー？（笑）

A：そうですよー、大変だー（笑）。

Th：気圧計とかって、売ってるんですかねー？　あったら便利かも（笑）。

A：ははは、そうですねー（笑）。

Th：（笑）

和田：ここら辺でさー、例外の話が出てきたわけだよね。で、そういう意味では、木下さんの方にここは使えるっていうような、目論見があったのかな？

木下：そうですね。ブリーフ的には例外探しって言うように、こちらの方から「例外はありますか？」って聞いていくイメージだったんです。でも、ここではいきなりクライエントの方が自分から言うから、「うわっ、この人すごい！」と。私としては、こちらが聞く前に、自分から「天気」という例外を出してきたということがすごく驚きで、それを大事にしたくって、こういう反応を返しているんですね。

和田：このクライエントがすごいというの、確かにそうなんだけど、木下さんから見てどの辺がすごいと思う？　ブリーフ・セラピーの知識を持っているとか（笑）。

木下：（笑）いや、でもまるで持っているんじゃないかっていうくらい、とにかくクライエントさんの方が一周くらい先に行ってるようなイメージなんですよ。

和田：僕がここで思うすごさっていうのは、セラピスト側がもっている目論見みたいなものに対して、クライエントが、まさに、その通りの発言をしてくるというところなんじゃないかと。言うてみれば、バッターボックス入った時に、ど真ん中のストレートばっかりどんどん来ていいの？　みたいな、そういう感じのすごさを感じているんだよね。それとも、自分自身のクセについてこういうように語れる、という辺りがすごいと思うんかな？

木下：それはあります。まあ、平たく言えば、言語化ですね。自分自身のことを、ここまで言語化ちゃんとできるか?!　っていうのがあります。おっしゃることがグチャグチャしてなくって、スパーン、スパーン、って来る感じなんですよ。後は、文脈のズレがないこと。普通の会話でも、質問に対してこちらの意図とズレた答えが返ってくることって結構ありますよね。でも、このクライエントは全然それがなくって、それがすごいなーという。（追加コメント：この部分は、セラピスト側にある展開や目論見と実際のクライエントの発言内容の一致が「すごい」という印象になっているのではないか？ということです。もちろん、クライエントがその目論見を見越して話しているわけでもなんでもなくて、普通に話しているのに、セラピストの目論見以上にクライエントが話すことがすごいと感じました。）

〈抜粋4〉

A：（笑）……気持ちのレベルに波があるんですよね。「そんなことない」って言われて「そうだよね」って思える時と、「いーや、そんなことない、私が悪いんだ」ってしか思えない時と。……自分が後ろ向きだと自分もきついし、そばに居る人もきついと思うんです。……前の奥さん（夫も一度離婚暦があり、子どもは前妻が引き取っている）と比べてしまうんですよね、どうしようもないのはわかってるんですけど……。

Th：あー……。たとえばそれは、どんなことで？

A：たとえば、つわりが辛くて肩で息をしてると。「四カ月なのにもう肩で息してるよね。もっと後じゃないの？」って。彼は経験知から判断してるんですよね。前の人はこうだった、と。「なんとも思ってない」とは言われるんですけど……。

Th：ふーん……。

A：（独り言のように）まるで、ぼうれいにとりつかれたみたいに[*1]……。

Th：（！）ああ、（独り言のように）ぼうれい、ぼうれいねえ……。

A：（頷く。）

木下：ここで〝ぼうれい〟が出てきて、また「あっ！」って思ったんですよね。
和田：それは、どういう「あっ！」なの？
木下：いや、これはやっぱりもう、率直に「使える！」という。
和田：どんなふうに使えるってこと？
木下：一言で言えば、外在化ですね。「使える」って思ったんですけど、でも、こっちも準備が要るじゃないですか。だから「ぼうれい、ぼうれいねえ……」ってこっちも独り言みたいに言いながら（笑）。
和田：そう言ってるけど、頭の中はもう（笑）。
木下：（笑）そうですね、どうするか？っていうのはすごくありました。
和田：なるほどね。

〈抜粋５〉
Th：ふんふん……。なんか、ぼうれいがこう、ひっぱっていく（身振りで）んですねー？（笑）
A：（笑）……（独り言のように）なんか、自分で呼んでるんじゃないか、って気もするけど……。
Th：ふーん……。で、そのぼうれいは、彼ですか、彼女ですか？

和田：この時、外在化をしていく中で、こういうストーリーで展開していくんだろうな、とかいうのは、頭の中に結構ある？
木下：いいえ、全然ないです。とりあえずは、〝ぼうれい〟を対象化して外に出す、というつもりだけで。
和田：はっきりさせる、クリアーにする、という？

木下：そうですね、イメージできるようにする、ということしか考えてないんですよ、この時は。だから、クライエントは「自分で呼んでいるんじゃないか」とか言ってるんですけど、それには全然反応してないんですよね。

和田：うんうん。たとえばここの外在化で言うと、〝ぼうれい〟をはっきりさせといて、どういうふうにしようと思ってる？　たとえば東先生の〝虫退治〟みたいな感じとか。

木下：いえ、私としては、そういう具体的なことは全然なくて、先のことはほとんど考えていないんですね。だから、「彼ですか、彼女ですか？」って言っているんですけど、別に〝ぼうれい〟が絶対人間だと思ってるわけでもないんです。私としては、この質問に対して、クライエントは絶対「えっ！」って言うと思ってたんですよ。そしたら、「じゃあ、人間じゃないのかなあ、動物かなあ？」ってやろうと思っていたんです。そしたら、クライエントは「彼女です！」ってきちゃったんですよ。だから自分で聞いておきながら、めちゃめちゃびっくりしてるんですよね。

和田：そうやろうなあ。でも、おそらく向こうもびっくりしたと思うねん。〝ぼうれい〟とか言ったら、普通セラピストは「えっ？」って言うやろ？　ところが、なんかこう、すすっと乗ってしまって。確かに〝ぼうれい〟ていうのは、外在化するのにすごくおもしろいテーマなんだけど、そこに行くまでの間に、もう少し段取りがあってもいいと思うねん。「まさかそんなことはないよね」とか「〝ぼうれい〟って信じるんですか」とか。ここでも、とにかく僕が感じたのは、お互いのそこら辺の手際のよさ、ものわかりのよさ、みたいなものだね。だってさ、これ初回だろ？　これが、何回か面接やった後でお互いにある程度わかってからというならねえ？……（苦笑）

木下：（笑）……それは、あのー、結局、あまりにも手際がよすぎるのが、ちょっとどうかなあ、ということなんでしょうか？

和田：いや、いい悪いじゃなくってさー、そういう感じで出会っちゃったというか、そういう流れがで来ちゃったんだろうと思うわけ。僕だって、面接やっててこうやったら乗ってしまうし、やった！って感じにはなるんだと思う。その後で不安になったり、この調子のよさのペースが落ちてきたりとか、面接そのものを立て直すのが、三回目くらいじゃないかな、と。でもとにかく、ここはもう、イケイケだよな。

木下：そうですね。それでまた、ポンポン返ってくるからおもしろいんですよねー。

〈抜粋6〉

A：彼女です！

Th：えっ、彼女？

A：そうです、彼女です。

Th：へぇ〜！　その、彼女は、どんな時にあらわれるんでしょう？　たとえば、今ここにはいるのかなー？

A：ええ〜、今？　今はどうかな、いなそうだけど（笑）。

Th：なんかですね、そういうのを知りたいんですよね。彼女がどんな時にあらわれて、どんなようにAさんをひっぱっていくのか、という。その辺から、なにか対処の仕方のヒントが得られるんじゃないかと思うんです。まあ、敵を倒すには。まずは敵を知ることから、という。[*2]

A：あー、そしたら、（笑いながら）日記つけましょうかねー。

Th：日記？

A：そう、（Thを指差して）〝ぼうれい日記〟（笑）

Th：あはははは！（手をたたいて大笑い）〝ぼうれい日記〟！　いいですねー！

A＆Th：（しばし大笑い。）

和田：ビンゴだよなあ〜（笑）。

木下：（笑）そうなんですよ「じゃあ、その日記、どういう名前にしますか」とか「ぼうれい日記にしますか」とかじゃないんですよねー。

和田：いやあ〜、いっちゃったなあ〜……。

木下：（笑）あ、ここ、いっちゃってますか？

和田：うん、いっちゃったよ？（笑）。

木下：（笑）いやもう、びっくりしてですね、ここでしばらく笑いが止まらなくって。

和田：でも、何かこんなにおかしかったんかなあ。〝ぼうれい日記〟って言葉がすごくおもしろいっていうのもあるんだろうけど。

木下：うーん、何がおかしかったんでしょうねえ。

和田：僕はね、この話が首尾よくいったこと、トントン拍子っていうかさ、初対面で会って、トントン話がいって、あまりに首尾よくいってうれしくて、っていうのもあるんじゃないかと思う。あなたも、ピタッ、ピタッ、っていう感じはあるでしょう？

木下：そうですねー、確かに。ある意味、ものすごく仲良くなった感じですよね。

児島：うん、このセラピスト、私のことわかってくれた、っていうか。それも知的にではなくてリズムだよね。だから、こういう形で笑いが出てくる、っていうのもあるんだよね。

和田：すごいシンクロしてんねん、いろんなことが。

児島：そうそう、シンクロしてる。要するに、緊張が緩んでるんだよね。
木下：そうそう。たぶん、少し前の気圧計の辺りでちょっと緩んでるんですよ、表情的にも。そこでちょっとひと笑いあって、ここでもうふた笑い、みたいな感じかなー、と思います。（追加コメント：われわれ三人もシンクロしています。）

〈抜粋７〉
Ａ：……なんかねー、前の先生から、うつの治療で日記つけたら、って言われたことがあったからー（笑）。
Th：あー、それでー（笑）。
Ａ：（笑）……あー、でも、なんか、久しぶりに笑った気がします。
Th：そうですかー？　あ、でも、カウンセリングって、こんな感じじゃないと思ってませんでしたー？
Ａ：はい、こんなに笑うとは思ってませんでした（笑）。
Th：そうでしょう！……でも私、いっつも思うんですけど、こんなようにすごく盛り上がっちゃうと、カルテに何て書こう、先生（主治医）に何て言おう、ってちょっと困っちゃうんですよー（笑）。
Ａ：あー、ほんと、私も夫に何て言おう（笑）。
Th：でしょう？
Ａ：〝ぼうれい日記〟とか言ったら、「はあ〜？」って言われそう（笑）。
Th：そりゃーそうですよー！　だから、言わないで下さいね。そんなアヤシイとこやめとけ、って言われちゃうとマズイですから（笑）。
Ａ：わかりました、言わないことにします（笑）。
Th：（笑）でもですね、一応、今私がやったことは、理屈がないわけじゃないんですよ。〝外在化〟という心理学の技法があってですね〜……（以下、外在化の説明：自分＝問題となっていると、自分を責めてしまうし問題との距離がとりにくいが、問題を自分の外に出して対象化することによって現状を客観視することに役立つ、等々。）

A：ふーん……。まあ、よくわからないけど、先生には先生のお考えがあってのことだというのはわかりました。

＊

次回〝ぼうれい日記〟をつけてきてもらうこととし、和やかな雰囲気で終了。次回の面接はAさんの希望もあり一週間後とする。Th自身も、後からこの時の会話を思い出してはニヤニヤしてしまうほど、おもしろい面接だった。

和田：ほんと、同じようにシンクロしてる。すごく上手くいったけど、どうしよう、困っちゃう、みたいな。

木下：あー、確かに。でも、これは少し意図的にやっているところもあります。たぶん、クライエントから出てこなくっても、夫にどんなふうに話をするか、っていうのは聞いてたんじゃないかと思うんです。「〝ぼうれい日記〟って言っちゃいますか？」みたいなことについて。

和田：それは、なんのために？

木下：うーん、明確な意図があったか定かではないんですが、クライエントが望んでいるのは当然日常での変化ですし、その日常で普通の話ができないと言ってる夫に、どんなふうに話すのか、ということだと思います。でも、いきなり夫にこのことを言いますか？っていうのはちょっと強いなあ、というのがあって、私としてもこうなんだけど、あなたにもあるんじゃない？っていうのはありました。私の例を出しといて、みたいな。

和田：なるほど。その意図っていうのは、カウンセリングの場で盛り上がってわーっと話したことが、夫との関係なんかを考えれば、こちらとわかり合うっていうことの影響を少し意識しとかんことには、とか、ちょっと配慮しとかんと、と思ったということ？

木下：うーん、そこまではなかったかもしれないんですけどー……ある意味、もっと打算的に、これだけ盛り上がったんだから、夫との話のネタに使えるかもよ、みたいなのもあったと思います。

和田：なるほどね。僕も盛り上がった後に、確かにこういう発言をするんですよ。でも僕は、こうなるのが怖いなあ、というのがあって。たとえば、家に帰って夫に、「今日はカウンセリング受けてきて、すごいよかったよ。あなたにはしゃべれないんだけど、和田先生は何でもわかってくれて、カウンセリングってすごくいい」みたいなことを、バンと言われてしまった、と。そういうことで、夫とクライエントとの関係に影響を与えることに対しては、何らかの制限を加えておきたいと思うんだよね。だから、わかりあえた、すごくよかった、ということをテーマにして、これをどう思うか、とか伝えるのか伝えないのか、という種類の発言をするわけ。それをあなたは、主治医との関係で言ってるでしょう？　でも僕はそうじゃなくてね、面接そのものを話題にして、「こんだけ初回で盛り上がると、次から辛くなるんですよね」とか「あんがい面接でぱっと盛り上がると、部屋を出てから、急に冷めて、あれ、何やったっけ？　みたいなことが結構あるんですけど、その時は注意しといてくださいね、そういうもんですから」みたいに言うんだよね。

木下：あー、なるほどですねー。私たぶん、ここはまだ正気になってないんじゃないかと（笑）。

和田：そうだろうなあ。僕も今ちょっと、ええかっこ言いすぎた。入ってる時はたぶん、言ってないやろうなあ。ダーッといっとるやろうなあ（笑）。

児島：（笑）これは、ここでの盛り上がり、ノリ具合が、当然クライエントと夫との関係に何らかの影響を及ぼすぞ、というようにシステミックに見てるわけでしょう。その時にどういうネタを使うかはそれぞれだけど、この辺はひとつポイントだろうなあ、と思うわけ。あとね、もう一つは、女性のセラピストだからね。同じように夫婦問題が絡んでいても、クライエントもセラピストも女性の場合と、クライエントが女性でセラピストが男性の場合、この盛り上がりについての意識は違うかなあ、という気はするね。僕なんんか、意識し過ぎだけど（笑）。

和田：じゃ、そっちの話にもっていこうか？（笑）。確かに、盛り上がるのがトントン拍子っていうのは、うれしいのよ。意図するし、狙うし。でもね、そうなるとどっかで不安になるの、感覚的に。だって面接って、誰か枠組み作ってくれるわけじゃない、自分で作りながらだから。そういうようなところで、トントン拍子でいくことに対して、何か警戒感みたいなものが働くんだよね。少し正気に戻すというか、バランスを取るというか。とくに一回目、っていうのを考えた時に、こういうような感じの発言が要るんじゃないかと。そうじゃないとバランスとれないし、そのままでは終われないのよ。だから、この後出てくる外在化か云々とかいう発言も、わかりやすいと言えばわかりやすいわけ。だって、こういうことは別に言わなきゃ言わないでいいわけよ、このノリの中では。（追加コメント：クライエントと家族との関係は善意がベースにあるわけで、しかし、セラピストはそこを仕事（商売）としてやっているところがあるわけです。だから、純粋に良かったというわけにはいかないと思います。自分を含めたクライエントとの関係の測り方みたいな視点が必要だと思う、というようなことを考えていてこういう発言になりました。）

木下：はぁー、なるほど。自分としては、そこまで考えてるつもりはなかったんですけど、やっぱりどっかで引いてるんですかねー。

和田：そうそう、だからここら辺のところは安心っていうか、安全なのよ。まあ、ここまでやるかどうかは別にして。ちゃんと、これがあるから終われる、っていう。じゃあ、ぼうれい日記書いてきて、でハイ、ってこれなしに終わるだけの関係じゃないでしょう、まだ。だから、ここで話が盛り上がったことに対して言うとか言わないとか、どう思われるんだろう、とか。あるいは、こんなこと言うてるけど、一応、心理学的には説明できるんですけどねー、みたいな。

木下：そうですね。それはたぶん、私としては、Ａさんにとってこの面接がどうこう、っていうのはちょっとぶっ飛んでて、やっぱり、ご主人のことですよね。ここ、「冗談みたいに「言わないでくださいね」って言ってるんですけど、結構本気なんですよ。いきなり初回で〝ぼうれい日記〟なんて話が出てきたら、絶対そんなとこやめとけ！　って言われるに決まってる、と思って。〝ぼうれい〟なんて言葉だからなおさら、私としては一応理屈を持って今のことはやったんですよ、というつもりで。

児島：じゃあそんなところで。けっこう盛り上がってきましたけど、この辺で少し、理屈でまとめますと、和田先生、どうですか。

和田：一般的には、ジョイニングって言うたりするじゃないですか。教科書通りに言うと、最初の面接はジョイニングしていって、関係作りをしていく、という。そういう意味では、関係作りは非常にスムーズにトントントンと進んでるな、という印象。そこをベースにして外在化にもっていってるし、そういう意味では、上手くジョイニングができてるんだろうなっていうことだと思うんですよ、一般的に言うと。で、もう少し言うと、トントン拍子のうれしさ・怖さ、みたいな感じって言うか。初回での。

児島：あー、案外その、うれしさ・怖さ、の〝怖さ〟の部分、初回でバッとジョイニングできて、トントントン、といって、という時に「だからブリーフだろ?」っていうことになりやすい。でも実はそこに、非常に怖さがある、という指摘は、これはブリーフの学会で言った方がいいよね。こういうことをやればこんなに短い時間でジョイニングもできて、これこそブリーフです！　みたいになる危険性がある。ところが実は、そこに怖さを持ちながら、ワーッとのっていっても、グッと引いてる、というところがポイントじゃないかという気がするね。

和田：うんうん。要するに、カウンセリングという作業の方が先に進んじゃってるんだよ。

木下：あ、そうそう、そんな感じです。

和田：だろ？　でも、そこは、そんなに早くいっちゃー、ダメなのよ。ジョイニングっていうのは、二人でやるカウンセリングという作業が早くいくことじゃーないのよ。

Ⅳ　簡単なまとめ

木下が、このケースを是非に、と言ってきた時のその興奮ぶりが今でも思い出されるし、事実、児島が初めてこのケース報告を読ませてもらった時に受けた印象もまったく同様であった。とりわけ、この初回面接でのやり取りは稀にみるほどの魅力をもったものといえる。それだけに、ディスカッションでの和田のある種の狼狽ぶりが、またなんとも微笑ましいくらいである。

さて、この初回面接でのわれわれの〈ケースの見方・考え方〉についてあらためて整理する必要はないように思われる。ただ、読者の中には、違和感を感じている方もおられるのではなかろうか。さらにまた、異なる観点なり立場からの〈ケースの見方・考え方〉も当然あり得るので、ここで提示した内容が唯一のものでないことは言うまでもない。2回目以降については次章に掲載するが、わずかでも期待をもっていただければ幸いである。

第９章　ものわかりのよい、手のかからないセラピストとクライエント・その２

Ⅰ　前章の概要

前章は、全四回の面接のうちのケース概要および初回面接の部分を提示した。初回面接時のクライエント（Aさん、三十九歳・女性）は妊娠四カ月で夫との二人暮らし。十一年前にうつ病と診断され、二年前まで断続的に薬物療法を受けていたが、カウンセリングは初めてであった。Aさんは、悪いほうにばかり考えてしまうクセをなおしたい、という明確な主訴を有しており、その自分の状態を「ぼうれいにとりつかれたみたい」と表現する。セラピストはこのメタファーを用いて問題の外在化を試み、〝ぼうれい〟の行動パターンを読むことを提案する。するとAさん自ら〝ぼうれい日記〟をつけると言い出し、話は大いに盛り上がる。その後、〝ぼうれい日記〟の取り扱いについて（夫に話しても驚かれるだろうから、セラピストが行ったことの意図（外在化の説明）について

本章は、木下（田崎）みどり、和田憲明との共著である。

の話をし、次回〝ぼうれい日記〟をつけてきてもらうこととして終了する。

　このようなやりとりについて、和田は「セラピストも、クライエントも共同作業的に手際がいい」という印象を強く感じながら、同時に、そういう二人が出会ってしまってそういう流れができてしまったのであり、それがいい悪いという問題ではない、という点も強調する。またこの初回で注目されたのは、〝ぼうれい日記〟の話で盛り上がった後のセラピストの対応であった。ポイントは、トントン拍子で話が進んだことがクライエントの日常生活に何らかの影響を及ぼすであろう、というシステミックな視点の有無であり、その視点を有しているからこそ、ワーッとクライエントの話にのっていってもグッと引くことができるのだ、という点で和田・児島両者の意見が一致した。和田は初回の総評として、ジョイニングは上手くいき、クライエントとの関係作りはスムーズに進んでいるが、カウンセリングという作業の方が先に進みすぎているのではないか、と指摘する中で、このケース報告に「ものわかりのよい、手のかからないセラピストとクライエント」と命名したのである。

Ⅱ　ディスカッション

〈抜粋8〉
〈2回目面接〉（1週間後）
　顔を合わせた時から、前回の面接を思い出してAさんもThもニヤニヤしているが、面接室の戸を閉めたとたん、二人とも同時に吹き出してしまう。
A&Th：（笑）
A：おかしいですよねー（笑）。

Th：ですよねー（笑）。

A：（笑）……あのー、それがですね、ノートも買って、日記つけようと思ってたんですけどー……。

Th：あー、はいはい、〝ぼうれい日記〟！（笑）

A：（笑）そうそう、〝ぼうれい日記〟！……それがですね、書けなかったんです、出てこなくって。

Th：ええーっ!?

A：そうなんですよー。せっかく張り切って、ノートも買ったのにー。

Th：えーっ、それはまた、どういう……？

A：うーん、よくわかんないんですけどー。あ、あと、先生には言わないって言ったんですけど、夫に話しちゃいました、〝ぼうれい日記〟の話（笑）。

Th：ええ～っ！　そんなぁ～、言わないって言ったじゃないですか～！

A：そうなんですけど、なんか、何を話したかすごく聞きたがって。もともと心理学とか、そういうのに興味もあるみたいで（笑）。

Th：いやぁ～（笑）。それで、ご主Aさん、何かおっしゃってましたー？

A：「ふーん」って、変な顔してましたけど（笑）。

Th：あらら、行くのやめろ、とは言われなかったですか？（笑）

A：（笑）それはないです。

Th：ならよかった（笑）。でもいったい、どうしちゃったんでしょうね～？

A：なんか、日記つけようと思って、いつ出てきてもいいように、って冷静に思ってたら、一行も書けなかったんです。なんか、今までのがアホみたいに。こんなに違うのー？ってびっくりしちゃって。間違いなく、ここに来てなかったらこうなってないと思うんです。「コノヤロウ、見極めてやるぞ！」と思ったら、輪郭がぼやけて見えなくなってしまって。*3　まあ、まったく出ないわけじゃないんですけど。

Th：はぁ、それはまたすごい……。

A：でね、わかったんですよ。ぼうれいは、前の奥さん（Aさん・夫ともに一度離婚暦があり、夫の子は前妻が、Aさんの子は前夫が引きとっている）だったんです。

Th：あー、だから〝彼女〟だったんだー！（Aさんは初回で〝ぼうれい〟を〝彼女〟と表現していた。）

A：そうなんですよ。それで、前の奥さんがおさまってくると、いちばんの問題がわかってきたんです。私は子どもを置いて離婚してるのに、前の奥さんは子どもを引きとってる。それに対する嫉妬とか、自分がいい母親じゃないってことが、どうしようもなくって。対抗意識というか、うらやましい、負けたくない、っていうのがあるのに気づきました。

Th：はぁー、なるほどー……。でも、そういう、ご自分の問題に気づかれたということ、そのことはAさんにとってどうだったんでしょう。それに気づかれて、余計につらくなった、なんてことはなかったですか？

A：いえ、それは全然。追いやってるときよりも、気持ちは楽ですね。どうしようもないけど私が持ってる問題だ、って納得してるというか。きっと、今まではそれを見ると辛いだろうと思って逃げ回ってたんだと思うんですけど。……気分が落ちてるときって、霧の中にいるみたいな感じで。それが、ふーっと霧が晴れて、自分の問題が見えるようになった感じです。ずっとそれから逃げてたんだけど、いざ見えるようになったら「あら、ここにいたのね」みたいな。

Th：はぁー……。いやしかし、何とも……。

A：やっぱり子どものことがいちばん思い出されて……。近所の人とかには、別にわざわざ本当は二人目、なんてことは言ってないんですよね。だから、つわりの話なんかをしてて「あー、一人目だしね」みたいに言われたりとか。そう言われて「そうですね」とか適当に言ってるけど、本当は二人目だけど一人目というの、あの子に悪くって、どう折り合わせていったらいいのか、難しかった。

Th：えーっ、〝難しかった〟って、もう過去形？

和田：日記が書けなかったこと、夫に言ったこと、ぼうれいが前の奥さんだったこと、そしてそこからまたぼうれいの話をしだすよね。木下さんはそこでのってきてるけど、今後もこのぼうれいを使ってやっていこうとしてるのかな？

木下：いやー、ここはもう、私が話をどう持っていこう、とかいう意図は持つに至っていないですね。その意図は、ないと言ってもいいと思います。

和田：なるほどね。今やったら、どうする？

木下：うーん……。まあ、できるかどうかはわからないですけど、仮にのっかったとしても、ぼうれいが出なくて実際どうだったのか、たとえば、ぼうれいが出なかったことでAさんの日常生活で具体的にどんなことがよかったのか、というのは聞いておけばよかったかな、と思いますね。

和田：なるほどね。僕は思うんだけど、後講釈で言うとね、ここは仕切り直しですよ。書けませんでした、って言ったら、それはそういうもんですよ、ということでいっぺんくっといて、たとえば、この一週間のぼうれい以外の生活の様子とか、カウンセリングについて夫がなんと言ったか、とかいう全然別の話題をもってくるとかね。たぶんAさんも、前の面接のノリのよさみたいなのがあって、どんどん語って洞察的なことも進んでるんだと思うのね。でもさ、このクライエントは、うつ十年くらいやってるわけでしょう。しかも、ここら辺の前の奥さんとか子どもとかのことって、大きいところだよね。二回目でこんなにどんどん語るっていうのは、ちょっと驚きだよね。

木下：そうなんです。私もすごくびっくりして、確か、なんでここまで？って聞いたんですよ。そしたら、日記が書けなかったから、ものすごくいろいろ考えられたんだそうです。書けたらそれを言えばいいと思ってたんだけど、と。

和田：あー、まじめに考えたんだろうなあ。できなかった、ハハハ、って話にはならんわけよね。でさ、こっちもまた手際よく話をもっていくからさ、それはどうだったの、どんな意味があったの、とか。その後の「えーっ、〝難しかった〟って、もう過去形？」とかさ、ここら辺がまた手際がええ。何と言うか、話のテンポがね。

木下：あー、でも、実際にAさんが「難しかった」って言ってるんですよね。

児島：確かにね。でもさ、本人はほとんど無意識的に「難しかった」って言ってるのを、「過去形？」って言葉で、カチッとさせてるんだよ。理屈としては、クライエントの方がまるで今起こっているかのように語ることを、セラピスト側は意図的に、語尾を過去形で返す、ということなんだけど。

〈抜粋9〉

A：あきらめた、というか（笑）。

Th：えっ、もう？

A：（笑）……先生と話をしたのと、何だろうなー、ダルくって何にもしたくなくって、好きなビデオばっかり見てたんですよ。『ER』とか。あれって、人が死んじゃったりとかするでしょう？　私、落ちこみ始めると、結構医学ものとかに走るみたいで。で、そういうのを見てると、私はまだ大丈夫だなー、って。

Th：はぁー……。

A：いつ出てくるか、どんなふうに書いてやろうか、って、ちょっと楽しみにしたのが、辛かったのかもしれませんね（笑）。

Th：あはは、それはあるかもですねー。……ただ、今までの感じから言って、彼女がそんなにあっさり引き上げてくれるかどうか、という気がしているんですけど。

木下：「いつ出てくるか、どんなふうに書いてやろうか、って、ちょっと楽しみにしたのが、辛かったのかもしれませんね（笑）」なんて、ほんとびっくりしました。普通の面接のペースだったら、書けなかったのはなんでだったんでしょうね？っていうことで、しばらくやり取りをしますよね。けどそれが、自己完結しちゃって、あれ？　こっちが出る幕ないよ、みたいな感じで。

和田：そうだよね。で、その発言に対して「あはは、それはあるかもですねー」と来る、ここで終わるのが常識的なところですよ。その後の発言は、彼女がそこまで言ったことに対して、さらにそこをもう一歩踏み込んでいるように思うわけ。

木下：あー、そしたら、これはあえて言わなくても、というような？

和田：いやそうじゃなくって、この発言の意図ってあるの？

木下：私としてはですね、たぶん、もう怖かったんですよ。だって、絶対にこれで終わり、ってことはないと思っていたので。このまま、もうぼうれいは出てこない、よかったよかった、ってことはないだろう、と。だから、私としては、でも、これで終わりってことはないんじゃないかな、たぶんまた、波があるんじゃないかな、というつもりで言っているんですね。

和田：あー、なるほどね。僕としてみたら、その、怖いって感覚はわかるわけ。だから僕だったら、ぼうれいの話そのものをやめると思うのね。

木下：和田先生だったら、たとえばどんな感じで？

和田：うーん、それは、なんとも答えようがないよね、という話。確かにそうかな、とは思うんだけど、急に話がどんどん進んでいって、実際どうかなー、みたいな感じで、この話自体をどっかでくくっておしまいにしよう、ってしてるかもしれんなあ。でも、その話の流れとかリズムの中では、やっぱりその、ぼうれいの土俵の中で話をするかもしれないんだけど。でもやっぱり怖いと思えば、土俵の中で怖いことを操作するんじゃなくて、話自体を丸め込んで、土俵自体から降りてしまう、というやり方をしたかもしれないね。

木下：なるほど。あのー、児島先生はこの辺、どんな感じで？

児島：僕は、あなたと同じようにやるよ。これは、怖いとかいうよりも、明らかにMRI流ですよ。こういう早い変化もあり得るので、そういう時は抑制の指示を入れる、という。あと、必ずまたありますから、っていう逆説的に指示する。そう言っとけば、仮に出てきたとしても、「やっぱり出てきたんです」「そうでしょう、私が言ったとおり」ということで、セラピストが言った枠に収められるし。だから僕としては、この流れで来ててこれを入れなかったらアカン、と思うね。

和田：確かにそうなんだけど、ただね、それを入れるには、まだこの話がね、きちっとかたまった、っていう感じがしないんですよ。この話をセラピストとクライエントの理解が共通の基盤の中で共有できてて、で、その上で、っていうのならわかるんですよ。でもね、まだそういう段階にきてないんじゃないか、っていう気がするわけ。

児島：あー、なるほどね。いやいやこれは、上級レベルの議論といってもいいね。

〈抜粋10〉

Ａ：そうですね。たぶん、まだ波はあると思うので、カウンセリングはもう少し続けたいと思います。

次回を一週間後とし、終了。まさかこのような展開になっているとは夢にも思っておらず、ほとんど二の句が告げなかった。「すごいことが起こってしまった！」という驚きに加え、「こんなに急に変化して大丈夫なんだろうか？」とAさんのあまりの変化が怖くもあった「この後、何かとんでもないことが起きたりしないよね……」という根拠のない不安も過ぎりつつ、とにかく次回お会いしてみないと、この変化の良否は判断できない、と自分に言い聞かせていた。

和田：この「すごいことが起きてしまった」って確かにそうなんだけど、どの辺がどうすごいと思った？
木下：一言で言えば、私の意図とかコントロールとかいうものから離れてしまった、という感じですね。私がこうしよう、とかいうことじゃなくって、スパーンとどこかに飛んでいってしまって、もうまったく私の手の内にないというか。もともとカウンセリングって、完全に手の内にできるものではないとは思うんですが、それにしても、可能な限り手の内にしようとしますよね。でもなんか、えっ、どうしよう？制御不能！みたいな。その辺がいちばんすごい、怖い、という感じでしたね。
和田：なるほどなー。なんかさー、二回続けてお祭り気分だから疲れちゃうだろうなー、と思って。だって、非日常的じゃない？　そういう意味じゃ、お祭りみたいな感じだよね。

〈抜粋11〉
〈３回目面接〉（１週間後）
体調不良で安静のため入院している、と産婦人科から来院。家事をしなくてよいので身体は楽だが、ぼうれいは何度か出た。周りが妊婦さんばかりなので、自然とお産の話になる。「何人目ですか？」と聞かれると、「二人目」と答えてはいるけど、自分の中で統制がとれていない。二人にとっては初めてだから、〝第一子〟ということで間違いない。でも、母子手帳は〝第二子〟だし、あの子を無視しているようで申し訳ない、とすごく思う。ぼうれいにも、前の奥さん、その子ども、そして置いてきた子ども、の三種類あるのがわかった。前はその区別がつかなくて、まとめてひとつにしていたから憎めた。でも三人に細分化しちゃったら、簡単には憎めなくなってしまった。憎んでいた方が楽な部分もあった。

和田：ここら辺のところって、どんなふうに受け答えしたの？

木下：ほとんど、私はあんまり口挟まずにやってたような気がします。

和田：受容共感的に、ってことかな。とくに操作したりとか、話の筋をもっていったり、とかじゃなくって。

木下：そうですね。口調も、お祭りじゃないんですよ、うつっぽいんですよ。

和田：安心しただろ？

木下：安心しましたね。とりあえずは、ちゃんと来てくれたことに安心しましたし、これで普通だよね、みたいな感じがして。だから体調が悪いっていうのも、影響してるんじゃないかな、というのもありましたし。

和田：そうだろうなあ。それで、どこに関心もっていった？　その話を聞きながら。

木下：いちばんは、この方の状態が私の中で納得がいったという感じですね。最初の印象とか、どちらかと言えばこの方若くも見えるし、いかにも苦労してます、というようには見えないんですよ。なので、違和感まではないですけど、こんなもんなんかなあ？　みたいなのはあったんですね。でも、そのことについて取り上げるとかいうことは、その段階では全然考えてはいなくって。ただAさんのノリでやってはきたものの、そりゃそうだよね、子ども置いてきて、再婚して子どもはできたものの、って。この「母子手帳は第二子だし」っていうのも、すごく痛かったですね。そうなのよね、行政ってそうなのよねー、とか。そりゃあ、そうでしょそうでしよ、っていう感じで、すごく納得した感じででした。

〈抜粋12〉
夫には、この辺りの話はしていない。あの子のことを思い出して突然泣いてしまったりすることがあると、何かあるなら話して欲しい、と夫は言ってくれる。でも、そんなことを聞いたほうはどうなのよ、と思うと話せない、と涙ぐむ。Thは置いてきた子どもに対し申し訳ないと思うのは母親として当然のことだとノーマライズ。その上で、その子のことを思い出しつつも日常生活に支障をきたさない、ということをゴールにしてはどうかと提案。Aさんからも「完全に封印することは望まない」との言葉あり、次回の面接を翌週として終了する。

和田：僕はね、このノーマライズして、ゴールを提案するところがね、この面接で唯一気に食わないのよ。なんでかというと、ここで出てくるのはね、アンビバレントな気持ちだよね。憎んでるけど憎み切れないとか、全部がそうだよね。いままでのクライエントとは、明らかに違うわけ。僕はここでね、今までの面接のスタイルとか枠組みを変えるべきだったんじゃないかと思う。一回目二回目がポンポンポンときて、怖いという感じがあればね、なおさらここでもういっぺん仕切り直しをした方がよかったんじゃないかな。もちろんこの面接がいい悪いじゃなくてね、もう少し面接で治療者が手をかけることができたとしたら、この三回目だったかな、とすごく思うわけ。
　で、これは僕の勝手な想像なんだけど、このクライエントは自分でものわかりがいいだけに、アンビバレントなことに対して、苦しむしかなかったんじゃないかな。だって、重たいテーマじゃん。だからこの三回目っていうのはさ、面接そのものが今までとは変わるところだったんじゃないかなあ。どうしようもないことで、誰にもそういうこと言えん、夫にも言えんから、そういうことを言いに来る、みたいな感じで。（追加コメント：ゴチャゴチャ言ってますけど、こういう話ができる相手はカウンセラーしかいないと思うので、もう少しお付き合いしてあげてもいいじゃん、という単純なことです。）

木下：今までの和田先生のお話を聞いてて、確かに、もし違う展開があったとしたら、この3回目かな、という気がしてきました。1回目2回目は、もうこれしかなかったかな、とは思うんですが。それでもし、今だったらどうしたかな、というのを考えたら、さんざん今まで言ってたこと、実はすごく不安だったんだけど、失礼ながら、こんなふうに落ち込んでるあなたの姿を見てほっとしました、っていうのを言ってたかもしれないな、という気がしますね。このときは、自分がほっとするだけで精一杯だったので。それで、なんとかしてまとめよう、っていう感じだったのかな、と思うんですけど。でも今だったら、その辺のフィードバックをしてたかな、という気はしますね。

和田：あのさ、二律背反じゃない、いろんなことが。そういう時は、二律背反に関したらね、こちらも困ったな、でいいと思う。どんなふうにしてあげたらいいのかなー、とかさ。言い過ぎかもしれないんだけど、じゃないとね、甘えられへんねん。結局、うつの人の本質って、ひとつは甘えられへんっていうのがある。強がりも甘えも自己洞察も無茶も、いろんなものがあってきて、治療者も困っちゃって、でもなんとかしなきゃいけないっていうのがあって。治療者も二律背反っていうのがあって、やれそうって思うけど、でも私の手におえないとかさ、そういうのがありながら、この辺のとこでもういっぺん面接を作っていく、っていうところだったのかな、っていうふうに、僕はすごくそう感じるの。（追加コメント：今となっては、何を言いたいのか自分でもわかりませんが、セラピストが困ってしまってそれを素直に出せれば、そこから事態が動くこともある、てな経験を言いたかったのかもしれません。）

〈抜粋13〉

〈四回目面接〉（七週間後）

当初の予定では三回目の翌週が四回目の予定だったが、かぜをひいたとキャンセル、その後電話にてカウンセリングの予約あり来院。

表情は明るく、前回よりも余裕がありそうな印象。Aさんによると、夫から前の結婚の時の話を少しずつ聞くようになっているとのこと。以前は聞くのが怖くて自分でどんどん想像を膨らませて落ち込んでいたが、実際に聞いてみると「え？」みたいなことがたくさん出てきた。また、産婦人科で知り合った人とメールでやり取りをして、夫以外の人と離婚の話ができ、「自分だけじゃない」と思えるようになった。しかし子どものことはずっと気にかかっていて、「なんで子どもを置いてきてまで結婚したんだろう？」とずっと思っていた。先日、前夫と電話で話す機会があり、子どもの近況なども聞いた。辛くなるかと思っていたが、電話を切った後「もう、二度と戻ることはないな」と実感し、少し距離がとれたように思った。前の奥さんがどうこうと言うより、自分が前の生活と今の生活を比べていたんじゃないかと思うようになった。少しずつ前向きになれそうな気がしている、と。

Thには、Aさんは具体的な情報をもとに現実的に考えられるようになってきていると思われ、今回のAさんの来院は〝なんとかやってますよ〟とその後の経過を報告に来てくれたような印象を受けた。そのため、今後のカウンセリングはAさんの判断で必要時に利用してはどうかと提案すると、Aさんもそうしたい、と意見が一致する。最後にAさんより「ここに来て話すまでは、こんな話になるとは全然思ってませんでした。もっと暗ーい感じになるかと思ってた。私ってけっこう、ええかっこしーなのかも（笑）」との言葉あり。そのことが後からきつくなったりしないだろうか、と聞くとAさん笑顔で「それはないです」と即答する。

和田：全部わかった上でも、この流れになったら、この終わり方をしますか？

木下：いやー。とりあえずは、もしAさんがもう終わりでいいと言っても、大丈夫そうだけど、フォローアップみたいな形で二〜三カ月くらい間隔をあけて来てもらう、という提案はしたいですね。

和田：それは、なんで？

木下：いやなんか、今見てみても、あまりにも上手くいってるっていうか。

和田：手がかからんやろ？

木下：うーん、そうですねえ……。でも、ひとつはですね、もし引っ張っても、のってこないんじゃないか、っていうのもあったんですよ。大丈夫かな？　っていうのは無きにしもあらずだけど、でも、その「大丈夫かな？」っていうのを出すと、なんか引かれるかなー、みたいな。それで結局「お任せします」ってなっちゃった、っていうのがありますね。

和田：その〝引かれる〟っていうのは？

木下：何というか、まあ、平たく言うと、〝嫌われる〟ですかね（笑）。

和田：あ、なるほどなー。僕はね、そこを言葉にすると思うの。こうなったときに、「でもね、なんかね、8対2くらいで、僕の中で2が気になるから、もういっぺん会えませんか？」っていうふうに。彼女の問題っていうことじゃなくて。まあ、誰のためのカウンセリングや、っていう話になるかもしれないんだけど、そういう切り目で会うと思うの。それで終わりにして、それは僕の杞憂だった、いらんお金使わしちゃって申し訳なかった、っていうので終わりたいんだよね。

木下：あー、なるほど。私の中では、ここで引っ張ったら嫌われるかな、っていうのが大きかったような気がします。今までの経過からして。

和田：だからさ、そこがおいしいところなんだよ。あなたにとっても、彼女にとっても。嫌われるところっていうのは、本当おいしいところなんだよ。その部分を話題にするっていうのが、カウンセリングじゃないとできないところなんだよね。

〈抜粋14〉

〈その後〉（X＋1年以降）

正月にCクリニック宛に年賀状を送ってくれ。「御心配おかけしていましたが、なんとか無事、出産しました」とのメッセージあり。また、健診に行って大丈夫でした、と赤ちゃんを連れてCクリニックに来てくれる。その後Thよりお礼の電話をし、面接終了後の経過を聞くと「山あり谷ありだったけど、まあなんとか、カウンセリングに行くほどではないかなあ、と思って……」と。その際今回の企画への協力（原稿のチェックおよびコメント）を依頼すると、快諾してくれる。

（補足）初診時より抗うつ薬等の処方があっていたが、妊娠中のため服薬に不安あり、夫と相談した結果服薬はしていなかった、ということが後でわかる。

Aさんのコメント

Aさんには上記事例部分の原稿をお読みいただき、お手紙の形で大変貴重なコメントをいただいた。本論では、そのうちの主な内容である以下の2つ、①Thが作成した原稿にそった面接の振り返り、②面接終了後の経過等、の抜粋を提示する。なお、ここではAさんの語り口を生かすため文章をなるべくそのままの形で用いている。

①Thが作成した原稿にそった面接の振り返り

＊1　「亡霊」は、黒い霧のようなもので、私のうしろの上のほうにただよっていて、私の気持ちが落ちてくる

と、頭のうしろの方から徐々に体の方まで包むようにやってくる感じでした。
＊2　自分の心＝敵だと思っていた時だったので、「自分のほかに敵がいる」と気付かされた一言でした。だから日記を書こう……と思ったのかも。それまでは、黒い霧＝亡霊がいることはわかっていても、〝それを出してしまうのも私が悪い！！！〟とかたくなに思っていましたから。
＊3　本当に、〝見極めてやるぞ！〟と思っただけで黒い霧は私を包まなくなりました。決して霧が消えたわけではないのですが、先生（Th）と話す→家で夫に〝日記をつける〟という手法を話す→自分にしっかり向きあう……という作業のなかで、黒い霧の勢力は弱まったのでは？　と思います。でも、見極められなかったのは残念なような……（でも、霧に三種類あるとわかったのはすごかったですね）。これ以後は、この通りだと思っています（というか、読むまで忘れていましたが、思い出しました）。

和田：振り返ってみて、Aさんのこのコメントに対してどう思う？
木下：いやもう、失礼ながら、ぼうれいがこんな感じのものだとは全然わかっていなくって。私の中には、〝ぼうれい〟っていう言葉、字面、使える！　っていうのしかなくって、具体的なイメージは何もなかったので、うわー、こういう感じだったんだ、と。
和田：おそらく〝ぼうれい〟っていう捉え方に差があったんだろうね。彼女はもっと、身体感覚を伴うぼうれいだったんだろうね。
木下：そうですね。霧のようなものだ、っていうのはびっくりしました。
和田：このときに、そのことが確認できたら、外在化しようとかいうことになったかな？
木下：外在化をしたかどうかはわからないんですけど、とりあえず、その霧の身体感覚の部分については聞きたくなったと思います。

和田：それは、なんで？
木下：やっぱり、その辺のことがわからないと、進められない、という。それからすると、やっぱり怖いですよね。あー、すっ飛ばしちゃってたんだなー。という感じがして。
和田：そうだよね。＊2についてはどうですか？
木下：私としては、そこまで〝敵〟という言葉にそんなに深いあれはなかったんですよね。〝相手〟くらいの、結構軽い気持ちで使ってて。それでこんなに、いろいろ思うんだ！と。あと、自分の心＝敵だと思っていた、っていうのにも驚きました。そこまで思ってたんだなー、と。
和田：じゃあ、もしこれがわかってたら、どうなってた？
木下：いや、〝敵〟っていう言葉を使ったかどうかもわからないなー、と思いますね。確かに、後でちょっと、この言葉は不用意だったかな、あまりにも安直に使いすぎたかな、とは思っていたんですね。強い言葉だと思うので。
和田：インパクトがあるよね、どっちにしてもね。＊3についてはどう思う？
木下：私、このときは薬も飲んでると思ってたので、薬の効果もあるんだろうな、というのがまずありました。それから、ダンナと話をしたと言っていたので、あ、それでだ！って思ってたんですよ。そりゃそうでしょう！みたいな。カウンセリングの効果っていうか、カウンセリングをネタに夫と話せたからだよね、って思ってました。
和田：その見立てについてはどう思う？
木下：それは、そんなに間違ってはいなかったんじゃないかと思います。ただ、この人ここまで言うか！みたいな感じですよね。やっぱりすごいなー、っていう感じはします。

〈抜粋15〉

②面接終了後の経過等

実は、妊娠九カ月辺りに、（今考えると）ひどい落ちこみの時期があって、〝死にたい〟〝死ぬしか、すべての人にあやまる方法がない〟と思いつめていました。でも、「何も言わないで死んだら夫がビックリするから」と、夫に〝死にます〟と伝えて（アホですね。今考えると……）あの冷静な夫が会社に行けない日を2日、タクシーをとばして帰ってくる日を二日作ってしまっておりました。情けない……。夫は「病気のせいだと思うから病院に行こう」と必死で言ってくれたのですが、〝とにかく私が悪いんだから。病気のせいとかじゃなくて、私がしてきたことが自分自身で許せないんだもの〟と言いはってしまって……。どうやってこの状況を収束させたのか?! 実は、それがよくわからないんですよね。〝子どもを産んでから死んだら、また子どもを置き去りにすることになるから、今なら、お腹にいる今なら一緒に死ねてさみしい思いをさせないから〟と思っていた……とは覚えているのですが……。最近、また少々悪い心のクセにひっぱられていて、先生に助けてほしいなーと思いつつ「今の私くらいの状態でカウンセリングなんて大げさよね～」と思ってます。「他のもっと重症？　な人たちに時間あげなきゃ……」なーんて、ひとりで格好つけてるみたいです。

それでは……。今回は、貴重な資料を作っていただき、ありがとうございました。スーパーバイザーの先生にもよろしくお伝え下さいませ。

和田：まずこれ読んだとき、どんなふうに思った?

木下：いやー、いちばんは、「うわー！ってことは、あの赤ちゃん連れてきてくれた時は、こんなことがあった上でだったんだ」って。なんかこう、「産まれました、無事でした」っていうAさんの言葉の〝無事〟っていう言葉の重みが、全然違うな、っていうのをすごく思いました。あと、いろいろ思いましたね。あー、やっぱり終わるの早過ぎたんかな、とか、なんかまずかったかなー、とか。でも、もしこのときに来られても、私どうしようもなかったんじゃないかなー、とか。あと、でも、これを実際お二人で、ご夫婦でなんとかしたんだよね、って思ったら、いやー、やっぱりすごいな、とか。

和田：じゃあ最後に、あなたのこの面接は、どんなようにお役にたてましたでしょうか？

木下：いちばんは、夫と話すネタになった、っていう部分だと思います。夫からしたら、カウンセリングでこうだった、とかいうのは、日常的な話ではないと思うんです。でも、Ａさんにとっては、それを日常というか、普通の話みたいな感じで話せたのかな、と。最初から、普通の話をしたいと言ってたので。

和田：ほかには？

木下：ひとつは、単純にこういう話ができる人がいなかった、っていうのもあると思うんです。バカ話で大笑いして、とか、離婚して子どもを云々、みたいな話ですから。後はもう、私の手を離れたところに行ってしまった、っていうような感覚があるので、私がどうこうした、っていう感じがあんまりないんですよねー。

和田：ほかには？

木下：うーん、いちばんは、生きてくれてよかった、という。そのとき、逝ってしまわないでくれて本当によかった、ということ。それからもうひとつは、よくこのことを教えてくれたよね、っていうことですね。その後の経過なんて、言わなきゃいけないことではないので。教えてくれた、ということに対してすごくありがたいと思っています。

〈抜粋16〉
主治医のコメント
来院までの経過から、治療への反応および治療経過は良好なのではないかと予想していた。薬物療法を試みたが、本人がカウンセリングの方を志向し、服用はしなかったようだ。カウンセリングでは、笑い等で本人の心理的な硬さ（極端な考え方等）が解きほぐされ、それによって変化が生じたのではないだろうか。その結果、物事に対する柔軟性が出てきたり、ほっとして楽になったり、不安が軽減するという効果が現れたのだろう。しかし、治療者としては再発についての対応が危惧される。その点についてもカウンセリングで検討して欲しかったと思っている。今後もいろいろなことがあるかもしれないが、それらを乗り越えていく際には独断的にならず、必要時には治療を受けるようにして欲しい。

和田：このコメントについては？
木下：その通りというか、その後のことは、やっぱりもっと丁寧にやらないといけなかったな、と思います。
和田：なんとなくの直感だけど、もしまた何かあれば、彼女はカウンセリングに来ると思う？　来ないと思う？
木下：うーん、微妙ですねー。わからないけど、来てくれるとしたら終わった後かなー、と思います。一山越えた後で、こんなことがあったんですよ、って。でも、いちばん大変なときは、来ないんじゃないかなーと。
和田：なるほどね。そっちのほうが、あなたも楽？
木下：……正直、そうですね（笑）。
和田：いいね（笑）。その時は、どんなカウンセリングになるだろうなあ？　一山超えて。笑うような、ノリのよいカウンセリング？　それともしみじみとした感じ？　イメージ的に。

木下：そうですねえ……。最初はしみじみしてても、最後は「あはは！って笑って帰るのかなー、って感じはしますね。

その後、和田が木下に今回のスーパーヴァイズについてフィードバックを求める。木下より、このケースは、どこか行き過ぎている感はあったものの、具体的にどこでどのような仕切り直しが可能であったか、という点はまったくわかっていなかったため、その点についての指摘がもっとも勉強になったと伝える。すると和田、では今度行き過ぎてしまったときには、自分の中のどの部分を発動してセーブするのか、と質問。それに対し木下、後から考えれば、「外在化をやろうとした」等の理屈を言えるが、その時は直感しかない、と答える。それに対し和田「そうだよ、全部直感だよ、感性なんだよ！　だから、ストップかけるのは、どの感性っていうか、なんなんだろうか？」とさらに問いかける。しかし木下、返答しようとするものの上手い言葉が見つからず、また和田も木下が何を伝えようとしているのかよくわからない、と言って以下のように話し出す。

和田：なんていうか、オレの想像だけど、木下さんはさ、うれしいとかおもしろいとかいう感情とか、ノリのよさとかは、すごく上手に出すような気がするのよ。でもね、ああまずいなあとか、やばいなあとかいうところは、そういうことの話じゃなくって、なんかこう、他のほうに行っちゃうのかなー、それで、なかなか伝わりにくいんかなー、って。

児島：今の和田先生の話を聞いてて思い出したんだけど、ほぼ似通ったようなコメントを、下坂幸三先生に言われたことがあるんだよね。ケースのある展開での僕の対応の仕方について。このクライエントにとっては、ここに触れてもらわない限りは話にならないではないか。それなのに、児島さんはそこをすり抜けてるだろ？　と。そのときにね、石川元先生がね、まあ、半分助けてくれたのもあるんだろうけど、「触れないからいいのだ」とか言って、すごい逆説的なこと言ってくれて（石川、1989）。

和田：あー、なるほどね。

児島：そのクライエントは、ひとり娘で父親との二人暮らし。診断的には摂食障害とボーダーラインなんだけど、小学生の頃に自分の母親と祖母もどちらも自殺で亡くして、しかもどちらもクライエントが第一発見者。娘は娘で、父親は父親で、同じ運命を背負っている。それで、実際それがあったかどうか、というのはまた別の問題なんだけど、かなり近親相姦的な色彩をおびた父親と娘の関係があったケースだったわけ。だから、そこに触れるか触れないか、っていうのは、すごくそこに集約してて。けど僕はさ、そのテーマについて、面接を終えるまで、一度も触れてないんだよ。それはものすごい議論になって。石川元先生も、〝不問に付す〟っていうのがご自身も以前からひとつのテーマとしてもっておられたようで、それにたまたま僕のケースがはまったということらしくって、それをそのまま、『家族療法研究』誌に掲載されたんだよね。

和田：その〝不問に付す〟っていうのは、結果として不問に付すの？　それとも、触れようと思えばできたんだけど、あえて触れない、っていうことなの？

児島：それは、その時は僕はまだわかんなかった。十分にわかった上で、こっちの主体的な判断でそうしたんだ、とは言えなかったね。だから、ある種の葛藤回避じゃないか、と。まあ、僕の場合は、あの時点では、どう扱っていいのかわかんない、っていうのが正直なところだったような気がするね、今思うと。

和田：なるほどね。ぼくが今この話を聞いて思うのは、数年前の僕やったら、わからないまま不問に付したほうが下手くそで、わかってたんだけど、あえて不問に付した、っていう方が上手いって思ってたんだけど、僕は今はそうじゃないんですよ。そっちの方が、やっぱり下手くそなんだろうと思うの。触れようと思ったらできたんだけど、あえて不問に付しました、みたいなことやってたら、やっぱりあんまり上手そうなカウンセリングじゃないんじゃないかと（笑）。

児島：（笑）でもまあ、最近の僕自身のケース見てても、そんなに徹底して不問に付してどうこう、ってことはないんだけどね。でもまあ、今のやり取りを聞いてるとね、どうもやっぱり、木下さんも僕と似たようなところがあるのかなー、なんて感じがしてね（笑）。

和田：いやいや、そうじゃなくってね、オレ思ったんだけど、おそらくその時は、木下さんなら木下さんの直感でやったんだから、それはそれでよかったんだろうなあ、と。そうなんだよ。おもしろかった。おれは腑に落ちちゃったよ。

木下：えー、和田先生ちょっとズルイ（笑）。

和田：（笑）しかしなあ、それは仕方ない。オレはオレの中でしかないからさ。最後にスポッと落ちた。いやー、勉強になった。

児島：いやー、おもしろかった。何はともあれ、われわれとしては、このクライエントに感謝やね。

Ⅲ　〝ブリーフな〟まとめ

最後にわれわれなりの〝ブリーフな〟まとめをしておこうと思う。今回報告したケースについての〈ケースの見方・考えかた〉については、すでにディスカッションの中でさまざまな観点から議論されている。ケースの見立ての問題、クライエントとセラピストの相互作用、セラピストがその都度用いた技法らしきもの、はたまた、セラピストに生じた個人的な反応、そして、最終的には、はたしてこれでメデタシメデタシとしていいのかどうかなどなど……。本来ならば、それらについてとくにシステムズアプローチおよびブリーフ・セラピーの観点からの理論的な整理をしておくのが常道だろう。しかし、そのようにしてまとめられてしまった時、たしかにある種のエッセンスが明確になるかもしれないが、同時に、何かが抜け落ちてしまうことも否めない。むしろ、このケースおよびディスカッションの性質からして後者の危険性の方が気になってしまう。というわけで、そのようなまとめ方はあえてしないことにした。

それはともかく、今回の経験を通じて、共通したオリエンテーションをもっているわれわれ三者でありながら、実際にこのような試みをしてみた結果、お互いがそれぞれ思いもよらない面を見せ、それによってお互いが驚きをもって反応しあったということは何にも代えがたい経験となった。このようなケースについてのより生産的な差異性を産み出すためのディスカッションには、やはり、今回のように面接で実際に何か起こっていたのかということを可能な限り具体的に示すデータが必要であろうと思われる。さらに、忘れてならないのは、ケースが終結した時点でセラピストである木下が自らまとめたケース報告についてクライエントからのフィードバックをもらっていることである。もちろん、どのケースでも今回のクライエントのような丁寧なフィードバックをいただけるとは限らないけれども、少なくともこのことによってセラピストたちにありがちな専門家としての独善性を少しでも和らげることはできる。この点は、昨今議論になっている精神療法におけるセラピストの倫理性の問題とも密接に関連する事柄である。そこで以下、若干、この点についても触れておきたい。

さて、ここでわれわれがいうところの倫理性とは、〝倫理規定〟とが〝倫理綱領〟などのセラピストを外側からの何らかの規範によって規定するようなものではない（もちろん、これも重要ではある）。それよりもむしろ、セラピストが専門家として成した事柄について、クライエントはもとより実際にその場にはいないけれどもクライエントにとって重要な人々との関係も視野に入れながら、面接中においても面接後においても、彼／彼女らからのフィードバックをすでに含んだものとしての精神療法を進めることである。要するに、セラピストは率直にクライエントからの精神療法経験それ自体について問うてよいのである。そして、そのような実践こそが、実は、精神療法の効果というべきものとも不可分の関係にあるのだと考えられないだろうか。しかし、従来の発想からすれば、精神療法の効果と倫理性とはまったく別次元のものとしてしか認識されてこなかったような気がしてならない。倫理とはどこか別のところにすでにあるものではなく、そこに関わる人々の間で不断に社会的に構成されていくものと言えないだろうか。要するに精神療法におけるクライエントとセラピストの関係もまたすぐれて社会的関係に他ならないのではないか。今回のケースを通じてもっとも実感されたのは、実は、こうした点であった。精神療法という営みそれ自体に内在する〝もうひとつの〟倫理性、そして、倫理というとどの精神療法家もつい眉間にしわを寄せがちだが、そうではなくて、もっと喜びに満ちた倫理性、そうしたものがもっとあってもよいではないかと実感された次第である。

最後にあらためて、本企画に対して惜しみないご協力を下さったクライエントであるＡさんには心より感謝申し上げたい。

文　献

石川元（1989）家族療法では過去を「不問に付す」か？――下坂幸三氏とのジョイント・スーパービジョンの経験から．家族療法研究、6 (1); 54-74.

第10章　若き男性セラピストの〝軽はずみと羞恥心〟・その1

ある統合失調症女性患者との出会いから

I　はじめに

第3部の和田と児島によるケース検討の第二弾は統合失調症女性患者のケースである。後述するように、本ケースは十二歳頃に発症後、四十五歳となる現在まで入退院を繰り返し、この十二年間はずっと入院生活を続けている。そしてこの間、幻覚・幻聴症状とあわせて、時に情緒不安定となり、看護スタッフや他患とのトラブルを引き起こすいわゆる問題患者であった。ところが約五年前、今回のケース報告者である永尾との出会いから徐々に変化が生じ始め、紆余曲折を経ながらも、この一年近くは病状が著しく安定してきているのである。一方、当時の永尾は精神科領域での心理臨床家としてスタートしたばかりであった。永尾にとって本ケースは、知識も経験もほとんどない中にあって初めて本格的に心理面接に取り組んだイニシャルケースともいえるものである。それだけに、この五年間の本ケースとの歩みはそのまま永尾自身のその後の心

本章は、永尾嘉康、和田憲明との共著である。

理臨床家としての方向性を決定づけるものとなっている。さて、前回同様、まずケース報告者である永尾がケース全体についての資料を準備し、その後に、スーパーヴァイザー役の和田とコーディネーター役の児島の三者でディスカッションを行った。

しかし、一回だけのディスカッションでは議論が尽くせず、後日もう一回追加することになった。さらにまた、報告者より提示された資料も、ケース全体の概要に加えて、報告者自身にとってとくに重要とされるケースとの出会いの逐語、また、その後の経過の中でポイントとなる三回の面接の詳細な逐語録とその際の報告者および看護師のコメント、さらに今回の紙上スーパーヴィジョンのために主治医からの特別コメントも付されている。本来ならば、これらすべての資料を提示してディスカションについてもその流れをできる限り示すべきところであるが、膨大な量となるため、今回はまずケース全体の概要およびケースと報告者の出会いの部分の逐語、主治医からのコメントのみを示し、その後の三回の詳細な面接記録については次章に提示することにしたい。したがって、このケース検討も前回と同様二章の連載形式にさせていただくことにする。

Ⅱ　ケースの概要

1．Aさんの概要

クライエント：Aさん（四十五歳、女性）。

診断名：統合失調症。

主訴：不眠、イライラしてすぐ怒る、落ち着かない、変なことを言う。

生活歴および現病歴：両親と妹の四人家族。父親の職業上、転勤が多く、小学校・中学校時に何度か転校を経験している。十二歳の頃より、独語のようなことを言うようになり、「悪口を言われる」「ジロジロ見られる」と思うようになった。学校も休みがちとなり、「道を歩いている人が自分のことを悪く言う」と言い出し、奇異な行動をするようになっていったためB病院を受診、そのまま入院（三カ月間）となる。退院後はC病院に通院しながら、中学二～三年時は普通に学校へ通うこともできていた。しかし、高校入学後に再発し、同B病院へ二回目の入院（五カ月間）となった。高校は退学となり、退院後はC病院へ通院するようになる。通院時は、時折症状は悪化しながらも、なんとか生活していたが、不眠、暴力行為、怒りっぽくなるなど、手に負えなくなり、入院希望にてB病院へ入院しようとするが、当院を紹介され初回入院となった（一年五カ月間）。当院退院後は自宅にて生活していた。服薬もしていたが、祖父の死を機に不眠となり、初めて死人の顔を見て、頭にこびりついて思い出してしまうようになり、頭がモヤモヤするようになった。イライラもするようになり、包丁を持って妹を脅したり被害妄想も再発し、二回目の入院（九カ月間）となった。その後も入退院を繰り返し（三回目：一年間、四回目：一年間、五回目：二年間）、六回目の入院より現在まで約十二年間入院生活を送っている。この間、母親の面会もあり、院内レクリエーションにも参加している。しかし、時折、看護スタッフに暴力を振るったり、他患とのケンカなど、手がつけられなくなると保護室にて隔離されたり、また興奮すると薬物療法もあまり効果なく主治医の診察も拒否するなど対応は困難であった。

遺伝負因：叔父（父方の兄）が当院通院中（薬物依存）。

薬物療法：ハロペリドール、オランザピンを中心とした薬物治療を行っている。

2．Aさんとの出会い

Aさんとの面接を始めるきっかけとなったのは、ナースステーションにて大声で叫んでいる興奮したAさんに、たまたま永尾（以下、Th）が「どうしたんですか？」と声をかけたことがきっかけであった。以下にその会話の抜粋を提示する。

Th：どうしたんですか？　何かあった？
A：（幻聴が）聴こえてくるんですよ～。
Th：何が？
A：男の人の声が！
Th：それは大変！　何て？
A：「行かず後家」っていうんですよ～！
Th：でも、聴こえてない時もあるんでしょ？　どういう時には聴こえないのかな??
A：話してる時は聴こえません。
Th：そうですか。じゃあ、今ちょっとだけ時間があるから、少し話でもしましょうか。
A：いつも男の人の声で「行かず後家！　行かず後家！」って聴こえてくるんです。
Th：そうですか～。それは困りましたね～。大変だったですね。
A：それでイライラするんですよ！
Th：そりゃ、そうですよね。失礼なこと言われてますもんね。
A：先生は何の先生なんですか？
Th：一応、心理なんですよ！　臨床心理っていう仕事です。
A：いつもいるんですか？
Th：そうですよ！　ここ（病棟）にはいつもはいないけど、ちょくちょく来るんですよ！

A：今度はいつ来るんですか？
Th：そうですね～。まだ決めてないけど……。
A：また、話しにきてください！
Th：そうですね。主治医と相談してみますね！

このように言ったものの、それからすぐに主治医と相談することはなく、病棟に行ったついでといった感じで関わりを持っていた。Aさんは難治性の統合失調症患者であり、定期的な心理面接の継続が治療上適切であるのかどうか、また実際に可能かどうかを危惧していたこともあり、その後の数カ月、面接の形式はとっていなかった。しかし、本人のThに会いたいという希望が強くなるにつれ、そのたびに病棟スタッフを通じて直接呼び出されるようになったことや、何よりも最初の出会いの時の「話している時は聴こえません」という言葉からAさんには幻聴が聴こえてこない時間もあるのだということが大きなきっかけとなって、お役に立てればという一心で初めて主治医に相談し、定期的な面接（週一回）を実施することになった。

3．その後の経過

Aさんとの面接は開始から約五年間継続しており現在も継続中である。面接の経過をとくにThの変化と役割、Aさんの変化、周囲の変化から、大きくⅠ期（2～94回）、Ⅱ期（95～183回）、Ⅲ期（184～246回現在）に分けて概要を述べる。

Ⅰ期：平成X年十二月～平成X＋二年一月（＃2～＃94）

面接開始から約一年後、それまでは「来てくれてよかった～」とAさんは面接を楽しんでくれていた様子であったが、病棟にてAさんの状態が悪化し、興奮、看護師への暴力があり、保護室へ隔離された。この情報を受けて、Thは「心理面接を導入したことにより妄想など、状態を悪化させたのではないか」と解釈していた。なぜなら、「私と結婚してくれんね」や「永尾先生は私の彼氏やもんね」と話されていたこともあり、これを「まずいな……転移感情だ」と解釈していたからである。ちょうどThの個人的なライフイベント（結婚）もあり、Aさんを悪化させたのではないかと考えていた。「これはまずい」と思い、当時まだ大学院二年生であったThは修士論文の指導教員であった児島に相談をした。[注1]このことを機に、Thのスタンスはこれまでとは一転したという。それを次のようにまとめている。

〈Thの変化〉

①面接を構造化しなければならない。↓必ずしもそれが役に立つとは限らない。
②患者の言動・行動には心理的な意味がある。↓聞いてみないとわからない。
③妄想を症状として捉える。↓妄想には文化がある。
④面接の解釈。↓患者とのやりとりから見出す。
⑤行き詰った面接。↓楽しく・気持ちよく・おもしろおかしく。

とくに⑤においてはAさんとの心理面接に限らず、現在ではThらしさとしての基本的なスタイルとなっている。また、これまでとは違い、伸び伸びとした面接ができるようになっていった。面接の場所・時間・枠組みなどといったことにはこだわらない形となり、したがって、面接の方式はなく（①による変化）内容においても、とくに妄想の話など、症状として会話するのではなく、むしろ雑談に近い形で自由に話せるように

注1　永尾は児島が所属する大学院入学前よりすでに当病院に心理職として勤務しており、本ケースとの関わりはその時からのものである。

なっていった（②③による変化）。しかし、面接後の記録については、いつも「なんて書いたらよいか……」と悩み続けている（④による変化）。

Ⅱ期：平成X＋二年一月〜平成X＋四年十一月（#95〜#183）

この時期に入ると、面接では相変わらず話題が次から次へと飛び、また、幻聴・妄想は出現しているものの、面接中にとくに幻聴の内容が具体的に語られなくなってきた。ただ、「先生が来てくれたけんよくなったよ」と機嫌よく述べられるだけである。また、少しずつ「病気がよくなる」（#118）ということを語るようになり、この時期の後半には「おいしいものを食べればよくなります」（#123）と新たな解決の方法が付け加えられ、院内にある軽食・喫茶のお店に病棟から二人で外出するようになった。笑顔も多く見られるようになり、面接中は二人してよく笑うようになった。そして、この時期も後半になると、AさんとThの関係の変化という点で忘れることのできないとくに三つの面接を経験することになる。一つは「ノーベル賞の話」と名づけたものである（#149）。そこでAさんは「Thとの面接で自分の幻聴が治る。そうなればThはノーベル賞をもらえる」と断言したのである。ThもこのAさんの言葉には正直うれしくなってしまった。この前後あたりからAさんは時々化粧もするようになり、また、Thの着ている服（とくにシャツの色）を気にするようになり、Thの方もまた着て行く服を気にかけるようになった（#150）。

二つ目は「気遣い・病気の認識」と名づけたものである（#161）。そこでAさんは「幻聴は完全に止まったから退院したい」と言い出した。そこでThが再発の心配を伝えるとAさんは素直にそのことを受け入れ、退院しようとしたら病気が出るという認識を示したのである。

さらに三つ目として取り上げたいのは、Thが面接のために病棟を訪れた際、たまたまAさんは外出しようとするところであったため結果的に病棟での会話となった時のことである。その場にいたFさんという患者が「Aさんにとって Thは特効薬である」と口にしたことから病室全体が笑いに包まれたのであった（#182）。それ以降、Aさんの面接のため病棟へ入ると、同室の患者から「ほら！　Aさん、特効薬が来たよ」と言われるようになり、Thはそれまでの Aさんにとっての「彼氏」の役割から「薬」の役割へと変化した。また、同じ病棟の患者においても、これまで迷惑な患者としての Aさんを「特効薬」で落ち着くと認識してくれており、面接以外の時にでも「もうすぐ特効薬が来るから」と、不穏になりそうな Aさんに対応してくれていたというように変化していったのである。このような変化が見られるようになった頃から、興奮や暴力などは軽減し、それまで毎年のように隔離されたりしていたことがほとんどなくなっていった。

Ⅲ期：平成X＋四年十一月～平成X＋五年現在（#184～#246現在）

時折、妄想（とくに洋服がなくなった・物を盗られた）により不穏状態となる時があるが、以前のような訴えのしつこさや、興奮して暴力となったりすることはない。比較的、安定した状態でカラオケやレクリエーションに参加するなどの病棟生活を送っている。多少、妄想による訴えがあっても、病棟の看護師から、「以前はこんなもんじゃなかった。ずいぶんよいほうよ」などと聞かれるようになり、夜勤時の多忙な業務の中でも、妄想に付き合って、なくなったとされる物を一緒に探してくれるなど、Aさんの安定に繋がる大きな要因となっている。また、幻聴だけではなく、妄想（物を盗られる）を「私の病気」と認識できるようになっており、病識がついたと言っても過言ではないほどの変化が見られるようになった（#211）。さらに、「私は病気だから、結婚とかしたら、相手に迷惑をかける」「（病気が）よくなったから、退院してもいいかなと思うんだけど、お母さんも歳だし、無理よね……」（#223）など、自らの気持ちを語るようになっている。時々切なくもあり、しかし笑いの絶えない、ノリとツッコミのある面接であるが、このように語られる Aさんの生き方（人生）は重く受け止めさせてもらっている。

4. 現在の状況

Aさんとは現在、フォローアップ面接を週に一回のペースで行っており、面接というよりも「おいしいものを食べるとよくなる」というところから、院内にある軽食・喫茶にて昼食を兼ねた外出が主となっている。食事をしながら、「温かいもの食べたらやっぱりいいねー！」など満足なことが語られ、最近では、帰り際にお店の従業員の方々にも「あー、よくなったよ。また来るけんね」などとすっかり気さくに会話をするようになっている。さらに、「いじめられる」という妄想において途中で中断となっていた歯科治療も、「食べにくいから」とThが付き添いすることで再開し、根気よく専念し、終了。定期健診にも現在ではThの付き添いはなくても、すっかり歯科の人気者となり、楽しく通えている。両親の面会後はとくに寂しさなどがあり不安定となるが、極端な興奮はなく比較的安定した入院生活を送っている。

これだけ「よくなった」と言ってくれるのはなぜかということをAさんに尋ねてみると、「何でかなー？すぐよくなるとよ。ウマの合うとやろうね」と、どこか不思議な感覚を残しながらも面接を楽しみにしてくれている。また、病棟においても看護師による手厚いサポートは、Aさんにとって欠かせないものとなっている。勤務配置などの理由により、特定のスタッフによる継続したサポートではないが、その都度、引継ぎが十分に行われており、Aさんに対してもスムーズな看護がなされている。

5. 主治医からのコメント

病院臨床において心理職がケースとうまく関わっていくためには医師、看護をはじめとする病院スタッフの協力が欠かせない。Aさんとの心理面接がスムーズに実施できたのも特に主治医の理解・協力があってこそのものである。今回、多忙な中、主治医である松本俊二医師（精神科部長）よりさらなる協力の一つとしてありがたいコメントをいただいたので紹介したい。

Ａ氏は、思春期に発症した統合失調症で、発症時より薬物療法を行ったが、幻覚・妄想が長期間持続したケースである。入院中、被害妄想により、他患や看護スタッフに対し、暴言・暴力などの攻撃性が目立ち、隔離室の使用を余儀なくされていた。しかし、薬物療法に限界を感じ、数年前より、心理的アプローチを試みたところ、しだいに、内面に落ち着きが得られ、幻覚・妄想など、陽性症状は残存しているものの、易怒性・興奮・攻撃性は表面化することなく、病棟内にて適応できている。また、Thとの良好で楽しそうな治療関係は、それ自体がＡ氏の楽しみとなっており、不安を軽減させ、落ち着きを取り戻す大きな要因であったと考えられる。今後もとくに慢性期の統合失調症患者に対する心理面接を実施し、薬物療法を中心としたスムーズな精神科治療が行えるように積極的なアプローチをしてもらいたい。

Ⅲ　ディスカッション

スーパーヴァイザー役である和田が最初に口にしたのは、本ケースには実に多くの切り口がありいずれも非常に重要な事柄であるが、それらすべてを取り扱うわけにもいかない、したがって、どこに焦点をあてれば永尾にとってより意義のあるスーパーヴァイズになり得るかという困惑の表明であった。たとえば「統合失調症の面接とはどういうものか」、「病院の中で会うということはどういうことか」あるいは「もう少し全体の中で『枠組みとか治療の構造化』というところはどうなのか」、「『妄想』ということに対してどう関わるか」さらにそれらを含めて「永尾にとってもクライアントにとってもターニングポイントになる面接について細かく見ていってみて、『どう感じたのか』を見ていく」などであった。これに対して、永尾は約五年にわたる二四六回の面接について振りかえる中でそれを大きく三期に分けたこと、何よりも妄想・幻聴症状を強く訴える本ケースとの最初の関わりでの経験が大きいこと、さらに、その後定期的な面接に導入したⅠ期での経験を通じて「Thの変化」として記述している部分が永尾自身にとって最大のポイントであることを述べた。それに、この「Thの変化」の契機となったのは、当時数回にわたり児島が本ケースについて永尾より相談を受けた際、児島なりにいくつかコメントをしたことが大きく影響しているとのことであった。

1．〝面接の構造化〟とは何か？

そこでまず和田が着目したのは、「Thの変化」のうちの「①面接を構造化しなければならない」という記述であり、そのことを巡って永尾との間に次のようなやり取りが行われた。

和田：ここで、面接を構造化しなければならないっていうのがあるんだけど、その構造化というのは具体的に、何をどうして、どうすることが構造化であると考えたの？

永尾：え〜と、私自身はですね、一定の時間、面接室で行うというような。それに、九〇度法だとか対面法だとかいうものであったり。あとは、妄想の意味とか、転移とか逆転移とかを分析し解釈していく、といったものです。そして、そのつもりでこのケースとずっと関わっていたわけです。

和田：なるほどね。他にどういうことが構造化になるの？

永尾：そうですね〜。まず、この時はたとえば受容をして、とか。これは構造化というんですかね。スタイルというか、セラピストはこうでなければならないというのがあったわけです。統合失調症の治療の仕方じゃないですけど、そういう面接のスタイルみたいなものも自分の中では構造化に含めていたので。たとえば、統合失調症の中でも妄想・幻聴をもっている患者さんに対してセラピストはこうでなければならないと。私の中では、この時は、やりとりみたいなものはあまり重要視していなかった、というか……。

和田：あっ、関係性というようなことね？　たしかにそれもあるけど、今言ってくれたことはどうしてそう考えたの？　学校で習ったの？　……それはまずどっから来たんやろうか？

永尾：そうですね……。やっぱり、本とか……。精神科における心理臨床みたいなものが自分の中にありましたので、基本として習ってきたところでもあるんですけど、薬が病気を治して、その障害の受容みたいなものを心理療法でやってというか、そういうものが固定観念みたいにしてありました。

以上のようなやり取りから、永尾が精神科での心理臨床を始める際に身に着けたいわばオーソドックスな知識やセラピストとしての構えが明らかになると同時に、和田もそれらを自らの若い頃の経験と重ねながら、現場に入るとそうした知識がまったくと言ってよいほど役に立たないこと、そしてそこからThの変化が生じることの意義を強調した。すると、それを受けて永尾はたしかにオーソドックスな知識でやろうとはしていたが、最初からそのようなやり方にどこか違和感をもっていたことを語り始めた。

永尾：あの～、精神科の病気って、こういうこと言うと怒られるかもしれないですけど、ほんとかなー？っていうのが最初はありました。たとえば、ほんとに聴こえてるのかなぁ？とか、正直こっちには聴こえないからわからないわけです、幻聴なんて。それで、どちらかというと僕は超常現象とか信じるタイプなので、センターと交信しているとかっていう患者さんとかいたりしますけど、もしかしたら本当かもしれないっていうのがあるんです。それは未だにあるんですけど。でも、勉強していくにつれて、あっ、ほんとに病気なんだというのが、逆にわかってきたというか、本とか読んでみて、病気として自分もわかってきたというか……。だから、僕自身にも病識がなかったわけですね（笑）。

2．Aさんとの出会いをめぐって

ここで、和田より永尾にAさんとの出会いの状況についての補足説明が求められ、次のようなやり取りが交わされた。

永尾：一番最初にAさんと出会ったところなんですけど、ナースステーションでワーワー言ってるわけです。誰かに物を盗られたとか、不満とか、（幻聴が）聴こえてくるとか訴えているわけです。私はその時は、別の患者さんの心理検査をした後で、カルテに記録をしていたという状況でした。それで、看護師さんたちはいつものこと（Aさんが訴えている）で慣れているので、そのまま通常の業務をされているわけです。それでもAさんは言っているので、「どうしようかな？　ほっといていいのかな？」という感じで、カルテの記録を終えて「どうしたんですか？」となだめるように声をかけたわけです。

和田：その時にね、Aさん初めて見るわけだよな？　その時のAさんの印象っていうのはどんな感じ？　なんか狂気みたいなのがあって、違うなー、怖いなー、という感じがあったのかな？　それともなんか変なおばちゃんみたいな感じやった？　または、そんな感じも悪くなくて、これなら別に付き合ってもいいなーっていう感じ？　自分の中で何か起きたの？

永尾：そうですね～。私なりの反応としてはやっぱり「やばいな」って感じでした。こいつって言ったらまずいですけど、「ちょっとどうしよう……」という感じだったんです。とにかくなだめないと、興奮していましたから、もしかしたら殴られるんじゃないかって。

和田：状況的にやばいっていうのはあるよね。たしかに、そういう中なんだけど、そのAさんを見た時に君自身が感じたことというのはどんなものなの？

永尾：そうですね～、もう、コテコテの統合失調症のおばさんです。髪もボサボサで、まぁ女性なんですけど、髭も生えていて、すね毛も生えている、よだれとかも出ていて、それで叫んでるので、唾とかペッペ飛んでくるわけです。それで、うわぁ～っていう感じで「この病気ってうつらないよね？」とか思いながら、そういう感じの状況だったんです。

和田：よくわかった！　だから違う！って感じなんだよな？　自分の私生活上ではないって感じのタイプなんだよな？　その人。だからその、こう言っちゃ悪いけど、ぶさいくが、なんだのっていう以上のなんか別のところの感じなんだよな？　それが、君の言う状況的にやばいってことなんだよな？

永尾：そうです！　それで、そのあとに「聴こえてくるんですよ」って言うわけなんですけど、何が聴こえてきているのかわかりませんでした。ここには幻聴って書いていますけど、実はそれもよくわからなかったので、「何が？」って聞いてるわけです。すると「男の人の声が」と言うので、「あっ、これが幻聴か！」と思ったわけです。

和田：これが噂の幻聴か！ということとやな。

永尾：というか、この場をとにかく鎮めたかったというか。

和田：なるほど、鎮めるために「聴こえてない時もあるんでしょ」っていうふうにもっていったわけだ。

永尾：そうです！　その～、この時にはまだ継続した面接をしようとは思ってなかったので。

和田：なるほど、おさめようと思ったわけだ。おさめるために聴こえない時のことを考えたというわけか。

なるほどな〜。聴こえてくるからワーワー言ってるわけで、聴こえない時には静かやもんな。これは大したもん、見事やね〜。

永尾：この時はそこまでわからなくて、後でわかってくるんですけど、聴こえてない時はオッケーというか、普通にやれるわけです。

和田：それは上手だね〜、ていうか、すごいね〜。

児島は、このAさんとの最初の出会いの場面での会話の流れにおいて途中で文脈が大きく変わる点に着目して次のような趣旨のことを述べた。すなわち、最初は「行かず後家」幻聴の症状を返る会話なのだが、後半はごく日常的な会話の流れへと変化しているのである。つまり、後半のような会話が多くなることはイコールAさんの健康さがより引き出されてくるものと言ってもよいのではないか、そして、こうした文脈の変化のターニングポイントとなったのが、Aさんの幻聴に対してそのまま「……失礼なこと言われていますよね」と返した永尾の一言であり、もし、このような返し方をしていなかったとしたら、おそらくAさんの幻聴の訴えはさらに続いたのではないか、と。すると、この児島の発言を受けて以下のようなディスカッションが展開していった。

永尾：今、児島先生が言われたことで思ったんですけどここで私がたとえば、幻聴が聴こえてくること、対して、「じゃあ、そこは主治医の先生に相談しましょうね」で済ませると、たぶんAさんはますます興奮していただろうなと。まぁ、この時は確かに、この場をなんとかしようと思って、やったんですけど。そうですね、ほんとガラッ変わってるというのが改めて見るとありますね……。

和田：確かにここはおもしろい。ほんとに文脈が変わっている。しかし、幻聴のような話になると、普通だったら今言ってくれたような対応になるよね、よくわかるわ。
永尾：なんか、そういうのが一般的にはあるんですよね……。
和田：タブーみたいなのがあるんやな。
永尾：確かにそうしなくちゃいけないんでしょうけど。
和田：それにしても、そのセリフどっから出たかな。
永尾：どっから出たんですかね……。
児島：「失礼なこと言われてますもんね」って、文字通り共感したわけだろ？　シンプルに。
和田：大共感だよな。
児島：そういう対応のされ方って、もしかしたらこの患者さんはね、これまで……。
和田：はじめてかもしれない。
児島：……かもしれない。

3. そこで本格的な心理面接を始めてみたが……

永尾はいよいよ本格的な面接を開始することになるが、既述のようにAさんの状態は不安定になり、永尾自身も「これはまずい！」という言葉が示すとおり大いに迷うことになるのである。

和田：そこんところやな。まぁ、まずいと言えばまずいんだろうけど。僕が聞きたいのは、Aさんが永尾君とずっと面接をしていて、結婚してくれとか彼氏だからとか言い出すやんか。君もAさんに対して、意識的にそのようなアプローチみたいなものをかけてた？　たとえば、ものすごく共感的に聴くとか、たとえば、言葉ではないんだけど態度的にものすごくあなたの味方だとかさ、看護師さんとか、患者さんはあなたのことわかってくれなくて、僕は若い心理の先生だし、すごくあなたの味方になってるからね、みたいな感じの。もっと言えば、そういうようなことになるだろうなというような、なんというかな、計算というとおかしいけど、そういう予測みたいな感じがあった？

永尾：ありました。なったらまずいだろうなということがずっとありました。やっぱり、私が結婚するということがありました。Aさんからすれば、私と話せば幻聴が治るということを言ってくれているのに、私が結婚するということになるとまずいことになるんじゃないかとはずっと思っていました。

和田：それは、Aさんと治療関係ができていけばお互いにポジティブなというか、患者さんからすれば陽性感情が生まれてくるわけやね。で、それはよしとしておいて、でも自分の中でここらへんのとこまではよかろうという感じで、たとえば永尾先生が来てくれてうれしいとかなんとかっていうところまではいいんだけど、結婚というところまで言われると困るよな、みたいな感じでそうだったのかな。

永尾：そうですね～。自分の中には、そういうこと自体が面接の中にあってはいけないと思っていたんです。

和田：あっ、陽性感情を向こうに起こさせること自体がいけないと。

永尾：それも自分の面接がまずかったのではないか、という迷いがあって。ともかく、その話自体があってはいけないと……。

和田：なるほどなるほど、そういう意味でのまずいというわけだよな。

永尾：でも、どうしてもAさんと話すとそういうことになってくるので……。ですから、はっきり「そういう話はここではできませんよ」ということを言っておかなきゃいけなかったのかなとか、そういうことをずっと思っていたわけです。

和田：怖いと思った？

永尾：怖いとは思わなかったんですけど……。

和田：迷惑と思った？　どう思った？　自分の立場がないと思った？

永尾：いやぁ〜、あの〜、気持ちはありがたい、というようにむしろ思ったというか、期待に応えられないのでごめんなさい、というようにずっと思ってました。

和田：なるほどね。

永尾：妙に期待させてるかな？と思って、それでは治療的にも医療的にも、それに病院的にもまずいというか、そういうことは思いました、やっぱり。

和田：なるほどな。

4．児島のコメントを契機に……

永尾：そういうことをやってきて、それで保護室に入ってしまって、それで自分のせいだと思ったわけです。その時、私は大学院二年になった時なんですけど、ちょうど児島先生が大学院に来られ私の修士論文の指導担当になられたので、このケースについて相談させていただいたんです。その時、これははっきり覚えているんですけど、児島先生から「明日、お前、保護室に行って謝ってこい」と。それに「患者さんに聞いてこい、お前のせいかどうかというのを」と言われたのです。「お前が思っているだけで、Aさんが本当に思っているかどうかはわからない」「逆にお前の妄想じゃないのか、お前も妄想型だなぁ」みたいな話になって、それで、僕も「あー、そうか！　こりゃ、妄想型だなぁ」と思い、聞きに行ってみようと決心して次の日ほんとに聞きに行ったんです。

それで保護室の鉄格子越しに、「Aさん、ごめん、ひょっとして……僕が結婚してしまったんで、そういうのとか、自分の面接の仕方がまずかったのかな～。もし、それでAさんが調子を崩して保護室に来てしまった……もしそうだったら、ごめんね」ということを鉄格子越しに言ったわけです、ガッと鉄格子掴みながら。すると、「いや、そういうことじゃないよ」みたいな感じで、このときは別の理由を言ったんです。それは死んだ父親を思い出してのことだったらしいのです。そこで私があらためて「あっ、そう。いや、ちょっと気になってね……、いやぁ、申し訳ないと思って来たんだけど……」と言うと「なんば言いよっとね！　先生のせいなわけないたい！」と、しかも「私のことを想ってくれて～、〝彼氏〟にそんなこと思うわけないやろ」みたいな感じのことをAさんは言うわけです。この言葉に、私としてはやっぱり自分のことを彼氏だと思っているAさんのことが気がかりになったので、「いや……あの……その彼氏にね、なれないというか……」という風に返すと「気にせんとそがんことー」ということを逆に言うわけですね。それでAさんはコロッと落ち着いたので、すぐに主治医に電話をして状況を報告したところで一緒に保護室を出て病棟に帰ったわけです。だからもう、ここでガラッというか、ほんとにガラッと言っていいくらいに変わったなと自分では思うわけです。それが、この「Thの変化」の①～⑤で書いているところなんです。

和田：なるほど、そこで「②妄想には文化がある」ってとこは？

永尾：これは私が勝手に解釈したことなんですが……。妄想はたしかに統合失調症のひとつの症状ですし、私もそのようには捉えてきたわけで、Aさんの場合もそのことでは同じなんです。Aさんには「行かず後家」という幻聴があって、それで自分は結婚できないということにずっと囚われてきているわけです。それに、一時期私が旦那さんということになっていたこともあって、実際に看護スタッフや他の患者さんたちに「結婚式はいついつ挙げたのよ、永尾先生と」と言っているんです。こういうようにAさんの妄想にすっかり組み込まれてしまった僕としては、これはやっぱりよくないんじゃないか……というのもあるんですけど、ただ、この人の背景というか……ちょっと難しいんですけど、何か歴史というか、そういうことを考えるとAさんの妄想を症状としてしまうのは、何かその、やっぱり寂しいなみたいな……。

和田：あー、ただ単に病気の症状としてラベリングするんじゃなくて、それはそれで事情もあっただろうし、そこにはAさんの生い立ちも関係しているだろうし、そういう生活文化の中でそのようなのが何かあるっていうことやな。

永尾：そうです。生活文化です。Aさんの妄想を聴いていると症状からポンとそういうことが出てきたようなものではないような気がするんです。だから、それを症状として括るのは、どちらかというとそちらのほうが軽はずみかな……と。たしかに症状としての妄想なんですけど、薬ではどうしようもできないようなところがあるだろう、ということを感じるわけです。

児島：まぁ、Aさんのある種の生き様みたいな感じ。

永尾：そうです。それにただ妄想の中にいるとか、妄想の中身を生育歴から分析して云々とかっていうものよりもそれ以上のものを何か感じるというか。でも、ずっと面接をしてきた中で、やっぱり医療ということでやってきたので、症状として捉えないといけないということもあったわけです、私の中にですね。それが「あっ、そうじゃなくてもいいんだな」という感じというのが自分の中で変化したというか。それまではこっちから一方的に、Aさんが言われたことに対してこういう意味があるんじゃないかみたいな解釈をしていたんですけども、これはやっぱりAさんとやりとりしている中で、何かもうひとつ出てくるというやつですね。二人の間にというか、会話の中で新しいものが出てくるというか。これも児島先生から教えてもらったことなんですけど、児島先生がおっしゃってましたよね？　たしか「やりとりをする時にここを見なさいよ（二人の間の空間）」みたいな。それでも面接には行き詰っていました。すると「面接楽しいか？」と児島先生がおっしゃるので、「あっ、それは考えたことなかった」とは思ったんですけど、この頃はやっぱり自分もすごくストレスだったし、もう止めようかなとも思ってました。

和田：それで、とくに⑤においては？

永尾：はい。それが今ではAさんだけに限らず、自分の面接のスタイルというかモットーとして、おもしろくおかしくやろうということになっています。

児島：僕のコメントが若干副作用として出てるかもしれないな。この、おもしろおかしくというところだけど、もちろん何でもおもしろおかしくすりゃあいいって話ではないわけで。

永尾：そうですね。だからちょっと誤解が出るかもしれないですけど。

児島：「楽しめてるか？」というのは、文字通りの楽しい楽しいということではないと僕は思うんだけどね。

和田：そういう、最初はある種のスタイルというか思い込みじゃないけど、そういうのがあったんだけども、そういうのに縛られる必要はないんだということになって、じゃー、それでやってみようというような感じになってきたわけだよな。

永尾：そうです。実際にやっていきながら、自分の中でしっくりしてきたというか。

5. 患者さんとの付き合い方

以上のような永尾のAさんとの出会いそしてⅠ期での〝行き詰った〟面接から「Thの変化」へと至るプロ

セスについてのディスカションが一段落したところで、和田はあらためで〝面接の行き詰まり〟について言及することになった。要するに、現在の永尾にはAさんだけでなく他の患者さんや異なる疾患においてもまったく〝面接の行き詰まり〟はないのかということである。永尾はこの質問に対して、もちろん今でも〝面接の行き詰まり〟はいくらでもあると答えて次のようなやり取りが行われた。

和田：今の行き詰まりは違うわけ？
永尾：違いますね。この時の行き詰まりと今の行き詰まりとは全然違うというか……。患者さんに言うようになりました。患者さんに聞くというか、そこも患者さんと相談するようになりましたというか、行き詰ってきたということを患者さんに言うようになりました。
和田：自分が行き詰ってるということを？
永尾：どうしていいかわからなくなった、ということをですね。
和田：あー、あなたに対して何をすればよいかということ。
永尾：そうですね。もっとフランクですけど。あの〜、ごめん、どうしていいかわからなくなった、どうしよう、みたいな感じでよく言ってます。だから、あの時の行き詰まりとほんと全然違うというか。
和田：何がどう違うんやろうなぁ。そこは同じじゃないよね？　何かが違う。他には？
永尾：行き詰まり方……。ほんと、何か変わったのかな……。え〜、歳かな、とか？（笑）
和田：（笑）経験とかな。まぁでも、それはあるかもしれないけど。
永尾：大人になったのかな？というような。
和田：何かできるから大人になったのかな？　あるいは、何をしなくなったから大人になったのかな？

永尾：そうですね〜……。大人の付き合いみたいな。
和田：（笑）大人の付き合いというのはどういうことなの？
永尾：だからあの〜。
和田：俺も苦手なんだけど（笑）
永尾：（笑）僕もまだまだ苦手なんですよー。どこが変わったと言うとすれば、とくにAさんのところから言えば、最初の頃は「結婚してくれ」とか「彼氏やもんね」と言われて、「どうぞ」なんてことはとても言えないどころか思うこともできなかったですよね。でも今では、こう言ったらちょっと極端ですけど、妄想だとしてもこの世は男と女の文化があるんだから、「いいよ！　私でよければ」みたいな形で「付き合っちゃうか」みたいな感じをもつようになってきたわけです。
和田：付き合い方だよな。
永尾：付き合い方ですね！　そこのところのというか、Aさんに限っては男女関係の付き合いですけれども、他の患者さんの付き合い方もやっぱり変わってきたような気がする……。だから、そこでの行き詰まり方が変わってきたのかな……というふうに考えています。
和田：いいよ、いいよ、なるほど。それは僕の言葉でちょっとかっこよく言うとね、今まではね、患者さんの言ってることとか表情とかそういうことばっかりに目がいってたんだけど、少し、患者さんとの距離とか関係とかね、距離感とか、そこのところに少し配慮がまわってきたりとか、そういうことができるようになってきたんじゃないかなと思うんだけど。
永尾：そうですね。その和田先生がおっしゃる配慮はでてきたと思います。
和田：配慮というのはたとえば、近づくなら近づいてもいいんだけど、近づけばこうなるし、離れれば離れたでこうなるし、みたいな感じのところじゃないかな。だから、その距離感がうまくいかなかった時になんか行き詰ったなって感じになったりとか……、まあー、これは僕の勝手な考えなんだけどね。

永尾：そうですね。それを含めて、面接に行き詰まった時に「行き詰った」ということを患者さんに言えるようになったということかもしれませんね。

和田：なんか答えを押し付けたみたいですごく申し訳ないんだけど、そこが非常に大きいことだと思うんだよ。それができるから、たとえば統合失調症の患者さんであれ、なんであれね、その症状に対しての付き合い方も変わってくるわけなんだよ。まあー、心理臨床の伝統みたいなものはあるけど、そこにこだわってしまっていると患者さんとのお付き合いというか、治療というか、そういうのがものすごくカチカチになっちゃってしまうように思うんだよね。

Ⅳ　簡単なまとめ

さて、ここまでのこのケースとわれわれ三人のディスカッションについて本誌読者の方々はどのような印象をもたれたであろうか。とくに和田と児島の「ケースの見方・考え方」に対する率直なご意見を伺いたいところである。おそらくは、統合失調症の心理臨床はどうあるべきかといった、より〝専門的な〟議論が出てくることであろう。もちろん、われわれもそうした観点の重要性について認識しているつもりではある。しかし、それよりもむしろ、心理臨床家がクライアントとどのように〝お付き合い〟をすればよいかということこそ重要な課題ではないかと考えている。その点で、今回の若き男性セラピストがきわめて困難な（と一般的には考えられる）ケースとの出会いを通じて経験してきたものは、きわめて示唆に富むものを与えてくれているように思えて仕方がない。次章、乞うご期待。

第11章　若き男性セラピストの〝軽はずみと羞恥心〟・その2

ある統合失調症女性患者との出会いから

Ⅰ　前章の概要

第３部の和田と児島によるケース検討の第二弾は、若き男性セラピストである永尾が約五年にわたりセラピーを担当してきた統合失調症女性患者のケースである。本ケースは十二歳頃に発症後、四十五歳となる現在まで入退院を繰り返し、この十二年間はずっと入院生活を続けている。そしてこの間、幻覚・幻聴症状とあわせて、時に情緒不安定となり、看護スタッフや他患とのトラブルを引き起こすいわゆる問題患者であった。ところが、約五年前の永尾との出会いから徐々に変化が生じ始め、この一年近くは病状が著しく安定してきているのである。前回のディスカッションでは、永尾とケースとの出会いのエピソード、そしてその後、定期的な心理面接を開始したI期の約二年間にわたる経過にほとんどの時間が費やされた。その間にあって、永尾自身がまとめたセラピストとしての変化の経緯（表1）を再度示しているが、スーパーヴァイザー役の

本章は、永尾嘉康、和田憲明との共著である。

表1　Thの変化

①面接を構造化しなければならない。→必ずしもそれが役に立つとは限らない。
②患者の言動・行動には心理的な意味がある。→聞いてみないとわからない。
③妄想を症状として捉える。→妄想には文化がある。
④面接の解釈。→患者とのやりとりから見出す。
⑤行き詰った面接。→楽しく・気持ち良く・おもしろおかしく。

和田は、それらの意味するところをできる限り具体化しようとしてさまざまな角度から質問を繰り返していった。その結果、和田は、それらの変化のポイントを〝患者との付き合い方〟に焦点づけた。

Ⅱ　ディスカッション

さて、今回のディスカッションは、Ⅱ期およびⅢ期について、その中でもとくに永尾がポイントとしてあげた三回の面接の詳細な逐語録すべてを検討する予定でいた。いずれも大変興味深い面接内容であったが、それらすべてを取り扱うとなると、ディスカッション自体の時間はもとより紙幅の面で膨大な量となることは否めなかった。それに、この三回分の面接は、それぞれテーマは異なるものの前述の「付き合い方の変化」という点においては共通した文脈をもつものと判断されたため、ここでは「ノーベル賞の話」（＃149）と題された逐語録とそれに対する永尾自身のコメント（表2）についてのみ検討することにした。さらに、和田からの提案により、後半は、前回でのディスカッションも含めたスーパーヴィジョンの経験全体を永尾に振り返ってもらうことにした。その結果、内容的には前回のものと重複したり、繰り返しになっている部分が多々あることをお断りしておきたい。

ノーベル賞の話

Aさんと永尾の会話	Thが感じていること
（ベッドサイドにて） （挨拶をしたとたんに勢いよく話し出す） A：永尾先生はいつもきれいなシャツを着てるね～！ Th：そう？　ちょっと凝ってるから！	さぁ、今日はどんな感じかな……。 今日も元気だこと！ おっ！　いいとこに気づいてくれてる！
A：あ～、よかったあ。幻聴が聞こえてきよったとよ。 Th：あらっ！　ほんと?!　どんな？ A：それは聞かんでくださいよ～。 Th：ごめんごめん。 A：耳が痛くて、雨上がりになるとこうなるんですよ。 Th：そっか～……。 A：今日お母さんの誕生日ですよ！ Th：（前に聞いていたので）おお～っ！　そう言いよったねー！　電話とかしたりする?！ A：うん。もうかけたけど、すぐ切った。 Th：そう。 A：むこう（母親）も忙しかとやろ。 Th：誕生日パーティーで？ A：みんな（家族）来てるんじゃないかなあ……。	……って、聴こえてるんだ。 まずかったかなあ……。 というわりには……そうなんだぁ。 あらっ！　話題が変わった！ 電話してたんだ。 ちょっと切ない感じだなぁ。じっくり話聴いたほうがいいよね。 あれ？　切ない話が……。
Th：そうね～。（病室を見渡して）どうする？　向こう（面接室）で話す？　みんな寝てるし……。 A：うん。そうね！ （面接室へ移動する）	

A：Dちゃん（本人の姪）は料理が上手なのよ……。 Th：へえー!! A：ちょっと紙に書いてよ！　私も昔はたくさんできたのよ！ Th：そっかあ。 （ノートに本人が話す料理を書き出す） （20種類程度のメニュー） Th：すごいね！　これだけあれば一カ月はもつね！ A：まぁた、そんなこと言って～！ Th：いやいや。	Aさんも昔はやってたんだあ。 またできるようになるといいなぁ。
A：出世せんばよ！ Th：できるかなあ。 A：なんば言いよっとねー！　ノーベル賞ばもらねんね！ Th：えーっ!? A：私の幻聴が治るとやけん、もらえるさ！　院長先生に言っといてやるけん！ Th：ありがとう。	ええっ！　またいきなり言うから……。 ちょっとうれしいけど。 ……って、ノーベル賞!? 確かにAさんの幻聴治ったらノーベル賞もんだよね!!
A：あ～良かった……永尾先生が来てくれて！ Th：良かったあ。そう言ってもらえて。 A：永尾先生の顔見たらパッと良くなるとよ。 Th：ほんと?!　この顔も役にたつばいね！ A：格好良かね～。 Th：照れるね～。 A：もうちょっと目の大きかったらよかったのに。 Th：じゃあ、整形しようかな？！　最近流行ってるし！	よかったぁ。今回もそれが聴けて。 顔なの?! ええっ！　ほんと照れる。 げげっ！　ちょっとショックやなぁ。

A：またそんなこと言って～。自然が一番いいって！	あっ！　ナイスフォロー！
Th：だって、Aさんの気にいる顔になったらもっと幻聴が良くなるやろ？	でも、ほんとにかっこいい人やったら治るのかな？
A：もうよかって～。	
Th：そう？	調子乗りすぎたかな……。
A：あ～ようなった～。私が結婚したらここにおらんごとなるけんね～。	あらまぁ。複雑……。
Th：……。	
A：永尾先生とも会われんごとなるけん、結婚するまいかな。	わぁ、責任感じてしまうなぁ……。
Th：えぇ～っ!?	
A：いやあ……お母さんも〝あんたは病気で幻覚・幻聴があるから、結婚しなさんな〟って言うとよ。	これまた切ない……。
Th：う～ん。	
A：お母さんも一人になるから寂しいとよ……。私を離したくないとよね？	なんという気の使いようだろう！　でも、娘が嫁ぐ親の心境ってそうよね……。
Th：それはあるかもね。	
A：Eさん（新患で同室に入院した患者）がね、私と話したら良くなるって言うとよ。	あら!?　また話題が変わった！
Th：おお～っ。Aさんもノーベル賞たい！	Aさん、すごい！
A：何ば言いよっとねー！	
Th：ほんとにさー！　一緒にもらおうよ！	
A：がんばろうね！　じゃ、こんなところでいいですよ！	
Th：そう？　良くなったかな？	あれれ？　終わってしまった。こんなんで満足していただけたのかな？
A：あっ！　次の（次回面接予定日）を書いとって。	
（次回面接予定日をメモに書いて渡す）	抜かりないから大丈夫かな。

【コメント】

面接の内容に一貫性はなく話題はパラパラとしている。以前はこれを修正することばかりに気をとられており、Aさんとの会話を楽しめなくなっていた。しかし、現に目の前でAさんは「幻聴が治った」と話してくれており、それをシンプルに受け入れられるようになり、さらには「ノーベル賞」というところにバカ正直なThは〝治ったら本当にノーベル賞もんだ！〟（今でも思っている）と調子に乗っている。しかし、それが楽しく面接ができることに至る活力となった。

Aさんに乗せられ、羽を取り戻せたことに感謝である。また、この頃になると、病棟の看護師がいつもThの労をねぎらってくれるようになった。「いつも（Thが）来るのを楽しみにしているんですよ」とうれしいお言葉である。「（Thが）来ると、ものすごく機嫌良くなるんですよ」など最大の評価である。「もう、すっかり彼氏ですもんね」とのお言葉に少々複雑な心境ではある。Thが病棟へ行くと、「ほらっ！　Aさん、旦那さんが来たよ」と看護師がAさんを呼び出すようになった。〝彼氏〟、〝旦那さん〟がAさんにとってのThの役割となっているようである。

1．「ノーベル賞の話」をめぐって

児島：では、Ⅱ期に入りましょうか。

永尾：はい。そうですね。Ⅱ期でも幻聴はやっぱりあるわけですね。ですから、こちらからも形式通りのことを聞くわけですね。たとえば「幻聴どう？」とか「調子はどう？」とかですね。ところが、とにかくもう、「来てくれたけん良くなった」で、すぐ済ませるんです。済ませるというか、それでもう済んでしまうんですね。そして、〝幻聴がとまってきたではなくて病気が良くなってきたという形でひとくくりして言っているわけです。それで、私の方は「あれ？」みたいに思ってきたというところでもあります。そのうちに、幻聴のことを聞こうとすると、「聞かんで」って言ってきたりとか。Ⅱ期も後半になってくると面接でもお互いによく笑いが出てくるようになりました。もっとも、その頃の面接場所は病院の中にある軽食・喫茶店なんですけど。それに、Aさんは、時々化粧もするようになってきたり、私が着ていく服、とくにシャツの色なんですけど、「今日はよか色ば着とるね」とかよく言うようになってきたんです。

和田：なるほどね。

永尾：だから、Ⅱ期目は、けっこうターニングポイントというか、うまくいってる面接の定着で、Ⅲ期目はその流れで、もう、なんかもう、生活に溶け込んだ形、と言ったら何ですが、そういう感じの面接になっています。だいたい、Ⅱ期で大方このAさんとの面接の形態が定着したといえると思います。それに、Ⅱ期の後半くらいから現在まで保護室にも行かなくなりました。

児島：ほう、そっかぁ。それで、Ⅱ期のその代表的な逐語がこの#149のノーベル賞の話になるわけやね。

和田：この逐語はもちろんじっくり見ていきたいんだけど、君は、妄想を症状として捉えるというよりも、妄想には文化があるという風に言っているよね。まぁ、その妄想にクライアントの日常生活というか、生き様があるみたいな感じかな。たとえばそういうふうな君の考え方とか、スタンスがこの逐語の中に反映されているのかな？　そのあたりから聞いてみたいんだけど、どうだろうか？

永尾：そうですね。逐語の中で、私の中で感じていることも載せてるんですけど、ここのところが大きいかなと思います。

和田：そうそう！　たとえば、その君の中で感じていること、そこを中心に聞きたいんだけど。

永尾：はい。えーと、まずはAさんの様子をみるところから始まるんですよね。「今日はどんな感じやろう？」みたいな感じで。いつも病室に迎えに行くんですよ。私を見たとたん、Aさんは、ワー！と返してくれるわけです。「永尾先生いつもきれいなシャツを着て」というのは第一声なんですよね。その前に「おはようございます」と私は言ってるんですが。まぁ、けっこう「元気やな」みたいな感じで。その私の中くて。

部分というか、そこが私の「あ～、文化やなぁ」って感じているところなんです。なんか言葉にできな

で、妄想は文化だと感じた部分というのは、言葉にできないところがあるんですけど、この「……」の

和田：あー、なるほど、わかった！　幻聴が聴こえてこなくてよかったという、そうかー、ということやな。

永尾：そうですね。ここのところが一番感じているところなんですけど、たとえば、「幻聴が聴こえてきよったとよ」というAさんに対して「あー、やっぱり聴こえてるんだ」という感じ方というのは、これはどちらかというと、症状を捉えているようなのに近いものだと思うんですね。その前の、「……」が、なんかこう、幻聴が聴こえながらもやってきたんだ、みたいなことをサーッと思っているわけです。なので、たぶんそれを書いていくと、莫大な量になると思うんです。

和田：あー、なるほど。幻聴があることに対して、寛容なんだ……。

永尾：寛容というか、あの～、なんというんでしょうか。Aさんに対して、生活感を感じるというか、幻聴が聴こえていることはもちろん嫌なんですけど、「あっ！　生きてるな」っていうか、なんか「日々暮らしている」というか、生活感というんでしょうか？

児島：生活感っておもしろいな。

和田：わかった。じゃあさ、それがこういうふうな変化がなかった時の君だとしよう。妄想を症状として捉えているとした時に、まぁ、捉えていればこういう話にならないのかもしれないけど、この「……」の部分ではさ、どんなふうなことが起きるだろうな。

永尾：そうですね。やっぱり、症状で捉えているとしたら、薬ですかね。たとえば、この会話でいうと、「幻聴が聴こえてきよった」ということになると、「あらっ？　今日朝から薬飲んでなかったのかな？」とか

ですね。それとか「昨日は眠れてなかったのかな?」とか聞いていると思うんですね。だから、当然、この会話の内容も違ってくるわけです。たとえば、「あら！　どんな?」じゃなくて「昨日は眠れなかったの?」とかになるんじゃないかと。

和田：なるほど。オッケー。そうだよなあ。

永尾：でも、ほんとそれ以上のもののような気がするんですよね、Aさんの妄想とか、幻聴とかが。

児島：他にも幻聴とかある患者さんっているじゃないですか。それと比べてもAさんの幻聴というのは質が違うの?　症状としても同じじゃないわけ?

永尾：そうですね。症状としては幻聴で、それは同じなんですけど。

児島：たとえば、Bさんの幻聴、Cさんの幻聴とあった時に、それでもやっぱりAさんの幻聴というのはなんかこう質が違うんやろうか?

永尾：いや、やっぱりそれは、それぞれなんですよね。あの～、Aさんだから、というところではなくてですね。

児島：じゃあさ、永尾君がいう生活感みたいなところでいいんだけどさ、単純にいくと、その生活感のあるAさんらしい幻聴、というのと、たとえば、Bさんの場合は、なんかその変な言い方だけど、Aさんの生活感のある幻聴とはまた違う……。

永尾：その人のそれぞれの生活感ということです。

児島：それぞれある。

永尾：そうです。その人それぞれにあって、その人なりに違うんですよね。なんかそこを大事にしたいというのがあるんですけど。

児島：なるほど。ただ、これはあくまで僕の感想なんだけど、永尾君にとってみると、セラピストとして病院臨床を始めたばかりの中で、やっぱり、このAさんとのかかわりは格別に深いようなものがあるんじゃないかと、だから……。

和田：肩入れやな。

児島：ちょっと、その辺のところがありすぎるのかなーとチラッと感じたわけだけど。

永尾：そうですね。肩入れは少しはあるかもしれないですよね。でも、それは、幻聴とかに対してではなくて、Aさんそのものに対してというか、この人との出会い、ですよね。出会えたこともそうですし、こうやって、面接ができて、ということも。ちょっときれいに言ってるのかもしれないですけど、そういうこともAさんのおかげだとは思います。

児島：じゃあね、たとえば、Bさん、Cさんがいたとして、幻聴とかあって、そういう患者さんと面接をやるときに、どうしてもAさんと比べてしまうとか、ということによって、Bさんには Bさんの生活観が、というふうな捉え方ができなくて、どうしてもAさんのその幻聴と比べてしまって、ということはどう？　そういうことはあんまりない？　ここまでもっていかないといかんとか……。

永尾：あー、そうですね～。比べるというよりも……。えーと、そうですね～。Aさんとの面接がベースになっているところはあるんですけど、比べることはないですね。う～ん。Aさんがこうだから、Bさんをここまでもっていったほうがいいかな、とか、あんまり、そう思ったことはなかったですね。

和田：あの、僕はこの「……」というところだけど、それは、妄想や幻聴とかに対する捉え方の違いというか……。一つは、内容そのものに対する、こちらの理解というか、その仕方みたいなところに、大きい影響があるのか、それとも、もう一つは、本人の語りかたというのかな、訴え方っていうか、内容はともかくそのしみじみ語るとかさ、つまり、その面接の中での語り方とか口調とかにあるのかな？　それが君のいう生活感……？

永尾：すごく影響していると思います。

和田：そういうところに、君は気づくというか、関心をもつというところはあるだろうか？

永尾：あります、すごくあります！　だからここはあえて方言で載せさせてもらったんですけど、この人は、独特な方言なんですよ。同じ県内でもなまりの強いところの出身なんです。イントネーションと方言。

和田：イントネーションね。

永尾：それがまたですね。しみじみくるわけですね！　グッとくるわけです。なんかあの……。

和田：(笑)

児島：(笑)

永尾：あの～、「あーーーーそう」みたいな。なんといいますか。

児島：いや、いいよ、いいよ。

和田：最高だよ。

永尾：それが、お伝えできないのが歯がゆいわけです。それが一番大きく影響しているわけです、実は。その語り方というのが、ほんとに、その～、何と言ったら伝わるんでしょうか。ほんと、近所のおばちゃん風な雰囲気でもありますし、あの、いわゆるお姉さん系の雰囲気でもありますし、おせっかい焼きなおばちゃん風でもありますし、そういうイントネーションがあるわけですね。

和田：それも変化があるわけ？　たとえば最初の頃の面接と、この面接での内容はあまり変わらないんだよね？　内容は変わらないんだけど、そのまぁ、イントネーションは変わらないんだけど、話し方が非常にやわらかくなってるとか、前はわりかしガーガーと言っていたのが、なんかしみじみと語るようになったとか、そういうふうな変化というのはあった？

永尾：すごい変化があります！　以前はやっぱりワーワー一方的に訴えるところがありましたので、そういった点では、やりとりができるようになってきたというところですね。まあ、その、キャッチボールというか。訴えはあるんですけども、勢いが、その、たぶん私が感じたことの中に出てくると思うんですけど……。まるくなったというか。

和田：語りというか口調が変わってきたんだよな。

永尾：そうです、そうです！

2. 文化としての妄想って？

ここで和田は、前回のディスカッションも含めてこのケースのスーパーヴィジョン自体を振り返ることを提案した。それに対して永尾は、既述した和田の「患者との付き合い方」に関するコメントがとても勉強になったと語った。

和田：なるほど。じゃあ、もういっぺん質問してもいい？　あの〜、逐語記録を書き、こうして事例報告としてまとめて出す時に、まぁ、ここは自分としてはうまくいってるとかさ、おそらくここはスーパーヴァイザーのほうから、誉められるじゃないけど、「よくやってるね」とか「うまいね〜」とかと言ってもらえるだろうと君が予想していたというか、そして、それがピッタリ一致したというところはある？

児島：（笑）

永尾：それはあの～、言ってもいいんでしょうか、というのがあるんですけど……。一番最初にAさんと出会った部分のところを、和田先生から誉めていただいて、児島先生が「これで決まったようなもんだな」といっていいただいたところなんですけど。

和田：自信があったわけか。

永尾：そうですね。「やった！」というような。「やっぱり」みたいな。

和田：最初のところだよな？

永尾：そうですね。私が「その場をなだめようとして……」と言うと、和田先生が「そうかー！　その場をなだめようとすることで、聴こえてないときもあるんでしょ？と聞いたわけだね。いきなり例外の処方みたいなことをやったわけだ」と。そして、「なるほど、ワーワー言ってても、聴こえない時は静かだもんな」ということで、「これは大したもん！　見事やねー」とおっしゃってくださったところですね。

和田：なるほど、じゃあね～、ここはおそらく誉めてもらえるはずだと思ったのに、僕の方の食いつきが悪かったのかもしれんけど、とにかく、ここはもう少し取り上げて欲しかったなぁと思ったようなところはある？

児島：(笑)

永尾：そうですね～。あの～、「Thの変化」のところは自分でもうまくまとめたなぁ、と思ったんですけど、どうなんですか？　和田先生からすると、そこまで重要じゃなかったのかなぁ？　とくにまとめなくてもよかったたかな？　というか……。

和田：あっ、なになに？

永尾：ここのところはあんまりおもしろくなかったのかなぁ、ていう感じで思ったんですけど。とくに、③

の妄想を症状として捉えるというよりも妄想には文化があるというふうにしたところというのは、僕の中では、けっこう、いい言葉を作ったもんやなー、と思ったんですけど、

児島：けっこういけてるなと。

和田：なるほどなるほど。

永尾：あんまり食いついていただけなかったですよね。

一同：(笑)

永尾：あれ？　逆に言いすぎたかなぁ、と、前回のこのスーパービジョンを受けながら、リアルタイムで、あれ？　え？　と思ったんですね。

和田：そうかそうか、この「Thの変化」としてまとめてくれているところやろ？　僕の中では、患者さんがどうであるとか、妄想がどうであるとか、ということよりも、君自身がどういう変化をしてきたか、ということに対して、いっぱいコメントをしてあげたらいいかなと思ったわけよ、君にとっては最初のケースのようだったから。その中で、構造化と枠組みという言葉も非常にあいまいだったから、そのことについても触れたし、行き詰ったことということも、行き詰るということはよくあることだから、その行き詰るってどういうことなんだろうなという話とかね。それから、「妄想は文化である」というところは、ただ単に意味がよくわからんかっただけで……(笑)。

永尾：やっぱりそうですか(笑)。

児島：(笑)

和田：「Thの変化」のところで書いてあることは、これだけとったらすごくいい言葉なんだけど、えてして、独りよがりな言葉になっちゃうんだよな。で、それが独りよがりになるのか、それが、少しこう、なん

ていうかなぁ、共感できるだけのものをもっているかどうなのかというのがよくわからなかったわけよ。これが、永尾君だけがそのままの言葉でわかってるとしてみたら、それはちょっと注意せんといかんなというのがあったわけさね。そうなると、そういう言葉は、やっぱりね、使えないのよ。

永尾：そうなんですよね〜。

和田：だから、妄想は文化であるというのも、そういうふうに君が至るまでのプロセスなりとかさ、そういうことをもう一回聞いてみないとわからないなというのがあって、そういうふうな感じだったんだよな。

ここで和田は、自らの統合失調症のセラピーの経験から、次のようなコメントをしている。すなわち、このようなケースとの出会いはセラピストが持っているある種の価値観とか常識といったものが大きく揺さぶられることによって、セラピストの中にそれまでとは異なる解釈のようなものが生まれ、そのことで、もしかしたら、患者の方は変わっていなくても、セラピスト側の見方なり考え方が変わってきて、結果的には感じがよくなったり、セラピーめいたものができるという風になるというのである。要するに患者から学ぶことが圧倒的に多いと。そして、そのことが他のセラピーにも役に立つようになってくるものなのであるが、そのような意味で、おそらく永尾にとっては〝文化〟という言葉に集約されるようになったのかもしれない。しかし、それで何か自分の中でわかってしまったようになるのは、やはり注意しておく必要があるのではないかということであった。

３．面接は雑談でいいのか？

和田：じゃあ、次。ここはそんなに誉められるとは思ってもみなくて書いたんだけど、逆に僕らの方が興味持ったり、誉めてきたので意外だったとか、そういうところはあるかな？

永尾：そうですね～。えーと、それはAさんとの出会いの会話のところですね。最初は幻聴をめぐるやり取りだったのが、途中でAさんが急に私に「先生は何の先生ですか？」って聞いてきたというところで、ここのところを、児島先生が、会話のコンテキストが変わっている、と指摘されたんです。そういうコンテキストの変化を促したのが、その前のAさんが訴える幻聴に対する私の対応の結果ではないかということでしたけど、ここは、私の中では、全然頭になかったんですね。あっ！なるほどー！と思いました。

和田：それで、そこのところで、あらためてどういうことがわかった？

永尾：このコンテキストが変わってきたという部分と、そのあとⅠ期からⅡ期への変化について、和田先生から、Aさんの語り方が変わってきたと指摘していただいたところが結構繋がってくるのかなぁ、という風に思ったりもしたんですよね。

和田：どういうふうに？

永尾：このAさんとの最初の出会いの逐語からいくと、幻聴の話、問題の話から、日常会話って言っていいんでしょうか、そういう形に変わってきたというか。まぁ、このコンテキストが変わってきたということを細かく言うとすれば、Aさんは問題の話をずっーと言っていて、それを聞いていると苦しくなるんですけど、それがある程度、なんというか、あんまりこういう表現したくないんですけど、いわゆる発散したときにふっとコンテキストが変わって、なんか普通の日常会話になって、要するに語り方が変わってきたのかなぁ、と。その辺のところとすごくかかわりがあるような感じがするんですが。ちょっと、極端に言えば、治療的なというか、結果かなぁ。これって言い過ぎですかねー。

児島：まあー、期せずして、というところはあるとは思うけどね。ともかく、患者さんの幻聴の訴えに対して、君は最初から日常的な応答で始めている。その最初の時にもし違った応答をしていたら、ということを想像するわけだけど。

永尾：そうですね。それで、その後に、私の語り方も変わってきたという話につながるところで、自分の中ではすごくしっくりきたかなと。

和田：語り方ね。うん、どういうふうに語り方が違ってきたの？　もっとわかりやすい言葉でいうと。バリバリの方言っていうこともあるし。永尾君はどう変わってきたの？

永尾：そうですね。ちょっと、私自身のスタンスということにもかかってくると思うんですけど。普通にというか、なんていうか、だから、雑談チックに、というんでしょうか。つまり、あんまり幻聴とかにはこだわらなくなってきましたし。まぁ、Aさんそのものとして、一人の女性として話をしているというか（笑）。

和田：まぁ、雑談ができるようになってくるわけだよな。じゃあなに、それまでは、雑談じゃなくて、治療用会話みたいな治療者風言い方みたいなとか、そういうふうな感じだったんかな？

永尾：そうですねよ。だから、前回のディスカッションでもあったように最初は「調子どう？」とか「昨日は眠れた？」とか「幻聴はまだ聴こえてくる？」とか、そういうことを言ってたんですけど、最近の面接では、院内の軽食喫茶店に行くようになっているので、私は「ハンカチ忘れんようにね」とか「準備はいい？」とか言うわけです。すると、Aさんも「このシャツ似合う？」とか言ってきて、そのあとはそういう流れの会話になって「じゃあ行こうか」とかいう感じになってくるんですよね。だから、全然もう、前とは違うというか。

児島：それはたとえばさ、付き合いが長くなったからそうなったんだよ、って言われたらどうする？
永尾：そうなんですよね～。う～ん、でもなんか……いや、でも、そんな感じは全然しないですね。たしかに、付き合いが長くなってくれば、ある程度わかり合えるところもあるだろうとは思うんですけど……。その中で、Aさんと私との間で、問題を共有しているというような言い方をすれば、その問題が二人の中で、薄れてきたというか、この五年間の中でというか。問題はあるんですけどね、そこまで取り立てて取り上げることでもなかろうに、ってそういう感じでしょうか。
和田：なかろうに……。でも、雑談といえば雑談なんで。それって、いわゆるサイコセラピーじゃないし、カウンセリングでもないんじゃないの。どういう風に扱うかは別にしても、少なくとも問題は問題なんじゃないの。それでも自分の中で、それでよし、とできるのは何なんだろうな？
永尾：あー、どうでしょうか。難しいですね～。そうですね。あの、たとえば、面接とかいう場合には、基本的には問題について話し合うということですよね。でも、問題の話をしていて、問題の話がなくなってくれば、それもいいんじゃないかと。もちろん、病気としては、確かにAさんも治っていないわけなんですけど、まぁ、病気は医者に任せるとして、そこは心理なので、Aさんもそのことを話さなくなっていけば、それはそれで、セラピューテイックにいけてるんじゃないのかな？と思っているんですけど。
和田：なるほどな。じゃあ、ちょっと意地悪なこと言うけど、それってさ、Aさんとか、Aさんの妄想に対してさ、ただ、葛藤回避してるだけの話なんじゃないの？ってならないかな。
永尾：それは児島先生のご専門？（笑）
和田：（笑）
児島：今のオフレコ（笑）。

和田：葛藤回避してるだけでさ、本来はやらなきゃならないことでも、たとえばやる自信がなかったりとか、感じ悪くなったりとかすることがあるんで、そこは触れないでおいて、ただ単にやってるだけなんじゃないの？って……（笑）。

児島：言われたら？

和田：言われたらどうする？

永尾：そうですねー。それはやっぱり、ある意味、そういうことを言われることを認めているところはあると思います。あのー、圧倒的に、無力さというか、幻聴とか妄想というのに対して心理療法とかいうのを使って治すというのは、それこそ、Aさんの言うノーベル賞もんだというふうに思いました。だから、ノーベル賞か、よし、もらってやるっていう勢いと、でも、これは大変なことを目の前にしてるぞ、という無力さとでやっぱり悩んだ時はありましたからね。

和田：そうだよな。

4．軽はずみと羞恥心！

和田：もう一度、君がまとめた「Thの変化」についてなんだけど、前回そして今回ずっとこうしていろいろと話しをしてきて、今あらためて振りかえってみてどう思う？　これはまぁやっぱりそうだったなぁ、というふうな感じで確信が持てた？　それとも、あっ、そこだけじゃないよとか、またちょっと違う角度に見れるようになったなとか、そういうふうに思えてる？　どうなんだろう？

永尾：えーと、そうですねー。確信したというよりも、もうちょっとスリムになった感じでしょうか。なんか、その妄想は文化だとかいうところもそうですけど、あと、⑤の楽しく気持ちよくというところとかも、今から思うと、やっぱり若気の至りかなっていう感じで。それにとくに、⑤の行き詰った面接というところは、書いた時と今とではもう変わってますし。
児島：そうだよね。必ずしも、楽しく、気持ちよく、おもしろく、おかしくということではない。
永尾：ないです。ちょっと軽はずみだったかな、という反省点が大きいですね、これは（笑）。いやぁ、これはちょっと言い過ぎたというか。「Thの変化」のところはなんか恥ずかしいですね、スーパーヴァイズを受けた後でこれを見てみると。
和田：軽はずみっていうか、恥ずかしいよな。ほんと恥ずかしい（笑）。
永尾：触れないで、って感じですけど（笑）。
和田：なんていったらいいかな、今日のポイントはここじゃないかという気がするんだよね。永尾君のようにセラピストとしての自分の変化についてこういうふうにポンと書ける軽はずみというかさ、そういうところは恐らく統合失調症の患者さんの面接をうまくやっていくのには、こういうふうなわけのわからん部分って絶対必要だと思うのよ。ということは、統合失調症とはこういうものだ、という具合に全部わかってしまってやったらね、うまくいかないのよ。だから、この軽はずみがすごく、なんかのところで役に立って、患者さんを動かす力にはなっているんだけど、それだけではね……。ここは、やっぱり老婆心ながら、まずいなぁ、って感じているわけ。でも、逆にスーパーヴァイズしてみて、いらんことして、そこがなくなってしまったらもう、できないんだよ、という感じもあるのよ。
永尾：恥ずかしさ反面ですね。たとえばこれがまったくいけないというようなスーパーヴァイズを受けていたとしたら、何がいけないんだということを言ってると思うんですよ。それこそ若気の至りで。ちょっと失礼かもしれないですけど。

和田：（笑）

永尾：とくに「Thの変化」のところなんですが、今、こうして振り返った時に、あー、恥ずかしい、なんであんなことを言ったんだろう、書いたんだろう、という気持ちはあります。恥ずかしさにもいろいろあると思うんです、思い出させないでとか、ほんとに忘れたいとか。でも、ここでの恥ずかしさというのは、自分の中にとっておきたいんですよね。そういうふうに思います。

和田：そう、そこのところに注目、だね。ぽんと、軽はずみなのよ（笑）。でも、その軽はずみがないとダメなのよ。ないとダメなんだけど、軽はずみだけではダメなのよ。じゃー、プラス何が大事かというと、恥ずかしいという感覚なんだよね。未熟という感覚よりも恥ずかしいという感覚、これがいるんだよ。とくに君にはね、偉そうやけど（笑）。

児島：これで決まったようなもんだな。では、お後がよろしいようで。

永尾：どうもありがとうございました！

Ⅲ　まとめ

この度のケースを巡って交わされたディスカッションでは、正直なところ三者ともに大変なエネルギーを投入することとなった。実際、二回に分けて、しかもそれぞれ三時間以上にわたったわけであるが、見ていただいてもわかるとおり、いくつかのテーマが何度も繰り返されて議論されたのである。そのことからしても、このケースに対する永尾の思いがいかに深かったかということが見てとれる。その思いの深さにスーパーヴァイザー役の和田も自らの若き時代を重ねるかのごとくつられる形となり、そして、コーディネーター役の児島もまた、かつて、このケースについて簡単ながら永尾から相談を受けていたということもあってか、ついその役目を忘れてしまうほどであった。それにしても、このAさんと永尾との出会いそしてその後の五年間は、三十余年におよぶ統合失調症という病いを背負って病院内で生きるしかない患者と未来を託された若き男性セラピストという、そのあまりの境遇の違いにもかかわらず、お互いが共通してもっている何か生きることへの意志とでもいおうか、そうしたものが共鳴し合っていくようなものとして理解できそうである。しかし、それでもなお、永尾はあくまでセラピストでなければならない。今回のスーパーヴィジョンが果したものは、まさにその一点にかかっていると言ってよいであろう。和田が何度も何度も執拗に質問の数々を投げかけたのは、まさに、永尾に対して、セラピストであれ、というメッセージを送っているからに他ならない。永尾もそのメッセージに精一杯応えようとして、そうしたやり取りの中でいわば必然的に浮かび上がってきたのが〝軽はずみと羞恥心〟という和田の命名によるタイトルであった。永尾には、今後も、是非ともこの〝軽はずみと羞恥心〟の精神をより洗練させていってもらいたいという願いを込めて本稿を閉じることにしたい。

第12章　子どものセラピーには　コマーシャル付きがおすすめ・その1

I　はじめに

和田と児島によるケース検討もいよいよ最後の第３弾となった。今回はプレイセラピーを交えた小学五年男児の子どものケースである。他のケース報告者がいずれも年齢的に若いのに対して、今回のケース報告者である伊藤勢津子は心理臨床家としての経験こそまだ五年ほどではあるが、それ以前の社会人としての経験は長い。このように、今回はケースもセラピストもがらりと趣きを異にすることになるが、はたして、われわれの〈ケースの見方・考え方〉はどのように展開していくことになるであろうか。

さて、実際の進め方であるが、これまでと同様、まずケース報告者がケース全体についての資料を準備した上で、スーパーヴァイザー役の和田とコーディネーター役の児島はあらかじめそれに目を通しておいた。

本章は、伊藤勢津子、和田憲明との共著である。

その後に、三者でのディスカッションを録音しながら行った。録音したディスカッションの逐語録はケース報告者が作成し、それらをもとに児島が編集しまとめた。

また、本ケースは、後述するように三回の面接（一カ月間）で終結となった文字通りブリーフなものであるが、一回ごとの面接におけるセラピストとクライエントのやり取り、さらに、三回の面接間のつながりはどれも断ちがたいほどの豊かな流れをもっている。そこで、今回は報告者が提示したケースの概要および面接経過を一挙に掲載することにして、読者諸氏には、まず、このケース全体をじっくり味わっていただくことにしたい。したがって、ディスカッションは次章の掲載となることをお断りしておく。

Ⅱ　ケースの概要および面接経過

1．A君の概要

クライエント：A君（小学五年生）

主訴：よく泣く（今までは泣かなかった）、眠れない。

家族構成：父母（ともに四〇代前半、N市出身）、姉（大学生）。

生育暦および来談まで：N市内出生。今まで大きな病気もしたことがなく、すくすくと育った。父母ともに会社員で、共働きのため保育園の頃は八歳年上の姉が保育園の送り迎えをしていた。小学生から鍵っ子。性格はのんびりしていて、温厚。今まで、学校でのトラブルもほとんどなく、泣くことも少なかった。成績は中の上。五年生の二学期になり、家でちょっとしたことでめそめそ泣くようになり、夜眠れないという訴えもあり。心配した母親が、知り合いのナースに相談してケース報告者が勤務するクリニックへの来院となった。

クリニックの概要：元来、成人対象の精神科クリニックであるが、子どものケースにも対応するためにドクターの診察室とは別に面接室が設置されており、箱庭にくわえて玩具が置いてある。通常であれば、面接ごとに最初にドクターの診察があるが。本ケースは、直接報告者に紹介されたということでドクターによる診察は初回のみであった。

2. 面接経過

〈初回面接：X年九月七日〉

［A君との面接］

A：こんにちは。
Th：こんにちはA君。私は伊藤勢津子。よろしくね。
A：うん。知ってる。お母さんの友達の看護婦さんがね、伊藤先生だったら僕の病気治せるって言ってた。
Th：えーっそうなの。A君の病気？
A：僕の病気。僕ね、夜なかなか眠れないんだ。今まではすぐ眠れたのに。
Th：ふーん。夜眠れなくなったのはいつ頃からなの？
A：二学期が始まってから。
Th：もう二週間くらいたつね。二週間も大変だったね。
A：うん。それにね、寝ようとして目をつぶるとこう……漢字がね向かってくるんだよ。
Th：漢字が？
A：うん。漢字が眼の方に向かってくるんだ。
Th：へーっ。怖くない？

A：怖くないけど、眠れない。
Th：たとえばどんな漢字が向かってくるの？
A：あのね、「村」とか「田」とかね。
Th：「村」とか「田」？　よかったあ。
A：なんで？
Th：いや、「怨念」とかさ、もっと恐ろしい文字かと想像しちゃって（笑）。
A：ハハハ。先生想像しすぎだよ。
Th：つい想像しすぎちゃったね。色はどんなの？
A：緑や黄色や赤のときもあるよ。
Th：ふーん。光ってる？
A：うん。光ってるよ。先生も見たことあるの？
Th：漢字じゃないけど。目つぶって何か光ってるものが見えることあるよ。
A：先生のは何色？
Th：あ～あ、何色かな。うーん、緑や黄色や赤紫かなあ。
A：僕の色と似てる。
Th：うん、似てるね。
A：あれ何？（と箱庭を指差す）
Th：あれね、箱庭って言うんだけど、（以下箱庭の説明）してみたい？
A：うん。してみたい！（と箱庭を始める。楽しそうに［これ面白い］と言いながら鼻歌まじりで作っている）
＊箱庭は全面に兵士が武器を持っていて散らばって戦争している。右奥に家がありその周りに木が生茂っている。
A：できた！
Th：わーっ。結構激しいね。あれは家？（右奥の家を指差す）

A：そうだよ。
Th：A君のお気に入りは？
A：あの家さ。
Th：ふーん。あの家はあそこだけ感じが違うねえ。
A：うん。あのさ先生、お母さんから聞いた？
Th：何を？
A：僕よく泣くようになった。なぜか泣くんだよ。
Th：なぜかわかんないけど泣きたくなるんだね。
A：うん。
Th：学校でも？
A：学校では泣かないよ。学校はね楽しいよ。することもあるし。
Th：学校ではすることがある？
A：だって授業もあるし、お昼休みはみんなと外で遊べるし。
Th：そうかあ。お昼休み何するの？
A：みんなとドッジボールしたりね、野球したりする。
Th：家帰ったら何するの？
A：あー。夏休みは大変だったよ。
Th：夏休みが？
A：そうだよ。時間がありすぎ。学校が始まってよかった。することあるもん。
Th：そうなんだ。することあると安心なんだね。
A：そうだよ。することあるのがいい！

Th：そうなんだ。することあるのがいいんだ。
A：学校から帰ったらね。夕方することなくてね。
Th：夕方テレビとか観ないの？
A：観るよ。でもね、することないような気持ちになるんだ。
Th：することないような気持ちにねえ。そんな気持ちになったのはいつ頃から？
A：うーん。夏休みからかなあ。
Th：ふーん。夏休みからなんだあ。することないような気持ちになったんだ。
A：今はね少しいいよ。学校あるからね。
Th：少しよくなったんだね。じゃ10点満点で、夏休みの気持ちはどれくらい？
A：3点。
Th：今は？
A：6点かな？
Th：上昇してるね。
A：うん。
Th：10点に近づくためにはどうなったらいいかな？
A：うーん。眠れるようになるといい。
Th：わかった。じゃ眠れるようになるお手伝いするよ。これから眠れるようになるおまじないを教えまーす。
A：おまじないだ！
Th：いろんなおまじないあるけど、今日は一番簡単なのを教えるよ。
A：うん。
＊呼吸法レッスン
Th：どう？　難しい？

A：いや、簡単だね。できるよ。
Th：もし効かなかったら、もっと強力なおまじない教えるから、効かなくても心配しないでね。
A：うん、わかった。
Th：お母さんと少し話ししてもいいかな？
A：いいよ。お母さん泣くかも？
Th：お母さん泣くかな？
A：何かね、すごく心配してるよ。僕が変になったと思ってるもん。
Th：そうかあ。じゃお母さんを安心させるおまじないも使わなきゃ。
A：えーっ、そんなのもあるの？
Th：うーん。考えなきゃ。

［母親面接］
Mo：先生、あの子大丈夫でしょうか？　何だか変なんですよ。よく泣きますし、眠れないと言うし、変な文字が向かってくるとか言うんですよ。学校では元気にしているって担任の先生が言っています。何なんでしょうか？　私も主人もただびっくりして。
Th：泣くのはいつ頃からですか？
Mo：そうですね。夏休み明けくらいでしょうか？　親戚がきたときも部屋の隅でメソメソ急に泣き出すものですから、みんなびっくりしてしまったんですよ。以前はあまり泣かなかったんですけど。ご飯食べた後とかも、何もないのに部屋の隅でメソメソと。
Th：毎日ですか？
Mo：いいえ、毎日というわけではないのですが、今まであまり泣かなかったからですかね、いつも泣いているような気になって。わけを聴いても「わからない」と言うんです。頭が変になったのではないかと心配です。子どもにも「うつ」ってあるって聞きましたし。そういうのなんでしょうか？　あの、あれは？（箱庭を指差す）あの子がしたんですか？　何だかすごい怖いですね。やっぱり変になったのでしょうか？

Th：あーあ。箱庭って言うんですが、楽しそうにして鼻歌なんか歌って並べてましたよ。それにあのくらいの年頃の男の子って結構戦闘物並べるのが好きみたいです。

Mo：楽しそうにあんなの並べてたんですか？　大丈夫なんでしょうか？

Th：大丈夫ですよ。お話も変なところありませんでしたし、眠れないのが少し悩みだったようですよ。一応眠れるおまじないって言って、「呼吸法」っていうやり方を伝えています。簡単なんですが、お母さんもマスターしていってくださいね。

＊「呼吸法」を母に教える。

Mo：先生、私の帰りがですね、遅いのですよ。あの子が小さい頃からなんですけど、保育園の頃は姉がお迎えに行って家に一緒にいてくれたのですが、小学校からは、姉も部活かあったりして一人で留守番させているんですよ。時々私の職場に夕方、電話してくるんですけど、毎日残業忙しくて、それに私くらいの年齢になると立場もあるので、「あまり電話してきてはダメ」と言ってしまうんです。可哀想だとは思うんですけど。

Th：帰り何時頃ですか？

Mo：八時過ぎなんですよ、ほとんど。それから夕飯ですから大変です。十時にはあの子を寝かせるようにしていますし。バタバタです。

Th：お父さんの帰りも遅いのですか？

Mo：主人の帰りは私よりもっと遅いです。出張も多いですし。あの、あの子が変になったのは私が仕事してバタバタしてかまってやらなかったからなのでしょうか？

Th：お仕事して、家事もこなすのはバタバタしちゃいますよね。ゆっくりA君に向き合う時間もなかなかないですよね。家事はお母さんだけがしているのですか？

Mo：主人は、何というか亭主関白って言いますか、そこまでいかないかな。でも家事もあまり手伝いしてくれませんし、私も自分でした方がすっきりしますから。
Th：お母さん頑張り屋さんなんだ。
Mo：いや、頑固なんですよ。人に任せられないんです。でもあの子が変になったのはやっぱり私がバタバタしてかまってやらないせいかもしれません。
Th：お母さんはA君が変になったように思われているようですね。A君くらいの年齢だと思春期に入る頃で少し感情が高ぶったりするので……。それに誰でも何だか泣きたくなることってありますよね。
Mo：そうですよね。私も忙しくなかったら何だか泣きたくなっちゃうかも（笑）。
Th：そうですよね。時間がないと、泣いている暇ないですよね（笑）。A君は夏休みや学校から帰ってからの時間「なにもすることがない」時間に、何か思うのかな？　うーん、困っちゃってる？
Mo：寂しいと思いますよ。なにせ今までずっとお留守番でしたから。ほんとに。
Th：今日A君とお話ししてみて、穏やかで純真というか正直というか、そんなイメージを受けました。素直ですよね。優しく育てられたって感じ。
Mo：そうですか。嬉しいです。あの子優しいですよね。よく私のお手伝いしたいって。肩たたきもしてくれるんですよ。姉の方はマイペースでさっぱり手伝ってくれませんけど。逆だったらいいのに。私は女姉妹ばかりで育ちましたし、上の子も女の子なので、男の子の育て方がわからないのです。
Th：そろそろお父さんの出番かな？
Mo：そうですよね。主人にももっとあの子に関わるように言ってみます。

この後、A君と両親で学校から帰った後の時間の過ごし方について話し合いをしてもらうことにした。また、二週間後しか予約が取れなかったため、もし眠れない状態が続くようであれば連絡してもらうことにした。

［初回面接の印象］

知り合いのナースからの紹介で、ナースが「必ず治してくれる先生」とThを紹介してくれたため、最初から信頼関係ができていた感じがする。入室のときは緊張して不安そうだった。両親は大柄ということであるが、A君はどちらかというとやせ型ですらっとした体型。話し方も穏やかで、言葉も丁寧。会話からも行動からも異常性はまったく感じられなかった。穏やかで人の気持ちを考える素直な少年というイメージ。話をしていてもThが思わず微笑みたくなるような表情をする。

母親は、「泣かなかった子が泣く」ということに大きな不安を抱いているが、「泣く」ことはA君にとって自然なことで異常なことではないと考えた。初回はA君と母親の不安を少なくすること、素直で暗示が効きそうなA君に「おまじない」を教えて、眠れないという不安を取り除くことを目標にした。また、帰宅後から母親が帰ってくるまでの時間がA君の気持ちにとっての「鍵」であるような気がした。

〈第2回面接：X年九月二十一日（二週間後）〉

前回とは追って、ニコニコ顔で来室。

［A君との面接］

A：先生、おまじない効いたよ。
Th：眠れるようになったんだ。よかった。
A：おまじない気に入った。
Th：よかった。じゃ気分は10点満点で？
A：8点かな？
Th：わー、上がったね。漢字はまだ見える？

A：あー、漢字ね。わかんない。見えないよ。眠ってるんだから。
Th：あー、そうか。そうだね。
A：あとね、僕、学校が終わったら少年野球に行くことになった。ていうか、もう行ってる。
Th：少年野球に？　学校終わってから毎日？
A：うん。お父さんが行けって。学校が終わったら、週三回野球の練習に行くんだ。
Th：A君野球好きなの？
A：嫌いじゃないよ。お父さんも高校生まで野球やってたんだって。お父さんはすごいよ。ボールもねすごいスピードで投げるんだよ。僕が受けられないくらいの豪速球なんだよ。すごいよ。
Th：お父さんすごいんだ。野球楽しい？
A：楽しいよ。二年生もいるよ。僕ね二年生の子の面倒みてるよ。まだね、その子たちも入ったばかりだしボールの投げ方もわかんないようだから、教えてやってる。
Th：そうかあ。二年生の子嬉しいね。A君みたいに優しいお兄さんに面倒みてもらって。
A：うん。でもね、お父さんが小さい子じゃなく五、六年生と一緒にしろって。うまくなれないぞって。でも僕ね、守備ももらえるかもしれないんだよ。人数が少ないから。
Th：わー、すごいね。試合とかもあるの？
A：あるよ。たぶんまだ出ないかもしれないけど、僕ね、ショートかも。
Th：ショート？　すごいね！　格好いい！
A：まあね、僕、ショート気に入ってる。
Th：メソメソ君の方はどうなった？
A：アハハ、先生面白い。メソメソ君ねえ、あんまり出てこなくなったかな。
Th：眠れるようになったしね。

A：うん。そうだよ。今日もあれやる。
（こうしてA君は箱庭を作り始めた。その間、鼻歌まじりで楽しそうである。出来上がった箱庭は前回と同じように全面戦場。その真ん中に大きなウルトラマンが横たわっていて、ウルトラマンには槍や熊手が刺さっている。右奥に小さな家があり、その周りは木が生い茂っている。）
Th：おー、今日のも激しいね。
A：そうかな。先生は女の子だからそう思うんだよ。
Th：あー、そうかもね。戦い場面よりお花とか置いちゃうかもね。
A：そうだよ。女の子は可愛いのが好きだからね。
Th：まあね。
A：先生ダーツしたいな。
Th：いいよ。
A：競争しようよ。ダーツ10回戦。
（A君の投げ方は力強くなかなか上手。投げ方をほめると嬉しそうな表情になり、「でもお父さんはすごい」「お父さんの方が上手い」を連発。1ポイント差でA君の勝ちとなり、すごく喜んでいる。）
A：なんかすっきりしたなあ。
Th：私は負けたから悔しい。
A：アハハ。今度は勝つかもよ。（もう一度、ダーツ10回戦。今回も10ポイント差でA君の勝ちとなる）
Th：もうしないからね。疲れたよ
A：先生は最後疲れてきたね。諦めてるもん。
Th：あー、もう年だあ。
A：アハハ、僕のお母さんはきっと先生より下手だよ。それにね、よく「疲れた」って言うし。仕事忙しいからね。

Th：A君、お母さんの肩たたいてあげるんだって？　優しいねえ。
A：だってお母さん、お仕事頑張ってるからね。
Th：あ〜、A君優しいな。いいなあ。
A：僕ね、夏休みにね……。
Th：夏休みに？
A：ほんとはね、お母さんからよその家に行ったらダメって言われてたんだけど、B君に誘われてB君の家に行ったんだ。お母さんたちは八時まで帰ってこないからね。七時くらいまでいたんだよ。楽しかった。
Th：何して遊んだの？
A：ゲームしたりね。あと夕方テレビ観たんだ。アニメ。B君のお母さんや弟も一緒に観たんだよ。ほんとは夕方まで人の家に行ってたりしたらダメなんだけどね。楽しかったよ。
Th：楽しかったんだ。よその家に行ったらダメなの？
A：うん。迷惑かけるからって。
Th：え〜っ。そりゃ大変だったね。
A：大変だったよ。でもね、今はもう遊びにいく時間もないからね。野球もあるし。野球ない日は何しようかな。
Th：宿題とか？
A：宿題はね帰ったらするよ。すぐ終わるもん。
Th：は〜、偉いねえ君は。
A：偉い？　偉くないよ。
Th：偉すぎ。
A：偉くなーい。泣くもん。

Th：あーあ！　わかったぞお。
A：わかった？　何が？
Th：偉すぎるから、泣くんだ。
A：何だそりゃ。変なの。偉かったら泣かないよ。
Th：うん。偉かったら泣かないけど、偉すぎると泣くんだよ。
A：えーっ。何それ。
Th：ねえ、ダーツもう1回戦だけやらない？
A：うん。やる！（今回は1ポイント差でThの勝ち）
A：おーっ、先生勝ったね。
Th：1回戦だとね、勝つみたい！
A：10回戦だとね、ダメなんだ。
Th：そう。集中力持たないもん。
A：先生ダメだあ。
Th：アハハ。だめかあ。私も五年生だったらなあ（笑）。ねえ、A君のお誕生日いつだっけ？
A：○月○日だよ。
Th：お誕生日プレゼントもらう？
A：もらうよ。
Th：あのね、もしお誕生日にプレゼントもらえなくなって、その代わりに三つお願い聞いてもらえるとしたら何お願いする？
A：えーっ、プレゼントがないの嫌だなあ。
Th：もしも、だから。

A：そうだなあ、野球うまくなりたい。あとねえ、お料理してみたい。
Th：お料理？
A：火使うと危ないからって、させてもらえない。それにね、男の子は料理あんまりしたらダメって。
Th：誰が？
A：お父さんが。
Th：へーっ。でもA君お料理好きなんだ。
A：好きだよ。家庭科で調理実習した。僕お料理好きだよ、やりたい。
Th：ふーん。いいねえ。お料理ねえ。あとひとつお願いが残ってるよ。
A：あとね、うーん先生なら何にする？
Th：宝くじ当てたい。
A：アハハ、欲張りだね。僕はねディズニーランド行きたい。
Th：あ～、ディズニーランドいいねえ。

（この後ディズニーランドの話、お料理の話などで2人で大いに盛り上がり面接終了となった。終了後、母親にA君がお料理がしたいと思っていることを伝え、また、もしできたら、A君の野球のない日は早く帰ってA君と一緒にテレビを観て欲しいとお願いした。）

［2回目面接の印象］

2回目はおまじないが効いて眠れるようになってA君の表情もよくなっている。父親のすすめで野球を始めている。A君は父親の凄さを実感している様子で、三つの願いでも「野球がうまくなりたい」と言っていることから、父親に何とか食いついていっているという感じがした。「お料理」が好きなことが父親から受け入れてもらえてないことは不満そうであり、そうしたことから、A君の中に「男らしさ」と「女らしさ」の葛藤があるようにも感じられた。また、姉と年齢が離れているためか、子ども扱いされているような気持ちもあるのではないだろうか。

新しい遊びのダーツでA君とセラピストの親近感がアップしたようである。また、初回面接で感じた帰宅後の時間を、父親からのすすめで「野球」をすることになったが、すんなり何でも受け入れていて「偉すぎる」A君にご褒美として母親と夕方テレビを観ることをお願いした。

〈3回目：X年十月五日（二週間後）〉

母親から自分を初めに面接して欲しいとの申し出がある。

［母親面接］

Th：何かご心配ありましたか？

Mo：あの、はい。なかなか早く帰るのが大変だったんですけど。早く帰ったらあの子と一緒にアニメ見てます。夕方テレビなんて見るの、久しぶりですよ。あの子も喜んでいるようですが、テレビ観ているといつの間にか、私の膝の上にきて……あの、あの年でおかしいですよね。一年生からずっとお留守番で寂しい思いをさせたからとは思うんですよ。でもあんなに大きいのにおかしいですよね。私も我慢していますよ、これずっと続いたらおかしいですし、もう限界っていうか、私も気持ち悪いんですよ。

Th：A君大きくなっちゃったから。でもまだ小学生ですし。これが高校生とかだったらちょっときついですよねえ。

Mo：あの、いつまで続けたらいいのでしょうか？　あの子の気の済むまで抱っこしてテレビ観たほうがいいのでしょうか？

Th：たぶんもう少ししたら抱っこ卒業しちゃうと思いますよ。

Mo：ああ、でも泣くことはほとんどなくなりました。よかったです。でも主人が、野球のことであの子に厳しく言うのですよ。主人は高校生まで野球部で、あの子とキャッチボールしたりしてくれてますが、何せあの子が受けられないようなボールを投げるので。取れないと怒るので、あの子も嫌だと思いますよ。もう、せっかく元気になってきたというのに。

Th：あー、あの「巨人の星」の星一徹みたいに、バシバシやっちゃってるんですか？

Mo：巨人の星？　あー、星一徹！　あーっそうですよ。あんな感じですよ。もう。

Th：あんな感じでバシバシと（笑）。

Mo：そうです。バシバシと（笑）。

Th：A君は嫌がってますか？

Mo：嫌とは言いませんが、絶対に嫌ですよ、あんなの。

（A君は眠れるようになり、泣かなくなったので、状態は良好であること、したがって、この後のA君との面接次第で今日でセラピーは終了となるかもしれないことを母親に伝え、もし、心配なことがあれば、母親だけでも面接に来てもらうことにした。）

［A君との面接］

A：（ニコニコ来室）オッス先生。

Th：オッスA君。元気そうだね。

A：うん。元気だよ。

Th：メソメソ君は？

A：あーあ、何かいなくなったような。

Th：そうかあ、いなくなったの？

A：いるかもしれないけど、お母さんも僕が泣かなくなったって。うん、泣かなくなった。

Th：A君はいい気分？

A：うん。僕いい感じだよ。野球もね、うまくなってきた。
Th：おーっ。そしたら気分は何点くらいかな？
A：ああ、10点満点！……まではいかないけど、近いかも（笑）。
Th：え～っ、10点満点に近い？　すごい！　お父さんとキャッチボールしてるんだって？
A：うん。お父さんの球すごいよ。もう受けられないくらい。
Th：え～っ、大丈夫なの？　怖くない？
A：怖くないよ。最初はびっくりだったけどね、最近慣れてきて、少しは受けられるようになった。先生、ダーツしようよ。ダーツ10回戦。（15ポイント差でA君の勝ち）
A：先生また最後疲れたね。
Th：集中力が続かなーい。若者には負けちゃう。
A：アハハ。先生も体力鍛えなきゃや。
Th：はーい。今日は箱庭しないの？
A：ああ、しようかな。
（今回も鼻歌まじりで楽しそうに箱庭をつくる。前回までの箱庭とまったく違って、今回の作品はたくさんの家を散らばして並べ、その周りに木や人間が置かれたものとなっていた。）
A：できたあ！
Th：おーっ、今日のは何か違うねえ。これって題名ある？
A：うーん、「いろんな家」
Th：いろんな家ねえ、A君の家もある？
A：僕の家はねえ、あの家かな（右奥の家を指差す）。
Th：ああ、あれね。私の家もある？
A：先生の家？　どれか好きなの選んでよ。

Th：じゃあのクリスマスツリーのある家にしよう。
A：あれね、いいんじゃない。
Th：ダーツ1回戦しない？
A：ハハ、いいよ。しよう。（ダーツ1回戦、1ポイント差でA君の勝ち）
A：ありゃ、勝っちゃた。
Th：もう！　負けちゃった。
A：先生短期戦でも負けたね。
Th：体力続かなーい（笑）。
A：鍛えないとダメだよ（笑）。
Th：そうだね。A君は眠れるようになったし、泣かなくなったしねえ、元気だし。野球もやってるからねえ、鍛えないと勝てないね。
A：うん。そうだよ。
Th：A君元気になったし、10点満点に近くなったしね。もうここには来なくてもいいかな？
A：あーあ、ここ病院だしね。元気になったから来なくてもいいね。先生とお別れだあ。
Th：泣かないでよ。
A：アハハ、泣かないよ。先生ダーツ練習してよ。
Th：はーい、じゃまたね。あっ、またね、じゃないか。
A：またね、じゃないよ。

〈その後の経過〉

A君のお母さんから電話があり、抱っこはすぐに卒業。野球のない日はA君にご飯炊きと味噌汁を作ってもらうお手伝いをしてもらうことになったとのこと。おかげで母親はとても助かっているという。A君は野球も楽しそうにしていて、父親とのキャッチボールも嫌がらずにしているとのこと。母親の声が弾んでいたのが印象的であった。

Ⅲ　簡単なまとめ――ディスカッションに向けて

さて、このケースについて読者諸氏はどのような感想をもたれたであろうか。とくに、普段、子どものケースを多く扱っておられるセラピストの方々にするとさまざまな考えや思いが湧き上がってこられるに違いない。まずは、ケース自体の見立ての問題があろう。それと関連して、初回面接の段階で即セラピストが具体的な介入を行っている点についても議論があるかもしれない。その後の面接、とりわけプレイセラピーのすすめ方や箱庭の使い方についてはどうであろうか。また、母親との面接および対応について、さらに、父親との関係を含むいわゆる家族関係のあり方など、このあたりは家族療法に関心がある方であればいろいろとご意見が出てくるかもしれない。そして何よりも、三回（一カ月）という短期でセラピーが終結している点については、どのセラピストにとっても複雑な感情が入り交じることになるかもしれない。というわけで、次章においては、以上のような諸点についての具体的なわれわれの視点をご披露しようと思う。読者諸氏におかれては各人のお考えをお持ちの上で次号でのディスカションに是非とも参加していただきたい。その結果、われわれが本ケースにつけた少々風変わりなタイトルの意味についてもご理解がいただけるならばまことに幸いである。

第13章　子どものセラピーには　コマーシャル付きがおすすめ・その2

I　はじめに

和田と児島による本シリーズの第三弾は、プレイや箱庭を中心とした子どものケースで、かつ、三回の面接（ほぼ一カ月）で終結となった文字通りブリーフなものである。前章では、まずケース報告者である伊藤がまとめた面接経過のすべてを掲載した。そこで今回は、それらをもとに伊藤とスーパーヴァイザー役の和田そしてコーディネーター役の児島の三者で行ったディスカッションの内容をできる限り忠実に提示しながら、子どものセラピーについてのわれわれの〈ケースの見方・考え方〉をお示しすることにする。なお、本ケースの概要についてはあらためて以下に簡単に紹介しておくが、読者諸氏には前章でのケース報告も参照していただきながら、われわれのディスカッションにご参加いただけるとありがたい。

本章は、伊藤勢津子、和田憲明との共著である。

Ⅱ　ケースの概要

クライエントは小学五年男児である。五年生の二学期に入ってから、家でさしたる理由もなくめそめそ泣くようになり、夜も眠れないという状態が頻発してきた。そして、とくに母親が心配したのは、床について寝ようとすると「漢字が眼の方に向かってくる」という幻覚様の本人の訴えであった。母親は、精神病ではないかという強い不安を募らせ、友人のナースからの紹介で伊藤によるセラピーを希望し、X年九月七日、伊藤が勤務する精神科クリニックに本人を連れて来談した。クライエントには、成育史上、また学校でもこれまではとくに問題はなかった。家族は、四〇代の両親（父親は会社員、母親もフルタイムでの仕事をもっている）と大学生の姉の四人家族である。

初回のみドクターによる簡単な診察が行われている。三回の面接（二週間ごと）のうち最初の二回は、まずプレイや箱庭を中心とした子どもとの面接、その後に母親面接の形態をとり、最終回の三回目では、母親の希望により、はじめに母親面接を行っている。その結果、子どもの当初の問題は消失したため終結となった。その後の母親からの電話によるフォローでは、子どもは元気を取り戻していることが母親の明るい声とともに報告されている。

Ⅲ　ディスカッション

和田は、ディスカッションの冒頭で、本ケースのセラピーにおけるポイントとして大きく三つの観点を提示した。まずは、子どものケースにおけるセラピストの〝遊べる〟能力の重要性についてである。次に、本ケースでは一人のセラピストが子どもと母親それぞれに個別の面接を行っているが、それらについて家族療法的な枠組みによる面接のすすめ方および家族関係について言及している。三つ目としては、このケースにおける子どもについての見立てと実際の治療的な介入に関する事柄である。そして、以上の三つのテーマが、その後のディスカッションの流れの中で相互に影響しあい、リフレインされ、バリエーションを見せながら、さらなるテーマを生み出し展開していった。

1．ケースにおける三つの観点

和田：あのね、このケースだけど、伊藤さんはいつもこんな感じのノリでやってるの？　というか、伊藤さんらしさが詰まっているケースなのかな？　それともたまたま、すごくうまくいったケースなのかな？　実際うまくいってるんだけど、伊藤さんが持ってるケースの中でもこのケースには何か特徴があるのかな？

伊藤：けっこううまくいったプラスいつもやってるって感じのケースです。

和田：なるほどね。そう言われると、もう言うことないよね。もう終わりにしようか。

伊藤：そんなあ～（笑）。

和田：どこら辺がさ、自分らしいと思うの？　全体的に。細かいことはあとで話するけど。

伊藤：ああ、眠れないとかいう子どものケース多いんですけどね。

児島：子どもで？

伊藤：子どもで。女の子がすごく多いんですけど。それに、この子は絶対おまじない効くぜ、みたいな、そういう素直な感じがありましたね。おまじないってけっこう使うんですよ、小学生だと。

児島：小学生といってても低学年までじゃないの？

伊藤：低学年まで。この子小五なんですけど、すごく幼い感じがしたの、素直っていうか。最初から、なんか「僕を治してくださいよ」って感じがあって。そこで、つい、おまじないばっちり使おうかなって思ったんだけど。
和田：けっこうおまじないってやり方使うの？
伊藤：ああ、そうですね。それと子どもと遊ぶ！　めっちゃ遊ぶ。
和田：ああそやなあ。
伊藤：ここのクリニックだとスペースないけど、いつも子どもと、めちゃくちゃ遊ぶ。
和田：このケースを見てても、伊藤さん、ほんと遊び方うまいね、とにかく。
児島：よく知ってるんだよ、いろんな遊び方を（笑）。
伊藤：遊ぶの大好き。でも、最初この世界に入ったときに遊んで治せるものなんかないって、ある偉い（？）先生に言われたの。プレイセラピーなんかは初心者や大学院生がするものだって言われた。でも、遊んでパアーっとやろうぜって感じで、子どもにスカッとしてもらうのが好きなんです。
和田：なるほどね。
伊藤：私も遊ぶのは好きだし、この子も遊んでくれてよかったなと思って。
和田：とにかく、最初に感じたのは伊藤さんが実に遊びがうまいということ。二番目は、このケースでは最初に子どもとやって、そのあとお母さんの順番にやっているんだけど、たとえば、家族療法みたいなことを意識してやってる？　お母さんと一緒に合同面接をするとか、お父さんやってからお母さんやってとか、最初子どもだけやってとか、そういうふうなスタイルとか方法とかはどうなの？
伊藤：大体一番多いのが子どもだけかな。クリニックだと時間が限られているから、五〇分子どももやって、一〇分お母さんとか。家族療法的とかはあまり意識していないんだけど、でも思うのはこの子が元気になったらお母さんも元気になるかなと。たいていお母さんたちは「子育ての仕方が悪かったんでしょうか」と悩んでるし、ドクターから「あなたの育て方が悪いから」とよく言われちゃうんだけど、このお母さんも最初の診察でドクターからそう言われちゃっている。それに、この子は絶対におかしいって。精神病だって言って。

和田：ああ、お母さんが。

伊藤：お母さん自身があわてていたケースで。子どもが精神病になったって電話がかかってきて、昼休みに診たケースなんです。お母さんが一番困っているのはこの子が眠ろうとすると、漢字がバンバン向かってくるって子どもが言っていること、そんなのあり得ないって。この子は精神病になってしまったんだって。それからメソメソ泣くのは泣き方が普通じゃないって。悲しい場面で泣くんではなくて、普通の場面でも泣くということが何だか変だ、この子は病気になったと思ったみたい。まず、うつ病ですか？と聞いてくるの。うつ病ということもかなり詳しく知ってるみたい。でも、バンバン向かってくる漢字に対しては何かわからず絶対に病気だってお母さんは思ってたみたい。

和田：あー。なるほどね。

伊藤：だから。お母さんに対して子どもは元気、大丈夫というメッセージを送ろうと。

和田：このケースでは子ども面接中心で、サブ的に親面接を入れるって感じ？

伊藤：ただお母さんの不安もけっこう強かったので、最初に電話受けたときも、どうしても子どもがおかしいから早く診てもらいたいというので、お母さんを安心させることも大事だと思って母親面接もかなり丁寧にしましたね。

和田：うん。大きいよね。その辺は、親面接の度合いっていうか、そういうあたりも含めて当然親子関係の問題にも触れてくるところだよね。それと、そのこととも関連するんだけど、三つ目として、この子ども自身の見立てというのかな、伊藤さんからしてみたら、おまじないが効く子ということだったけど。それに、初回の親面接ではノーマライゼイションもして、かなり具体的に子どもの状態について、プレイセラピーでの内容も含めてそれほど心配する状態ではないことを積極的に伝えて母親を安心させているんだけど、見立て的にはどうなの？　母親が心配するほどではないかな？という感じで自信あったの？

伊藤：そう。最初から自信ありあり。心配するほどではないと。

和田：自信ありあり！　最初この子に会ったときから、大丈夫と。何か変な言い方だけど、勘って言ったらおかしいけど、たくさん子ども診てるからかな？　この子は大丈夫と。大丈夫じゃない子もいるけど、この子は最初会ったときから大丈夫と。

和田：そこが感心したね。年齢的にも思春期の前だよね。そこでね、治療者がさ、やり過ぎていうか、いじり過ぎないことがすごく大事だと思うわけ。

伊藤：あー、そうですね。

和田：ところがさ、ものすごくいじる人がいてんねん。

児島：ハハハ。

伊藤：ああ、わかります。

和田：わかるやろ。まあー、そのあたりのことは、あとでまたバッチリ言わせてもらうことにするとして、ともかく、とくに思春期なんかでそういうふうな内面的なものを下手にいじくって、たとえば病理とかをね。思春期なんていわば病気みたいなものなのに、そこを何ていうかセラピストがいじくっておかしくしていくところがすごくあるんよ。そこら辺を毅然としてしなかったのがすごく、うん、このセラピストはできる人なんだと思った。あのね、中途半端な人間は中途半端なことやるわけ。

児島・伊藤：アハハ。

和田：まあー、今言った三つくらいのことが、まず、このケースを見たときに自分の中で浮かんできたことかな。

２．家族関係について――母親が見る父親像、子どもが見る父親像

伊藤：あとからの報告（初回面接後）でお母さんから何回か電話があったんですよ。〈心配したら電話してください〉って言ってたので。そしたら一回チックが出たらしくて、どうしたらいいですかって言われたんで、「また、パパがバシバシしてますか？」って聞きました。その点は、初回での母親面接での話から私もわかっていたんですけど、お父さんってこの子にとって憧れだけれど全然タイプが違うんじゃないかということは感じていましたから。

児島：この子のチックには父親との関係が大きいんじゃないかと……、だから、子どもがしんどくなっているんじゃないかということ？

伊藤：うーん、違うの。私はお父さんに会ったことないんだけれど、お母さんの言うお父さんのイメージと、それにこの子自身っていうか、そのあたりが全然違う。

児島：ふーん？

伊藤：その辺の違いをパパが気づけばいいのに、ってお母さんに言ったら、お母さん「やってみますわあ」って感じで。それで、その後はちょっとチックよくなったみたい。

和田：それって大きいよね。母親が見てるお父さんてのは夫のイメージだけど、子どもが見てるイメージは違うもんな。子どもが見ているイメージって違うもん。

伊藤：お母さんは（お父さんが）あんなにやりすぎてって言うんだけど、子どもはそこまで言っていないのね。

和田：そうそう、そうなんだよ。

伊藤：子どもはね、お父さんはすごいよ、すごいよって、あんなふうになりたいなって言ってる。お母さんは、あんなにしてせっかく治ったのに、あの人（父親）があんなにひどいからまた悪くなったって言うんだけど、子どもとしては、お父さんをそういうふうに思っていないんだけど。

和田：そうそう。そこのところはね、まさに第3回のお母さんとの面接の中で、お母さんが、子どもとのキャッチボールでお父さんがバンバン投げることが心配だと言ったことに対して伊藤さんが応答しているところだよね。ここ、ここ、「星一徹のバシバシ」ってところ（大いに強調して）。お母さんがお父さんを星一徹みたいってあんな感じですよって言って、父親を非難しているじゃない。そこで伊藤さんは、A君は嫌がってますか？って聞いている。僕ね、ここの介入がすごく見事だなと思うわけよ。

伊藤：ああ。

和田：うん、そうなんだよ。子どもはどうなのか？っていう、まあー、かっこよく言えば子どもの側の視点みたいなものに、お母さんを向けさしてみるってのがすごく大きいんだよ。

児島：母親は、子どもは「嫌とは言ってません」って言ってるもんね。

伊藤：お母さんとしては父親のああいうやり方は嫌だと思ってる。だけど、この子はそうじゃない。

和田：そうだよ。そう。

伊藤：その辺の違いがあって。
児島：家族療法なんかやってると、お父さんとお母さんの葛藤みたいな感じにもっていって、お母さんにとって理想のお父さんはどんなお父さんなんですか？　なんかやるわけ。
伊藤：あーっ、なるほど！　いい手ですね（笑）。
和田：お母さんなりのこうあるべきスタイルが出てきたりして、どっからきてるのか？　実は自分のお父さんもそうだったみたいな話になって、旦那さんも似たところありますけど、違いますよね、みたいな話にもっていってやれるわけよ、家族療法的には。
伊藤：あー、はい。
和田：家族療法的にやれば、世代間の弊害からきている、そういうふうにやればいい。
児島：それは何？　ここではやらなかった方がよかったわけ？　やるべき？
和田：やるべき。
伊藤：やるべき？
児島：家族療法を？
和田：じゃなくて、そこまでやる必要ないけど、こういうふうな（子どもは父親のことをどう思っているのか、母親に気づかせる）介人は絶対に必要だと思う。
児島：ああ、なるほどね。
伊藤：これは、いろんなケースで言えるような気がするんです。多くのお母さんが、子どもは思っていないことを子どもはそう思っているだろう。というふうに言いますね。学校の先生に対してもそうで、子どもはそう思っていないんだけど、あんなふうに先生にやられたら子どもは嫌がってますって母親は言うけど、本人に聞いたらいやいやそんなことはないって。最近多いですよ、そういうの。

和田：あるよ。こりゃけっこうあると思うよ。実はお母さんがご主人に対して不満があるんだけど、それを子どもがお父さんに文句があるって言い方するみたいなところが。

伊藤：あー、はい。

和田：そこら辺ね、摂食障害のケースなんかにすごく多いのよ。

伊藤：ふーん、はいはい。

和田：またね、そういうところを敏感に受けとめる子どもっていうのがいて、実はお母さんのそういう不満をその子が知っていて、その部分だけでなんか非常にお母さんと連合して子ども自身がお父さんを攻撃しているみたいに見えるところがあってね、そこら辺のところを、たとえば、この伊藤さんがやったみたいに、じゃお母さんにとって理想のお父さんはどういう感じなんだろうかという形で、丁寧にはがしていくみたいなところが摂食障害にケースでの介入では結構あるよね、うーん。

伊藤：あー、はい。

＊

児島：こんなこと言ったら母親に悪いけど、母親ってだいたいこんなもんやないやろうか。

和田・伊藤：(笑)。

伊藤：母親業っていうのは子どもとお父さんとの間の波風ばっかり受けなくちゃいけないのかな、そんなもんなんだろうかと、つい思ってしまうんですけど。

和田：その辺は葛藤があるかもね。たとえば、子どもが母親に対して言いづらいことを「パパから言ってよ」

ってみたいなものあるし。

伊藤：確かに（笑）。このケースのパパはわりと何ていうか頑固な感じはあるのかなあ〜って感じはしたんだけど。それと、この子はどちらかというとママっ子だったの今まで。ママの方が帰宅早いし。

和田：ママっ子ね、僕思うんだけど、この家族は両親とも四〇代前半でしょ。最初の子は女の子で、下の子は年離れてできた子じゃない。これ可愛かったと思うし、下の子ではあるし。二〇代前半くらいで最初の子どもができて、三〇過ぎでまた小さい子が生まれた。父親は父親で、それに母親は母親で若いときとは違った子育て経験ができるわけね。

伊藤：ものすごく可愛がってる。可愛くてしかたがない。

和田：そうだろ。ちょっとペットみたいな感じになってるかも。

伊藤：あっ、ペットみたいな感じ。

和田：そうやろ。遅くできた男の子だし。

伊藤：そう、だけど職場にこの子が電話してきたら母親は自分は職場で意外と上の地位だから。

児島：キャリアがある。

伊藤：そうキャリアがあるから、部下の手前優しく言えない。この子にとってはペットちゃんなのになぜだ！みたいな痛手はちょっとあるかも。

和田：なるほどな。おそらく、上にお姉ちゃんもいるし、甘えっ子ちゃんなんだと思うよ。甘え方うまいと思うよ。ちゃんと大人に甘えたりできるから、こんどは小さい子に対してちゃんと可愛がれるのよ。いい子だ。

伊藤：あー、いい子ですよ。

和田：それが思春期に入ってきてね。
伊藤：ちょっと、不安になってきているのかも……。

3. 野球は父親と息子の関係におけるイニシエーション！

児島：想像だけど、この子小学五年生なんだけど、すごく頭いいよね。すごく優しくてね。その辺って想像すると、このお父さんからしたら今ひとつ物足りないのかもしれないね。
伊藤：そう、お父さんからしたら物足りないかも。この子ってすごく優しくて、野球チームの低学年の子を可愛がっている。この子も年がずいぶん離れた姉から可愛がられているみたいだから、低学年の子を自分の弟みたいに可愛がってるんじゃないかしら。でもそれをお父さんが見に行って、「何でおまえ小さい子と遊んでるんだ」って言う。「同級生以上の子とキャッチボールとかしないと上手くならないぞ」って。
児島：うんうん。和田先生も息子たちに言ってるだろう！　僕は卒業したけど。
伊藤：そうなの？　お父さんってそうなの？
和田：(笑) あ、父親ってね、野球に関してはうるさくなんのよ。何でこんなのできないのかって。野球って結構難しいのよ。サッカーってその日からすぐ蹴れる。でも、野球ってのは、なかなか難しいし、とくにキャッチがね。それで、お父さんもちょっと野球をやってたりするとね、これできないといくら小さくても男としてダメなんじゃないかと思っちゃうの。何でこれできないんだみたいに、ついなるのよ。
伊藤：このケースのパパは高校球児だったし。
和田：そうそう。僕も子どもが小さいとき厳しかった。何でこれが打てないんだ、みたいに。お前は馬鹿だからできないんだ、みたいになってね。
児島・伊藤：(笑)。
和田：今でもビデオが残ってるんだけど、ちびと二人で阪神の帽子かぶってさ。彼がラケットで振るわけよ。バットじゃまだ当たらないから。
児島：イライラすんだよね。
和田：ここはこうしろとか、もっとこうしろとか言ってんの。
児島：熱くなってんだ。
和田：ところがそうやってると女房から怒られるのよ。厳しいとかさ、こんなに小さいのにとか。それはわかってるんだけどさ。
伊藤：お父さんは……。
和田：条件反射に近いもんかある。
伊藤：そうなんですか？
和田：男の子に野球教えるっていうのはさ……、前に、SSKのコマーシャルがあってね、SSKって知ってる？
伊藤：佐世保のでしょ（佐世保重工という会社のイニシャル）。
児島・和田：あー、これだあ（笑)。
和田：違う、違う。SSKってスポーツ用品のメーカー、野球専門の。そのSSKのコマーシャルがあるんだけど、やっぱり小さい子にお父さんが野球教えてんのよ。でね、子どもはボーッとしてるわけ、そうするとさ、お父さんがイライラすんだよね。

伊藤：星一徹になって。

和田：うん、そして嫁さんが、何よもう、みたいな感じの顔してるコマーシャルがあんねんけど、もちろんコミカルにしてんだけど、あれものすごく共感的なコマーシャル。なるほどなって。みんなああなっちゃうんだよ、父親が野球教えるっていうのは。

伊藤：へー、なるほど。

和田：父親が野球を教えるってのはね、何ていうか、子育てをやるというのとは違うのよ。赤ちゃんのときの子育てってあるじゃない。たとえば一緒にだっこしたり、よしよししたりとかさ。でも、それとは違うのよ。なんかよくわかんないけど、初めて、お父さんと息子っていう感じが変化するひとつの大きいね、まあ俺らの時代のひとつの、そう、イニシエーション的なことなんだよ。

伊藤：イニシエーション！

児島：ああ。（深く納得）

和田：子どもとキャッチボールをするとか、いろいろあるじゃない。たとえば子どもが成人したら一杯飲みに行ってみたいとか、そういうものの最初版みたいなものが野球なわけ。

伊藤：イニシエーション。

和田：野球ってそういうところを背負っているわけ。自分が子どものころの野球って、男の子同士で遊ぶとか仲間同士で遊ぶとかいうことの原点みたいなものを背負ってるから、それができないと、もしかしたら将来、仲間で男の子同士で遊べないじゃないかとか、そんな感じがあるわけよ。今は野球とかあんまりしないけどさ、勉強を教えるとかとはわけが違うわけ、野球教えるっていうのは。

伊藤：男になるのを教えるわけ？

和田：最初のね、キャッチボールはそういうものなのね。そう、男同士になるということ。野球を教えるってのはね。
児島：今の和田理論は、子どものセラピストには絶対知っとけというところだな。これは下手な臨床心理学の教科書とか児童心理学とか読ませるよりも絶対大事かも。
和田：今、フェミニズムとかうるさいけどさ、母親が初めて女の子にお料理教えるとかあるじゃない、そういうものに近いもんがあると思うんだよ、父親が男の子に野球を教えるのは。ちょっとわかんないけど、母親が初めて女の子にお料理を一緒に作らせるというのは、ただ単に遊びっていうだけじゃなくて、それできないと、もしかしたらお嫁にいけないとか思うかもしれない、そういうものじゃないのかな。だから厳しく教えると思うよ。
児島：お遊びにはならないよね。
和田：ならないと思うのよ。
伊藤：その男版が野球なの？
和田：そう、父親が教えるのが野球なんだよ。
児島：なるほど（笑）。あらためてその観点から見ると、このケースの場合はどうだろう。
和田：うん。だから、父親っていうのは厳しいんだよ、厳しい。
伊藤：うん。この子のお父さんも厳しい。でも、この旦那さんってわりと家事手伝わない。共働きなのに。
児島：和田先生、ドキッ、やろ？
和田：あー、ドキッ。

4．子どものセラピーのポイント①——子どもの興味・関心にあわせること

和田：最初のところだけど（初回面接）、うまいよね、入り方が。伊藤さんの方が「怨念」なんて言葉をもちだしてきて。
伊藤：最初はドキドキだったんです。お母さんからの電話がこの子の異常性をもろに訴えていたから、どんな子が来るんだろうと不安だったんです。ところが、パッとみたら、何この可愛い子？と思って。で、漢字が向かってくるって言う。それでも、その漢字がおどろおどろしいものだったらどうやっていこうか？と思っていたので私の方から「怨念」とかやってみたの。そしたら、「村」とか「田」とか言うから、「なーんだ」っていう感じで、ほんとによかったって、そう思った。
和田：なるほど。
伊藤：だから、私、正直にそういう「怨念」とか「怨」それに「呪」とかじゃなくてよかったって言ったら、その子が笑って「何じゃこの人」みたいな感じになって。
児島・和田：ハハハ。
伊藤：箱庭とかに関しても、私の気持ちを子どもに言うんですよ。でも、普通だとセラピストはあんまり声かけしないですよね、そうしないでセラピストだけでそれを評価するでしょ。箱庭療法っていうとふんふん、左奥のこれが何とかを表しているとか、ね。
児島：そうそう。
伊藤：でも私は箱庭だって子どもと一緒に遊んで見ているから、「ちょっと激しいよね」っていうようなことを言ってるんですよね。するとあっちも「そう思う？」ってみたいな。凄い場面を作っているのにシーンとしてこちらが見て見ぬ振りっていうのは、子どもをかえって不安にすると思う。

和田：箱庭のところもそうだけど、全体を通じてなんだけどね、本人の興味・関心に乗せて、合わせているんだよね、伊藤さんが。

児島：そうそう。

和田：おそらく、言葉によるカウンセリングつまりお喋りも箱庭もプレイも一緒のレベルなわけよ。

伊藤：ああ。

和田：でね、それが全部むこうの関心とか興味にあなたがこう合わせて、乗ってやっているわけ。それがすごくうまいの。セラピーでの遊び上手ってこういうことなわけよ。

伊藤：だいたい、いつもこのパターンなんです。

和田：これがうまい。だから、セラピストの方から箱庭をやってみる？って言うんじゃなくて、この子も、あれ何？って言って、向こうの関心でやってみるっていう、ここのところがうまいのよ。うまいしさ、こういうふうな箱庭の使い方っていうのは自然でいいし、だから流れがすごくいい。でね、このケースで面白いのはね、子どもが鼻歌まじりで箱庭作っているところ。鼻歌まじりでやっているから大事だと思うんだな。ところが、ここからここまでは先生の面接ですよ、終わりました、はい、次ここで箱庭をやってみましょうっていうのが多いのよ。子どもの内面を知らなきゃ、だから、ボコッと箱庭やったりする人いるのよ。そういういじり方をするのよ。でも、伊藤さんはここでいじらないでしょ、あんまり。

伊藤：うん。いじらない。

和田：うん。あえていじらないっていうのがいいよね。

伊藤：あえて？（笑）いじらないんですよ。ほんとに。いじらないんですが、時々これでいいのかなと思うときあるんですよ。その筋の学会なんかではいろいろな解釈があるじゃないですか。私はほとんど解釈したことがないので、これでいいのかな？と思うんですよ。
和田：あれはね、自分たちが解釈したいの。
児島：そうそう。
和田：自分たちが解釈したいのと、自分たちの興味でやってんのよ。
伊藤：うん。
和田：あれはね、臨床家のやることじゃないの
児島：臨床家じゃない（笑）。
和田：うん。だから、ああいうのは僕に言わせると臨床家じゃないの。だから、箱庭ってそれだけのもんかと思うねん。
伊藤：ただ、箱庭の良いところは、子どもがどんなものに興味があるかがわかるってところ。箱庭ってグッズがたくさんあるでしょ。この子はこんな感じのものが好きなんだ、こんなのを持ってくるんだってい う……、そういうのをお話の中に入れていける。あっこういうものに興味があるんだって。
児島：うんうん。
和田：そうなの。そこがね、子どもとの面接に大事なことだね。面接っていうのは大人にせよ子どもにせよ相手に合わせなきゃいけない。大人だと相手の話す内容に合わせることが多いけど、子どもには、その子が持っている興味とか関心に合わせるのが大事なこと。だから、子どもが何をしゃべるかよりどこに関心を持ってるかとか、そういうところね、こちらの視点じゃなくて。面接室にはいろんなものがあるよね、たとえばそこにプラモデルがあったりとか、雑誌なんかがおいてあるとか。子どもは何かに関心を向けるわけよ、あっ、これ何？って。場合によっては、こちらの持ち物たとえば時計とかね。そうい

うところで問題とか症状の話をこちら側で進めていくっていう流れね。でもそれが煮詰まりそうになってきたら、また遊べるみたいな。こういうのが子どもにとって安心だし、実際、困っていることを話せるよね。

伊藤：うん。

和田：学校に呼ばれると、よく学校の先生たちから子どもとの面接はどうしたらいいかって聞かれるわけ。子どもって、学校の先生にはあんまり言わないのよ。それでどういうふうにやるかっていうとね、これは親もおんなじなんだけど、親が忙しそうにしているときとかは、親はこっちに構えていて子どもに「さあ、言いなさい」って言ったって、子どもはしゃべりはしないの。子どもって何かね、言ってみたかったら言えるし、言えなさそうだったらこちらから逸らせてあげる。だから保健室の先生って話うまいの。保健室だと体の話かできるから、子どもは、お腹痛い、足が痛いって言える。それに、同じように休んでる子もいるから。面接ってことになると、洒落っ気がなんにもないから子どもは煮詰まって言えない。ところが、普通のセラピストだと、どうしても話の内容とか、心とかそういうのに焦点を当てようとする、子どもの関心・興味に合わせずにね。その点、伊藤さんは上手に子どもの興味・関心に合わせてる。これがうまいの、ほんとに。

5．子どものセラピーのポイントの②――子どものセラピーは〝コマーシャル付き〟

伊藤：クリニックの面接室にはすごい名画がかけてあるんだけど、私は、そこに入るたびに、それをはずして、そこにダーツをかける。

児島：なるほど。

和田：子どもはね、ひとつの話が続かない。だから単発でさ、コマーシャルがいっぱい入っているみたいな感じ。
伊藤：そうそう。
児島：そうそう（笑）。
伊藤：話が飛ぶもん。
和田：がーっと遊んで、お母さんの話をしたりとか、自分の病気の話をしてみたりとか。
伊藤：飛ぶんですよ。
和田：そう、飛ぶ。そしてあなたもポーンと飛ばしてんのよ。いきなり唐突に、いきなりおまじないとかしてみたり、大人の普通の面接だと、だんだん世間的な話があったりして深まっていく感じがあるんだけど、子どもって飛ぶじゃない。いきなりここもあり、そしていきなりこっちもありってなって。
伊藤：そうそう、だから楽しいのよ。
児島：なるほどそうだね。
和田：伊藤さんは、これがうまいの。
児島：このうまさは天然やろか？　努力して身につけたんでしょうか？
伊藤：天然！
和田：僕思うんだけど、あなたは好奇心が強いのよ。
伊藤：あ、あるかもしれない。
和田：それで、子どもの面接に必要なものはね、共感はどの面接でもベースになるものなんだけど、共感プラス好奇心。しょうもないことをやることに対しての好奇心、そういう人が子どもの面接に向きそうな気がするな。

伊藤：しょうもないってこと？

和田：しょうもないってことは、学校の先生とか、スクールカウンセラーとかでも言えるけど、受容・共感の面接はできていても、そういう先生は基本的には下手くそやね。面接自体面白くないやんか。それは面接にコマーシャルがあまりないのよ。そういうしょうもないことに目がいかないのよ。だから、学校の先生って民放のドラマを見ると、ドラマのコマーシャルのところには乗らなくて、そのドラマが与えてるメッセージのところばかりに目がいく。ところが、子どもってどこ見てるかというと、コマーシャルの方を見てたりするんやね。民放のドラマでも、コマーシャルも面白いなとかいって見れる人が、たとえていえば、そういう人が子どもとの面接に向くのよ。

伊藤：子どもって、そう。

児島：これは、なかなかのメタファーだね。

和田：しょうもないギャグとか入ったりしてさ、そこもまとめて一緒くたのレベルで語れる人がうまい先生なんだけどね。

児島：なかなかね。

和田：学校の先生はなかなかできない。とくに教育相談の先生とかはね。

児島・伊藤：なるほど。

和田：伊藤さんはそれができてるの。それがうまい。子ども面接がうまい。

伊藤：子どもって連れてこられるでしょ。だから、楽しく帰っていただかないと絶対に次来てくれないから。子どもに「あそこにはもう行かない」ってことだけは絶対に言われないように、その辺は努力しているかも。ともかく、変な顔だけはしないようにとか。

児島・和田：ハハハ（笑）。

伊藤：大人の面白くない顔だけはしないように、そこだけは努力で。あとはちょっとわかんないけど。

和田：とにかく、伊藤さんは子どもとのチャンネルが合ってるんだよ。ときどきコマーシャルも入るしさ。

伊藤：あんまり核心に触れた話は子どもはしたがらない。だからどっちかと言ったら喋るのが楽しいねって気持ちになってもらいたいというのが私のイメージとしてはあるかな。嫌なこと聴かれたら嫌でしょ。子どもって。「どういうときに泣くの？」とか「泣いたときにそんな気持ちだったの？」とか自分でもわからないことは言いたくないでしょ。

児島：ハハハ、今みたいな例でさ、これやると絶対ダメって例あげてみて。これ言ったらアウトっていうのもあげてみてよ。

伊藤：あー、たとえば、お父さんとお母さんの関係とか。この子はちゃんと知っているのよ。お母さんは自分に甘くて、お母さんはお父さんのことを厳しいと思っているとか。だから台所に入っちゃいけないとか。そこで私がお父さんとお母さんって意見が合わないよねとか何かそれに似たこと、お母さんはお父さんのことをよく思っていないよねとか、そういうことは言わない。まったく言わない。

和田：言わないね。

伊藤：言ったことない。お父さんとお母さんの間柄をどう思う？とか聴くのは子どもにものすごく失礼だと思う。

和田：だからね、セラピストの方の仮説に対して、子どもを誘導するような質問はしないのね。

伊藤：そうそう。

和田：それやると一番ヘタクソなの。そうじゃなくて、たとえば、初回面接の中で伊藤さんとこの子の間で「そうだよ」、「そうなんだ」、「そうだよ」、「そうなんだ」っていうやり取りがあるけど、これって言ってみれば拡散形なんだよね。思いもよらずこんなこと思いついたとかさ、こうだったら面白そうだとかさ、あっ、こうなんじゃない？　っていう風に子どもを乗せるのがうまい。それに比べると、従来の子どもの病理に焦点を当てようとするのは、絞りこんでいくみたいな感じなんだよ。ここら辺に親子関係の問題があったりとか、自立への不安があったりとか、だからそれに対して情報を子どもからもらおうと、そしてこちらの仮説をもっていく聴き方なんだけどさ。その上にそれを裏づけするために箱庭をやらしていくとか。そして、ああ、ここのところに問題が出てるとか言って……馬鹿じゃないの。要は自分たちの解釈に対して満足しているみたいなの。実は、そういうところからまったく外れるのがすごくいい面接なのよ。クライエントのお役に立つっていうのは、そういうことなんだよ。

児島：この部分は、言ったまま全部載せよう。ト書きで和田先生は口角泡を飛ばして語ったとでも書いておこうか（笑）。

6．子どものセラピーのポイント③——プレイセラピーって何ですか？

伊藤：2回目の面接の箱庭にウルトラマンが出てきたときは、大戦場なわけで、ウルトラマンに槍や熊手がグサッと刺さってる。これを見たドクターが「これは父親との葛藤です」って言われるの。私は、ただ「へー」って感じで。でも、この子これを楽しそうに作ってたの。これはいい作業だと思ったの。意味はわからないけど、すごく楽しそうに箱庭を作っているっていうことが。

和田：それで、伊藤さんは「おーっ、今日のも激しいね」ってくるわけだ（笑）。

児島・伊藤：はいはい。
和田：これなんだよ。これいいよな。
伊藤：見たらそう思うもん。そう思ったから。
和田：「今日のも激しいね」ってそういうのがいいよね。激しいのもあるし、薄いのもあるし（笑）。楽しそうで激しいなんて最高じゃん！
児島：ハハハ。
和田：うまいね、これ、ほんと二人で遊んじゃってる。だから、伊藤さんの「今日のも激しいね」という反応に、この子は「先生は女の子だから……」と返してくるんだよね。
伊藤：だいたいほとんどの男の子は私のことを女の子って言いますよ。
和田：いいね。それに、そのすぐ後に伊藤さんが自分からダーツしようとかさ、もう止めたとかさ、そういう流れになってる。遊べてるんだよ。
児島：うん、遊べてる。プレイセラピーをやりました、と言いながら、実のところそのセラピストは全然遊べてないみたいなのって結構あるんだよね。
和田：遊べてないのよ。
児島：だから、いつだったか、ある子どものプレイセラピーのケース検討会でコメントをしていたそのスジの有名な先生に、正直、プレイセラピーっていったい何ですかって聴いたことあるんだよ。
和田：遊べないのよ。
児島：遊べないセラピストが真剣にプレイセラピーやってんの。
伊藤：ハハハ。

和田：子どもと同じ土俵に立てないの。同じ土俵に立つとセラピストの方が自分がなくなるみたいなの。
伊藤：へぇ。
和田：で、2回目の面接での「今日のも激しいね」という箱庭から、また、ダーツをやったあとかな、それこそ、またコマーシャルが入るんだけど、そこのとこ面白いね。「偉いねえ君は」、「偉くないもん、泣くもん」、「あーあ、わかったぞ」「わかった？　何が？」「偉すぎるから泣くんだよ」ってうまいこと言うなあって。子どもが「えーっ何それ」って乗ってきてるよね。
児島：僕も、ここのところには赤を入れてる。なんていうか、とにかく言葉の飛ばし方がいい。
和田：これはうまい。すごい。ところが、ここでね、何か説明するような面接をしてしまうセラピストがいるんやね。そうなると安くなってしまうんや。
伊藤：でもね、これ私ピンときたんですよ。「偉いね、君は」って言うと「偉くない」って言うでしょ。「偉すぎ」って言ったときに「泣くもん」ってこの子が言った。そうか、やり過ぎてるんだよ、君は。だからこそ泣きたくなるんだって。なるほどって。
和田：そうか、わかった！ってなったときに、伊藤さんは、じゃー、また、ダーツしようっていう（笑い）。飛んでる。飛ばしてる。
児島：まさにコマーシャルを入れている。
和田：そうそう。そしてさ、さらに、三つのお願いってことで、またポーンと飛ばして、ここでもコマーシャル。
伊藤：三つのお願いは盛り上がりましたよ。やっぱり野球うまくなりたいって。この子の気持ちはお父さんに食いついていってる。お父さんに憧れて。お料理がしたいこともわかったし。

和田：そうそう。先生なら何にするって？　伊藤さんの方が聞かれたりして、これもいいね。
伊藤：欲張りだと笑われましたよ。ディズニーランドの話で盛り上がって、ほんとに楽しくて、元気になっていきましたね。

＊

児島：さて、われわれも少々ノリすぎたみたいで……。そろそろ時間も迫ってきたんですけど。他にも触れたいことがたくさんあるんですが、和田先生、最後にこれだけは、というのはありますかね。
和田：そうね。そうそう、最後の面接の終わり方もいいよね、「泣かないでよ」って。
伊藤：いつも私が子どもとお別れがつらくて泣きたくなるから、つい言っちゃった。
和田：「またね、じゃないよ」って言うのも、なんか、いいね。
伊藤：寂しいけど元気になってお別れ。

Ⅳ　まとめ

うまくいったケースを目の前にすると臨床家というものはどうしてもひとこと文句をつけたくなるものらしい。もっとも、そういう傾向が強い臨床家は、逆に難渋しているケースをみるとさらに文句ばかりを並べたがる。今回のケースでも、おそらく最初に聞こえてくる声は、「そもそも、この子どもの健康度が高かったからではないか。だから、うまくいったのは、セラピストの力よりも、むしろこの子どもの力なのだ」といった調子かもしれない。たしかにそう言えないこともないが、実は、うまくいったケースのほとんどは、クライエントの力とセラピストの力をかけ合わせたものというのが正しい。だから、仮にクライエントに力があったとしても、セラピストの力がマイナスだとすれば、その積の結果はマイナスになること請け合いである。要は、クライエントの力をより引き出すためのかけ合わせをどれくらいできるか、それこそがセラピストの力ということになろう。あらためて、このケースとその後のディスカッションを振りかえりながら一番感得したのはこのことであった。

それにしても、子どものケースは〝コマーシャル〟付きでなければ、とする和田のひとことは、お見事！としか言いようがないものであった。たしかに大半の大人にとって、テレビのコマーシャルは「しょうもない」ものに映るのではないか。しかし、子どもは何よりもコマーシャルが好きだ。だから、子どものセラピーにおいては、セラピストがいかにこの「しょうもない」コマーシャル的世界と付き合えるかが生命線となる。にもかかわらず、セラピストが、こう言ってはなんだが、コマーシャルには目もくれずうるさがり、番組の中身ばかりを見たがる。場合によっては、それこそNHKの教育番組風にセラピーを組み立てようとしがちだ。もちろん、NHK的であることがすべてダメなどと言っているわけではないけれども、子どものコマーシャル的世界とは、要するに遊びの世界に他ならないのだから、セラピストもまずは子どもと遊べなきゃ話にならない。ただ、それだけのことである。

ところが、である。臨床家や教師など子どもに関わる多くの大人たちは、子どもの遊びの世界を○○心理学とやらのこれまたNHK的な高尚なる観念で扱おうとしたがる。しかし残念ながら、子どもの遊びとは、そもそも、そうした観念を阻むところに成立するものなのだ。言葉もからだの動きもその場のヒトやモノをも巻き込みながら、時に熱中し、時に沈み、そして拡散する、そうしたリズムとノリそのもの、そうとでもしか言えないのが子どもの遊びの世界なのではないか。人によっては、最近はやりの身体性という概念を持ち出される向きもあろう。これも悪くはないが、しかし、そう言ってしまった途端に遊びそのものが姿を消してしまいそうな気がする。それにしても、相変わらず、子どもに寄り添う、なんていかにも響きのいい言葉が子どものセラピーの世界を席捲している。しかし、かく言う者たちこそ、実のところ、まったく子どもに寄り添えていないのではないか、少なくとも、今のわれわれはそのように考えている。

V　和田と児島によるケース検討を終えるにあたって

木下みどり、永尾嘉康、伊藤勢津子の三名の心理臨床家によるケース報告とディスカッションをそれぞれ連載形式にて計六回にわたり示しながら、われわれの〈ケースの見方・考え方〉を披瀝してきた。われわれは、たしかに、家族療法やブリーフ・セラピーと称されるアプローチに親和性をもつ者たちではある。しかし、ここではっきり申し上げておくが、決してそれらの優秀さや正当性を主張するものではない。ただ、今日の臨床心理学ブームとそれらを支える〝こころ〟なるものへの偏執ぶりを示す風潮が嫌なだけである。そこには、いかにも真面目で深刻な顔をしてクライエントの〝こころ〟について論じている多くの心理臨床家たちが群れている。かく言う私（児島）も時にその一人となっていることがある。しかし、そうした心理臨床家たちの思想なり振る舞いが、とにもかくにもなんとかよりよく生きたいと願って日々生活しているクライエントを前にして、はたしていかほどのものかと、ふと疑いたくなるのである。それらの疑いの数々を、奇しくも三名の心理臨床家の協力を得て、吐露させていただいた。

あらためて、三名のケース報告者およびケースとして登場していただいたクライエントとそのご家族さらに関係の方々にも心より感謝申し上げたい。

第４部　〝言葉が心をつくる〟ということ

第14章　会話を続けること

コミュニケーション障害は治療的会話の促進を妨げるか？

われわれは「応答されること」でつながりと所属感をもち、またそのことが対話の成立にとって最重要なこと……。人は、機会さえ与えられれば話したいこと、話すべきことを話すだろう。

——ハーレーン・アンダーソン Harlene Anderson

I　はじめに

従来、統合失調症や認知症などの明らかにコミュニケーション障害を有すると考えられる事例に対しては、コミュニケーション障害そのものを〝問題〟とし、〝治療〟しようとするアプローチが中心であった。しかし、われわれはそのことよりもむしろコミュニケーション障害を有する事例との会話はいかにして構成され得るのか、という点に注目してきた（木下、2003；木下・児島、2003；木下、2004）。統合失調症と認知症

本章は、木下（田崎）みどりとの共著である。

の病態およびコミュニケーション障害の諸特徴は確かに異なっている。しかし、筆者らは相互に発話を連鎖させていくことによって会話の可能性を広げることができるのではないかと考え、いずれの事例に対しても同様のアプローチを試みた。

したがって本論では、筆者のうちの木下（以下K）と統合失調症患者および認知症高齢者との会話の抜粋をとりあげ、臨床的な観点からの考察を試みる。なお、考察は筆者らのディスカッションを基に対話形式で提示することとした。読者の方々にもこのディスカッションに加わっていただけたら、と目論んでのことである。

Ⅱ　統合失調症患者のコミュニケーション障害

統合失調症患者にはあらゆる種類のコミュニケーション障害がみられるが、なかでもわれわれが最も困難をおぼえるのは関係面で相手の限定を否定する「限定否定」であるとされる（井村・木戸、1973）。したがって本論では、統合失調症患者との会話における「限定否定」に注目して発話連鎖の分析を行っていく。なお、ここで言う「限定否定」とは「相互交渉的限定否定」（木戸、1976）、あるいは「他者の限定否定」（川久保、1987）と呼ばれるものであり、「メッセージの受け手が、相手の提示した枠組みからそれることをほのめかすことなく、相手の枠組みからそれた反応をすること」（井村・木戸、1973）である。「限定否定」には伝達内容に関するものもあるが、本論では上記のように関係に関するものを「限定否定」として取り上げることとする。

事例：Yさん（71歳、女性）

表1　Yさんとの会話【カラオケと夜勤】

Kが廊下を歩いていると、病室のベッドで顔を廊下に向け、片肘をついて横になっているYさんと目が合う。Kはあいさつをして入室しYさんのベッドサイドへ。
01Y：（そのままの姿勢でKを見て）実習生？
02～07〔K自己紹介、Yさんに名前を教えてもらう〕
08K：（作業療法のカラオケが聞こえていたので）Yさんは、カラオケには
09　　行かれないんですかー？
10Y：いやー、だって、あん人たちは、素人でしょう？
11K：素人？
12Y：だって、ここの人だから、素人。
13K：あー、玄人さんのほうがいい？
14Y：（頷いて）だって、上手うなかですもん。
15K：あー、上手くないから、聞けない？
16Y：うんうん（笑顔）。
17K：（笑）歌ってる本人は、気持ちいいんでしょうけどねー。
18Y：え？
19K：あー、いや、カラオケ歌ってる、ご本人さんは気持ちいいんだろうな
20　　なー、と。
21Y：ああ。
22K：……どなたか、好きな歌手の方とか、いらっしゃいますかー？
23Y：……私はね、夜勤に行きよるとさ。そいけん昼間はこうして寝とっ
24　　と。
25K：あらー、そうだったんですかー。お休み中のところ、失礼しました。
26Y：いえいえ（満面の笑み）。

診断名は統合失調症。療養型の閉鎖病棟入院中、入院歴三十六年。きゃしゃな体型で一見愛想よくニコニコしているが、主治医によると話の内容はほとんど幻覚妄想で、特定の患者や看護スタッフに対する被害的な訴えがあるとのこと。

以下に提示するYさんとの会話の抜粋（表1）は、大学院の臨床心理実習において実施した精神科病院の病棟フィールドワークによって得られたものである。したがってKは実習生という立場であり、病棟では白衣を着用していた。

ここでは、22行目Kの質問とそれに続く23行目Yさんの発話に注目したい。22行目Kの質問は、先行発話群の話題にそったものである。しかしYさんはKの質問には答えず、前置きなし

に「夜勤に行っている」という全く新たな話題を提示する。この23行目は、メッセージの受け手であるYさんが、22行目Kの提示した枠組みからそれることをほのめかすことなく、突然Kの枠組みからそれた反応を示しており、「限定否定」になっている。

ここで、上記の会話における事例の「限定否定」発話に対するKの反応について触れておきたい。Yさんの「限定否定」発話を受けたKは、確かに若干の違和感を感じていた。しかし、発話という形で反応を返してくれている以上、少なくともKとの会話そのものを拒否しているのではないと思われた。また Yさんには、少なくともそれ以前のKの質問に答えるよりは他に話したいことがあり、そのことについて話すために話題を転換させたのではないかとも考えられた。すなわちKは、「限定否定」発話のコミュニケーション障害としての側面ではなく、Kとの会話継続への意志という側面に注目し、「限定否定」という形で提示された新たな話題にそって発話を連鎖させていった。26行目以降はYの仕事や趣味などへと話題が広がり、その後の発話連鎖に大きな支障は感じられなかった。

Ⅲ 認知症高齢者のコミュニケーション障害

認知症の進行に伴って認知症高齢者とのコミュニケーションは困難になり、特にアルツハイマー型認知症が中度の段階になるとほとんどの話の内容が相手に解読不能となるとされる（矢富、1996）。井村・木戸（1973）は、認知症高齢者のコミュニケーションを、対話の形式は保たれているが意味内容は失われている「仮性コミュニケーション」であるとする。「仮性コミュニケーション」とは、一見コミュニケーションが行われているように見えながら、的確な合理的理解は得られないコミュニケーションである（井村・木戸、1973）。

このような、対話の形式は保たれているが意味内容は失われているとされる認知症高齢者に特徴的な発話を本論では「形式的な発話」とし、以下の事例との会話における発話連鎖においても注目していく。

事例：Mさん（85歳、女性）

日常生活の自立度と改訂版長谷川式簡易知能検査より、中等度以上の認知症（老人性認知症）を有すると判断される。主たる介護者は娘であり、A医院のデイケアを週6回利用している。家庭では排泄介助および話の通じなさが、またデイケアではレクリエーションに参加しないなどの孤立化および帰宅願望が介護者の負担感や困難感を高めていた。

以下に提示するMさんとの会話の抜粋（表2、3）は、A医院のデイケアにおいて得られたものである。Kは認知症を有するデイケア利用者への心理的援助として、対象者が居るデイケアの場での非構造化面接を実施している。したがって、構造としてはフィールドワークにおけるインフォーマルな面接（箕浦、1999）の形である。

【地図と学生についての話】（表2）の1～16行目を前半、17～33行目を後半とすると、前半と後半の会話の特徴は大きく変化している。この会話によってKのMさんに対する印象は大きく変化し、Kは認知症高齢者との会話に大いに関心を抱くようになった。そして、従来「形式的な発話」は認知症高齢者に特徴的なコミュニケーション障害として捉えられる傾向にあったが、むしろこの「形式的な発話」を促進させていくことによって認知症高齢者との会話をより豊かなものにできるのではないか、と考えるようになった（木下、2004）。

【数えること】（表3）は、「形式的な発話」を促進させるというKの方法を示す例として提示する。Kは、

表２　Ｍさんとの会話①【地図と学生についての話】

Ｋは送迎待ちの時間に畳に一人で座っているＭさんを見つける。前回話した時、Ｍさんは地図が好きだと言っていたのを思い出し、近づいていってＫより話しかける。

01K：地図がお好きなんですよねー。
02M：そうそう、私はねー、ほんとねー、地図を見るのが楽しくて！（笑顔）
03　　あれはほら、どこですかねー、鹿児島の先……
04K：あー、沖縄？
05M：…うーん、どこでしたかねー…
06K：（少し大声で）「沖縄」ですかー？
07M：そう、そう、沖縄！
08K：あー、沖縄ねー、いいですよねー。
09M：あと、ほら、インドネシア！
10K：インドネシア！　世界地図も見られるんですかー？
11M：ねー、世界一周する人もいるけど、あれは好きじゃないとできんやろ
12　　うねぇ。
13K：世界一周、してみたいです？
14M：私もねー、好きとやろうねー、地図見るとが。こがん年になってね
15　　ー、好きじゃないと続かんよねー。
16K：はあー……
17　（10 秒ほど沈黙）
18M：……あなたは、どこからきたの？
19K：私はですねー、学生なんですよ。勉強させてもらいにきました。よろ
20　　しくお願いします。
21M：（表情が引き締まり、Ｋを見て）年がいって勉強するのは、身が入る
22　　でしょう？
23K：そうですねー、一度仕事してから学生をすると、違いますねえ。
24M：そうでしょう、あなた、学校はどこまで行ったの？
25K：……学校は、広島だったんですよ。
26M：広島 !?………広島は、原爆で……、身ひとつでおとつい長崎に引き
27　　上げてきました。広島も長崎も原爆で大変で……私は長女だけど、弟
28　　も妹も、二十歳ぐらいで死んでしまって……。
29K：きょうだいさん、原爆で亡くなられたんですかー…
30M：そう。まだ学生やったから、もっと勉強したかったろうにと思って。
31　　だから、私に手伝えることがあったら、と思ってね（Ｋを見る）。
32K：（！）ありがとうございます、とても勉強になります。
33M：（表情緩み、笑顔となる）

表3　Mさんとの会話②【数えること】

デイケアスタッフ（以下S）に手を引かれてトイレから戻ってきたMさんは、Kを見つけると隣に座ると言い、Sといっしょに歩いてくる。その際Sは「いっちに、いっちに～」とかけ声をかけながらMさんの手を引き、MさんもSといっしょに「いっちに～」と言いながら近づいてくる。しかしKのすぐ近くにくると、Mさんは「いっちに、さんし、ごうろく～」と数え始め、Sのかけ声とずれ始める。

01M	：（笑顔で）いっちに、さんし、ごうろく～（数えながらKの隣に座る）
02K	：（笑）
03S	：あらら…（と言いながらS退席）
04M	：しっちはっち、きゅうじゅう～（笑顔で数え続け、Kを見る）
05K	：じゅういっち、じゅうに～（いっしょに、声を合わせて数えてみる）
06M & K	：（Mさんも笑顔で、時々Kと目を合わせながら数え続ける。いつ
07	の間にか、手拍子も加わる）～きゅうじゅはーち、きゅうじゅく、
08	ひゃーく！
09	（思わずパチパチと拍手をし、二人で視線を合わせて笑う）
10K	：いやー、長かった！（笑）
11M	：（笑）まだ数えれたね。もうできんごとなったかと思っとったけど（笑
12	顔）
13K	：（！）はあー、それで…
14M	：（笑顔で頷く）

Mさんとの会話においては常に〝Mさんが話したいことを自由に話してもらうにはどうすればよいか？〟を考えている。そしてMさんの自由な発話に対し、その発話を発話として受けとったことを示す反応を返していくとを実践している。なぜなら、それが「形式的な発話」を促進させることになると考えているからである。

Kは初め、Mさんがどのようなつもりで数え続けているのかわからなかった。しかし、Mさんにとっては何か意味のあることなのだろうと思われ、Mさんの意図を明確にしようとはしなかった。なぜなら、KにとってはMさんの意図は不明確だが、自身の意図についてMさんが話したいかどうかはわからないからである。もしMさんが話したければ会話を続けていく中で言及されるであろうし、話したくなければ話されない、というまでのことであろう。そこで、まずは数えることに対するMさんの意図を明確にしようとするのではなく、数えているMさんに応答し、いっしょに数えることにした。すると、Mさんのほうからその理由を説明してくれ（11行目）、Kは大いに驚いたのだった。

Ⅳ　考　察

コミュニケーション〝障害〟とは何か？

児島：家族療法が心理療法やカウンセリングに与えた影響には、家族そのものへの関心だけでなく、相互コミュニケーションや言語に対する新しい捉え方を示した、ということがあります（児島、1998、2002）。この論文では〝コミュニケーション障害〟を有する事例として、最初に統合失調症患者との会話が出てきます。現在の家族療法においては、統合失調症患者への治療的アプローチとしての第一選択は、いわゆる心理教育的なアプローチ。そういった意味でも統合失調症患者のコミュニケーション障害に関する臨床的な研究はほとんどない。それから認知症についても、その治療的アプローチという点では非常に今日的なテーマですが、相互コミュニケーションという観点からの研究は非常に珍しい。木下さんは、なんでまた統合失調症や認知症といった障害、そして、その相互コミュニケーション的なアプローチに関心をもったんですか？

木下：初めから統合失調症や認知症、と思っていたわけではないんです。もともとは高齢者に関心をもっていて、認知症を有するデイケア利用者への心理的援助というお話をいただいたんです。そこで、まずはそれまでの臨床実践について勉強してみました（木下・児島、2002）。でも、どうしてもやれそうな感じがしなかったんです。その理由には、現実的な時間・人・構造などといったこともあったのですが、いちばんのネックは、コミュニケーション障害を有する心理的援助の対象者本人にとって何が問題であり、どのような援助が必要とされているのかわからない、ということだったんです。事例として提示したMさんは、デイケアではレクリエーションに参加したがらないことなどが問題とされていました。しかし、Mさん自身は何をどうしたいと思っているのか、というとそれがわからない。例えば回想法では、写真などの刺激物を提示して回想を促しますよね。これは「刺激物について話をして下さい」というメッセージだと思うんです。もし、その提示したことをその人が話したいのであれば、全く問題ない。でも、始める段階では、その人がそのことを話したいかどうか、ということがよくわからない。そして、その話をしたいかどうか、ということを聞いてそれに答えられるような状態であれば、コミュニケーション障害があるとは言えないと思うんです。なので「この話をしたいですか？」とか「あなたの問題は何ですか？」というところから話を始められない人に対してどうすることが治療的なのか、ということを考えると、どうもしっくりこなかったんですね。

児島：じゃあ、その違和感みたいなのが出発点なのかな。そしてそれを振り返ると、どうもこういう理屈がつきそうだ、というところかな？

木下：そうですね、そうかもしれません。

「限定否定」は誰によるものか？

児島：では、統合失調症患者との会話の「限定否定」にはどうやって注目したんですか？

木下：実はこの会話の時は「限定否定」をはじめ、コミュニケーション障害については全く知らなかったんです。だから、それを知った時には「えーっ!?」という感じでした。そもそも、「好きな歌手の方とかいらっしゃいますか？」って聞いてますけど、私は別にYさんの好きな歌手がすごく知りたい、というわけではないんです。ただ話の流れとして聞いたまでのことであって。私としては、あくまで自分の発話は呼び水みたいなものだと思っているんですね。だから、私はあなたにどの歌手が好きかって聞いてるのに、それに答えてないじゃないかというのは全然なかったんです。もちろん「あれ?」っていうのはありますけど、それと同時に、「私はね〜」というYさん自身の話が出てきた、というところで「よし!」と思ったんです。だから、23行目以降は、私はもう歌手なんてどうでもいいんです(笑)。

児島:なるほどね。普通だったら、好きな歌手は誰か。と聞いてるのにその文脈がすっとばされちゃってる、だから話はそこで全然つながっていない、という解釈になってそれが問題だ、とみるだろう。それが木下さんの場合は、全くそういうことが、頭にものぼらなかった。

木下:そうですね、おもしろいネタが出てきた、と(笑)。ただ、「限定否定」を知った時には、ちょっと悩んだこともあったんです。もしかしたら、私の質問がYさんの「限定否定」を引き起こしてしまったのか、私の対応がまずかったんだろうか、と……。

児島:(笑)深い分析!

木下:(笑)でも、ここでは省略していますが、何回読んでもこの後の会話、というかYさんがおもしろいんですよね、私にとっては。なので今は、これだけおもしろいのが出てきたからまあいいのかな、と思ってるんですけど。

児島:なるほど。そのあたりのことって、〝センス〟とか〝能力〟とか〝個性〟とか、その要因をセラピスト個人の特性に帰属させた、矮小化した感じの議論になることが多いんだよね。もちろんその部分を無視することはできないんだけど、それだけでは、Yさんの変化についてのより発展的な考察にはつながらない、と思うわけです。

会話の行きつく先は？

児島：Yさんには他に話したいことがあり、その結果として話を転換させたんじゃないか、というのは、起こった現象に対する一つの仮説だよね。それと、木下さんとの会話を続けていきたいという意志にむしろ注目した、というところ。そこがYさんとの会話で起こったことについての木下さんの考察になるのかな。

木下：そうですね。その時点でもう話をしたくなければ、そこで終わってもいいわけですよね。黙ってしまうとか顔を背けるとか、いろいろな方法があると思うんです。でもそうではなくて、あくまでも発話という形で反応を返してくれて、しかも新しいネタを出してきてくれたわけです。それを私は、私と話すことは嫌じゃないのかな、というふうに受けとった、ということですね。

児島：あとYさんとの会話では、たまたま木下さんが実習生という立場だった、ということも影響しているんだろうか。

木下：もちろんあると思います。実習生だったからフィールドワークのつもりで、ある意味全く心理的アプローチ云々というところから外れた立場でみていますので。もし仮にSSTをやるとかいうことになると、私のほうが大いに影響されるだろうなあ、という気がしますね。

児島：今出た統合失調症の患者さんに対するSSTとか、認知症の方に対する回想法などのプログラムを実施することと、木下さんがここでやったことって、どういう関係になるんですかね。

木下：非常に簡単に言ってしまえば、会話において何らかの目的や志向性をあらかじめ有しているかどうか、という違いだと思います。SSTにしろ回想法にしろ、いわゆる心理療法と言われるものは、あらかじめ何らかの志向性を有するものだと思うんです。一方、ここであげた事例との会話は、あらかじめ私のほうで会話のゴールを設定しないようにしています。つまり、話をこういうふうにもっていこう、というのはもたないようにしてやっている（木下、2004）。そこが、大きく違うんだと思います。

〝会話を続けていくこと〟の意義

児島：次に、認知症のMさんとの会話ですが、そのなかの【地図と学生についての話】（表2）で、16行目までとそれ以降で会話が大きく変化しているということなんだけど、具体的に言うと？

木下：私が会話をした時の感じでは、前半は発話を連鎖させること自体が非常に困難だったんです。Mさんが何を言おうとしているのかよくわからないまま、努力をして発話を連鎖させていたんですね。

児島：なるほど。16行目までは、〝私があなたに〟という文脈が感じられない状態で大変な努力をしていたわけですね。そして、「あなたは、どこからきたの？」というMさんの発話になるんだけど、この発話が、それまでの木下さんの大変な努力を受けてのことである、というのは間違いないと思いますが、どうでしょう？

木下：そうですね。初めは私自身、後半だけに注目していたんです。でも実は「あなたは、どこからきたの？」という発話も、前半があったから出てきた言葉なのかな、と思うようになってきました。この会話、沈黙のまま終わってしまっても全然不思議じゃないと思うんです。だけど、Mさんがここで18行目のように言ってくれた。それは、私と話したいと思ってくれたんじゃないかなー、と思っているんです。

児島：それからもう一つのMさんとの会話【数えること】（表3）だけど、これは何、結局、最後まで数えてたんだ（笑）。

木下：（笑）そうなんです。Mさんがすごく楽しそうだったので、そこに加わりたくなってしまって。もちろん途中でどこまで行くのかな？　というのもあったんですけど、私としては、数えること自体に遊びの要素を感じていたんだと思います。まあ、私も楽しかったんですね。

児島：なるほど。でも、事例報告とかでこんなふうに楽しくなっちゃってとか、盛り上がっちゃって、というの、ほとんど聞いたことないなあ。そういうものがもっている治療的な側面って、あんまり言われないね。

木下：〝単なる雑談じゃないか〟みたいなのってありますよね（笑）。先日、訪問看護の保健師さんに『心理療法テクニックのススメ』（坂本ら，2001）をお貸ししたら，「要は盛り上がればいいんだね」ってコメントされたんですよ（笑）。それが、私にとってはすごく新鮮だったんです。実際にその保健師さんは、主治医から採血の指示が出ていた統合失調症の患者さんとまずは会話で大盛り上がりをし、その後に採血の話をしたらスムーズにできた、ということがあったそうなんです。

児島：そうするとね、例えばSSTとか回想法とかのプログラムにしても、それが効果を発揮するかどうか、というのも、その前の段階で盛り上がりみたいなものがあると、すっといけるんじゃないか、という感じがするね。ということは、セラピストには雑談できる能力をまずつけさせないといかん、ってことだな（笑）。

木下：それ、必要だと思います（笑）。それから、【数えること】（表3）と「応答すること」についてのアンダーソン（Anderson, 1997）の言葉から、思い出したことがあるんです。家の中に勝手に人が入ってきたりごみを持ち込まれる、という妄想があった全盲のケースのことなんですが、この方が怒って言われるには、「家の中に入ってくるとは、まだよかとです。でも、こっちから声ばかけてもあいさつしても、何も言わんとです！」と。つまり、〝あいさつもしない〟ということに対して怒っていたんですね。私としては、怒る部分がそこなのか！　というのがすごくおもしろかったんです。でも、ある事例検討会でその話をした時に「でも、妄想でしょう？」ってあっさりコメントされたことがあって。

児島：（笑）いったい、臨床心理学とか精神病理学っていうのは、何なんだろうね？

木下：（笑）そういうことじゃなくって、と。妄想なのは百も承知なんですよ。でも、説明できなかったんですよねー、そうじゃない、ということについて。今でもちょっと説明できませんけど。

今後に向けて――会話についての会話

児島：これまでのディスカッションと当然関連してくるのは、現在の家族療法の一つの到達点ともいうべきナラティヴ・アプローチと呼ばれているものですよね。もちろん、一口にナラティヴといっても、大きく三種類がある（野口、2002）。じゃあ、そういったナラティヴの人たちが、また、家族療法なりブリーフ・セラピーでこういった言葉に関心をもっている研究者たちが、この木下さんのケースや実際のやり取りに対してどんな評価をするのか。もしくは、今考察としてわれわれ自身がやり取りをしたことに、どういったコメントをしてくるのか。こういったことが、木下さんとの会話のなかで私の中に立ち上がってきましたね。それから治療的会話ということについてですが、治療的会話という言葉を用いるのは、従来型の、いわゆるパソロジーを前提にしたものではない、そういう一般的な理論に基づくアプローチではないものを目指した動きであると言われている（Weakland, 1993）。それは要するに、例えばなぜ「限定否定」的あるいは「仮性コミュニケーション」的発話になるのか、もしくはそれをどうする、という形でやり取りをするものではない、ということなのだが、じゃあ、それを積極的に定義するのはどうするか、ということになる。しかし、こういった点についても、それこそ〝会話〟を続けていくことこそが大事なのかな、なんて気がしてきました。まあこれぐらいにして、木下さんはこれから次というのはどんなことを考えておられるのか、ということで締めくくりにしましょうか。

木下：これからは発話を連鎖させていく上で、実際自分がどんなやり方をしているのか、具体的には質問の仕方などの反応の返し方についてみていきたい、というのがまずあります。それから、実際になっていくかどうかは別なんですけど、基本的に、会話というのは全然特別なものではないですよね。心理臨床場面だけでのことではなく、いわゆる対人援助のどの領域においても、会話があってこそ、というのがあると思うんです。ですから、もっといろんなところで使えるようなことが言えたら。いいなー、というのはありますね。

Ⅴ　おわりに

筆者らは、いずれも、従来の心理療法もしくはカウンセリングでの言語のあり方に違和感をもって臨床を始めた者たちである。そして、その違和感によって。まさに家族療法の中から浮かび上がってきた〝もう一つの〟とも言うべき治療言語のありように出会うことになった（児島、2002)。そうした出会いの当初は、そこに、新たな何がしかの技法なりアプローチが出てくるのではないか、という期待がなかったわけではない。しかし、とりあえず現時点で到達したものは、クライエントとの会話を続ければよいのだ、という何とも身も蓋もないような結論となった。ただし、そのように評するのは、あくまで従来の治療における専門家風の言語の枠組みから見た場合のことである。会話を続けることがいかに治療的な意義をもつものであるか、ということを身をもって認識できるためには、逆説的ながら、セラピスト側がどれくらいごく常識的な会話能力をもっているか、そのことにかかっていると言えるかもしれない。会話を続けていく方法、すなわちクライエントの次なる発話を生じさせる方法を探す能力を身につけることができたなら、もはや「クライエントこそ専門家である」（Anderson & Goolishian, 1992）と声高に叫ぶ必要すらなくなってくるのではないか、という気もするのである。

文　献

Anderson, H.（1997）Conversation, Language, and Possibilities: A Postmodern Approach to Therapy. New York; Basic Books.（野村直樹・青木義子・吉川悟訳（2001）会話・言語・そして可能性：コラボレイティヴとは？　セラピーとは？　金剛出版．）

Anderson, H. & Goolishian, H.（1992）The client is the expert: A not-knowing approach to therapy. In: McNamee, S. & Gergen, K. J. (eds.): Therapy as Social Construction. London, Sage.（野口裕二・野村直樹訳（1997）クライエントこそ専門家である：セラピーにおける無知のアプローチ．In：ナラティヴ・セラピー：社会構成主義の実践．金剛出版，pp.59-88.

井村恒郎・木戸幸聖（1973）コミュニケーションの病理．In：井村恒郎・懸田克躬・島崎敏樹・村上仁編：異常心理学講座第9巻 精神病理学3．みすず書房．（現在は，遠見書房より再刊）

川久保芳彦（1987）Communication 論（臨床編）．家族療法研究，4 (2); 80-88.

木戸幸聖（1976）面接入門―コミュニケーションの精神医学．創元社．

木下みどり（2003）痴呆性高齢者のコミュニケーションに関する研究―事例との会話における発話連鎖の分析から．長崎純心大学大学院人間文化研究科修士論文（未公刊）．

木下みどり（2004）痴呆性高齢者との会話の可能性に関する一試論―事例との会話における発話連鎖の分析から．長崎純心大学大学院人間文化研究，2.

木下みどり・児島達美（2002）痴呆老人への心理的援助に関する予備的考察―ストーリーとしての作話を手がかりに．長崎純心大学心理教育相談センター紀要，1; 27-38.

木下みどり・児島達美（2003）「限定否定」は治療的会話の促進を妨げるか？―統合失調症患者との会話における発話連鎖

の分析から. 日本ブリーフサイコセラピー学会第十三回札幌大会抄録集、p.29.
児島達美（1998）シンポジウム「家族療法と治療言語」の開催にあたって. 家族療法研究、15 (3); 12.
児島達美（2002）心理療法における〝もう一つの〟治療言語の出現. ブリーフサイコセラピー研究、11; 20-26.
箕浦康子（1999）フィールドワークの技法と実際―マイクロ・エスノグラフィー入門. ミネルヴァ書房.
野口裕二（2002）物語としてのケア―ナラティヴ・アプローチの世界へ. 医学書院.
坂本真佐哉・和田憲明・東豊（2001）心理療法テクニックのススメ. 金子書房.
Weakland, J.H.（1993）Conversation-but what kind? In: Gilligan, S. & Price, R. (eds.): Therapeutic Conversation. New York; W.W.Norton. pp.136-145.
矢富直美（1996）痴呆性老人のコミュニケーション行動. 看護研究、29 (3); 243-252.

第15章　高橋規子さんの〝ナラティヴ〟との対話

Ⅰ　序

《わたしは、主に家族療法を専門として開業している臨床心理士ですが、六年ほど前からナラティヴ・セラピーの実践研究に従事するようになりました》という書き出しで始まる高橋規子さんの「ナラティヴ・セラピー：セラピーの最前線」と題する一文をわたしが手にしたのは、これが所収されている森岡正芳さん編集の『ナラティヴと心理療法』（2008）の書評を依頼された時でした。この本は、編者の森岡さんを含め十四人の第一線の臨床家たちが自らの臨床実践を〝ナラティヴ〟をキーワードに書かれた論文により構成されたものです。いずれの論文もそれぞれ興味深くはありましたが、その中でもとくに高橋さんのものに関心が向きました。ただ、この時は、ごく簡単にその内容について触れるだけに終わっていました。

わたしもかねてより〝ナラティヴ〟には魅かれ、内外の関連図書や事例報告を読み、学会やワークショップにも参加し、自らの臨床実践においても〝ナラティヴ〟を意識しつつ、時には、わたしなりに小論を書いたりもしてきています。しかし、現在でもなお、「なぜ〝ナラティヴ〟なのか？」という一番根っこのところにもっと何かあるのではないか、という感覚が拭えずにいたのです。そして、この数年、わたしのこの〝問題〟の〝解決〟――いや、〝解消〟というべきでしょうか――を図らねばという思いが強くなる中、ふと、高橋さんのこの一文が思い出されてきたのでした。

さっそく、じっくりと読み直してみました。ほぼ三年ぶりです。あらためて驚きと感動を覚えました。この一文たるや、内容はもちろんナラティヴ・セラピーについての実に的確な解説書ではあるのですが、それと合わせて、高橋さんはこの一文を「ですます」調の文体にのせてわたしに語りかけてこられるのです。なぜ、あえて「ですます」調にされたか、ということが文末に次のように記されています。

> 学術的ニュアンスが強い場面においての記述形式は「である」調が通常ですが、本稿はあえて「ですます」調にて記述させていただきました。「である」調は書き手の独白性断定性がより強い印象があり、「ですます」調はより会話的共有的印象があるという、わたしの主観から生じた選択です。論述というものは書き手の一方的なストーリー提示ではありますが、そのなかであってもより「ナラティヴ的」な、コラボレイティヴなスタンスを示そうとするわたしの拙い努力として受け取ってくださいましたら幸いです。

まさに、高橋さんの〝ナラティヴ〟についてのナラティヴに他ならないわけで、それゆえ、その効果は抜群で、この高橋さんの語りにわたしは否応なく反応し、そして、わたし自身がこれまで別の文脈で関心を持ち続けてきていたことやストーリーが次々と浮かびあがってきて結合し、あるいは離れ、あらたなテーマが生まれ、していくのです。ということで、わたしは、もう一度高橋さんの〝ナラティヴ〟に向き合い対話してみようと思いたったのです。そして、この対話に読者の皆さん方にはあたかもリフレクティング・チームのメンバーのように参加していただけたらなあーと考えています。わたしも高橋さんに倣って「ですます」調でやってみます。以下、とくに三つの観点を取り上げていくことにします。

Ⅱ　「ひと」と「言語」

高橋さんは、《ナラティヴ・セラピーが他のセラピーと大きく異なる点は、おそらく「ひと」というものごとのとらえかたにあると思われます》という一文でもって、ナラティヴ・セラピーに独自の人間観からストーリーを始められます。この文章自体は特段のことはないのですが、わたしは、《「ひと」というものごと》という言い回しに引っ掛かりました。だって、普通、わたしたちは、「ひと」あるいは人間のことを《ものごと》としては扱いませんよね。個体性あるいは実体性をもったものとして表現するはずです。実は、ここにすでに高橋さんのある基本的な構えを読み取ることができるのではないかと思うのです。その上で、《ひとは語りでできている》さらに《語りを通じてひとは構成され、対話のなかで構成され続ける存在である》というナラティヴ・セラピーの基本的な人間観が提示されます。いわゆるテクスト・アナロジーということなのですが、実は、わたし自身、このことを頭ではある程度理解はできるのですが、なかなか身にならずにいるという、冒頭で申し上げた「なぜ、ナラティヴなのか？」という一番根っこのところのものに他ならないのです。やっぱり、まずは「ひと」という存在があって、その「ひと」という存在が語る、というのが普通じゃないの?!って。でも、高橋さんは、そんなことはとっくに承知の上で、なお、上記文中のとくに《構成される》、《構成され続ける》という概念の重要性を強調されながら、わたしに次のようにさらに語っていかれます。

ナラティヴ・セラピーにとって「ひと」といえば、タンパク質等で形作られた既存かつ固有の存在を指すのではなくて、「言語（あらゆる表現形式を含みます）」が構成する暫定的なひとまとまりの「現象」のようなものを指します。「言語」そのものには固定的な「かたち」がほとんどなく、「言語」同士の関連性や相互作用次第で逐次そのすがた（通常「意味」と呼ばれます）を変えていくものです。

《「ひと」は「言語（あらゆる表現形式を含みます）」が構成する暫定的なひとまとまりの『現象』のようなもの》と言われると、うーん、腕組みをせざるを得ません。それにも増して、《「ひと」は現象のようなもの》とまで言われると、どうしても、じゃあ、「ひと」の本質は言語なの？と問いたくなります。しかし、もう一度、高橋さんのこの言明を注意深く見てみると、決して《「ひと」は現象である》という断定ではなく、《……ようなもの》と言っておられるのです。つまり、《(私は）こんな風に見てるんだけど、(あなたは）どうかしら？》という問いかけになっているのです。別の言い方をすれば仮定法なんですね。そう言えば、de Shazer, S.（1991, 邦訳 1994）がこんなことを言っていました。精神分析は「ひと」をプシケーすなわち内面のものとして、家族療法は「ひと」をシステムとして捉えたけど、いずれもメタファーなのに、それらを「ひと」の本質としてしまっている、と。ということは、わたしたちって、どうしても〝現象と本質〟という二項対立の枠組み自体からなかなか離れられないものなのかなー、なんて思ったりしていると、柄谷（1980＝1988）が、〝現象と本質〟はもとより〝表層と深層〟、〝現れたものと隠されたもの〟あるいは〝一と多〟といったわたしたち人間が自明としている認識形式はいずれも〝知の遠近法〟と称されるもので、実は、この〝知の遠近法〟では捉えられない、あるいは、漏れてしまうような人間の現実のあり方を示そうとしていたことを思い出しました。

そうした中にあって、あらためて高橋さんの《「言語」そのものには固定的な「かたち」がほとんどなく、「言語」同士の関連性や相互作用次第で逐次そのすがた（通常「意味」と呼ばれます）を変えていくものです》というストーリーを読んでいると、そこに、いかにヴィトゲンシュタインやバフチンらの言語観がそのまま反映されているか、ということに正直驚きます。とくに〝言葉の意味〟に関することです。よく知られているのはヴィトゲンシュタインの〈言葉の意味はその用法にある〉ということですが、このことと関連して柄谷（1985＝1993）は次のように述べています。

ヴィトゲンシュタインはたとえば、「動物がしゃべらないのは考えていないからではなく、たんにしゃべらないのだ」と述べています。逆にいえば、人間は考えがあるから言葉をしゃべるのではなく、たんにしゃべるんだということ。それは、飯を食ったり歩いたりするのと変わらない「自然史的」な問題だということですね。（p.60）

わたしは、この一文に出会ったとき、ほんとうに衝撃を受けましたね。そんなウソだろう?!　だって、これまで学校で習ってきたことからすると、言語は人間が作り上げたものだ、それが、人間と動物を分かつ大きな違いなのであり……と信じていましたからね。しかし、柄谷は、このような「自然史的」な問題としての言語なるものから、〈言語の背後になんらの主体も隠れていない〉ということを述べて、さらに次のように続けます。

われわれが正しく考えれば、また正しく語れば、誤解は生じないと考える人たちが、ヴィトゲンシュタインの前にいたわけです。それに対して、彼は意義を唱えた。彼は、人間は根本的に、つまり自然史的に、言語の中にあると考えたのです。しかし、それは言語構造（体系）の中にあるという意味ではありません。そういう考えは構造主義者のものです。ヴィトゲンシュタインの考えでは、言語の中におかれた人間の条件は、構造に規定されているということではなくて、構造に回収できないような多数性や出来事性にあるということ、いいかえれば他者とのコミュニケーションの中にあるということですね。……この場合、コミュニケーションというのは、構造や規則に依存しえないようなコミュニケーションのことです。（pp.64-66）

ここで〈コミュニケーション〉という、わたしたちにとって実に手触りのよい言葉が登場するのですが、その現実は、実はそうしたものとは似て非なるものである、ということに注意しておかなくちゃいけないんだ、ということをわたしは学びました。実際、今でも、カウンセリングや心理療法の専門家の中には、《われわれが正しく考えれば、また正しく語れば、誤解は生じないと考える人たち》がたくさんいますからね。加えて〈言語の意味〉の問題を考えるとき、わたしたちはどうしても、言語を発する主体の内に意味が生じると考えがちなのですが、そうではなく、言ってみれば、コミュニケーションそのもののうちに浮遊してくるようなものととらえることができるということになります。そして柄谷（1985＝1993）によれば、バフチンも〈あらゆる発想あらゆる表現を組織化する中心は、内部ではなく外部にある。……言語的な相互作用を引き起こすことこそが言語の基本的現実である。言語とは、話し手たちの社会的な言語相互作用によって実現される絶え間ない生成のプロセスである〉（p.31）とまったく同様のことを述べているとのことなのです。

でも、このような事態をしっかり引き受けることがいかに難しいかということは、わたし自身、日々の臨床や教育等で身に沁みます。それでもなお、高橋さんは、そうしたわたしに対して次のように語りかけてきます。

ごく日常的に「ことばはいきものである」という言い回しがありますが、ナラティヴ・セラピーはこの概念からさらに進んで、「ことばがいきものである」「ことばのネットワークが『ひと』である」といった認識を有しているといえるでしょう。人間にとって、世界とは絶え間なく結合と分離を繰り返し続ける無数に張り巡らされた膨大な言語ネットワークであり、その瞬時瞬時に濃く浮き出して見えるネットワークのかたまりが「ひと」である。ナラティヴ・セラピーの世界観はこのようなものであるようです。

どうなんでしょうかね？　でも、とにかく、《……そのようなものであるようです》という高橋さんの語りを耳にしていると、不思議なことに、わたしのうちに何か違った風景が見えてくるようです。

Ⅲ　「固有名」ということ

高橋さんは、《あなたは今なんと呼ばれたいですか、今までどんなふうに呼ばれてきたのですか》というナラティヴ・セラピーでよく用いられる質問を紹介しながら、次のようにわたしたちに質問を投げかけられます。

例えばどなたからこのように尋ねられたなら、あなた自身のなかではどんな対話が生じるでしょうか？　今、この場でこんなふうに呼ばれたい。今、あのひとにはこんなふうに呼んでほしい。どうしてかというと……それというのも……などとあなた自身のなかでの対話を進めていくと、あなたにとって「この場」や「あのひと」にまつわるストーリーが立ち現われてくる様子が感じられませんか？　さらに「あのひと」がかつてどんなふうにあなたのことを呼んでいたのか、いつ頃からその呼び名に変わったのかなどと思い返してみると、「あのひと」から「○○さん」と呼ばれていた頃はそれにふさわしいように、「○○ちゃん」と呼ばれるようになってからはそれにふさわしいように思考し行為するあなたの様子や、そのような変化に伴って「あのひと」にまつわるあなた自身のストーリーが変化していることが意識されませんか？　それらのストーリーが絡み合うなかに「今」のあなたが在り、「今」のあなたの思考や行為を根拠づけているという感覚を持っていただけるでしょうか。

わたし自身、この高橋さんの問いかけにじっと耳を傾けながら、自分の中での対話を進めてみました。すると、過去から現在までのわたしのその都度のありようが、具体的な出来事と合せてありありとストーリー性をもって想起されてくるのです。しかし、そのこともさることながら、もっと強く感じられたのは、わたしという一人の人間を実に大切に扱ってもらっているというものでした。「他ならぬこのわたし」という感覚です。

これは、わたしだけの特別な感覚なのでしょうか。そして、このような感覚をわたしに引き起こすこの問いかけの意味はどこにあるのか、という問いが浮かび上がる中、Kripke（1972、邦訳1985）が展開した〈固有名と可能世界論〉の問題に出会ったのです。ただ、この問題の背景には哲学や言語学上での膨大かつ緻密な議論がありますから、ここでも柄谷（1992 = 1999）による解説を参考にします。

たとえば、ここに「くろ」という名の猫がいる。特殊性という軸でみれば、「この猫」は、猫という一般的な類のなかの一つであり、さまざまな特性の束（黒い、耳が長い、痩せている、など）によって限定されるであろう。しかし、単独性という軸でみれば、「この猫」は、「他ならぬこの猫」であり、どんな猫とも替えられないものである。それは、他の猫と特に違った何かをもっているからではない。ただ、それはわたしが愛している猫だからである。……同じことが「この私」にかんしてもいえる。わたしは「この私」が単独的であると感じている。しかし、いうまでもなく、それは余人に替えがたい何かをもっていることを少しも意味していないのである。われわれは、単独性としての「この猫」あるいは「この私」を記述することはできない。記述すれば、それはたんに記述の束を重ねるだけである。……しかし、「くろ」という名をもった黒猫は、日本にたくさんいるだろう。わたしが取り換えがきかないと思う「この猫」の単独性は、それが一つしかないという事実によるのではない。単独性は、「他ならぬこれ」、つまり、「他であったかもしれないが現実にはこうである」ということを意味している。（p.21）

以上のように、柄谷は、ある個体について論じる場合には特殊性と単独性の二つの側面があり、特に単独性が立ち現われてくるのが、例えば《「くろ」という名をもった猫》すなわちその個体に固有名が与えられることによってであるとしています。そして、この固有名には、ある特定の個体を指示する言葉という言語学的な問題以上の重要な側面が孕まれているのです。一つは、その個体に可能世界が開かれることによって歴史的な存在となることであり、次に、固有名が他者から命名されるものに他ならないということから、そのことによって社会的な存在となるということなのです。さらに、固有名としての単独性と、記述の束を重ねた特殊性としての個体の根本的な区別は、「それは誰か」という問いと「それは何か」という問いの区別に対応しているのであり、この「それは誰か」という問いによってこそ、その個体は倫理的な存在となるのだ、と言います。

では、特殊性――これは一般性と対になるものですが――としての個体の側面はどうなのでしょうか。おそらく想像されるところだと思いますが、これは、今日の科学に対応するものだということです。《言語学に限らず、科学は、一般的であるために、固有名を還元することを目指している。ラッセルの記述理論はそれを代表している。記述主義が支配的なのは、個体を一般性あるいは法則において見ようとする科学の志向と合致するからである》（柄谷、1992＝1999, p.24）ということになりますね。そして、このことがとりわけわたしたちの仕事に関わる心理学や臨床心理学およびその関連領域のいずれの現状にいてもまさにドミナント・ストーリーになっていますよね。

さて、固有名による単独性によって、ある個体（人）は歴史的、社会的そして倫理的な存在になる、ということについてもう少し考えてみたいと思います。《「他ならぬこれ」、つまり、「他であったかもしれないが現実にはこうである」》というあり方のことをKripkeは「可能世界」と呼ぶのですが、一見すると何やら非現実的なことのように思われますよね。だって、「もし、あの時、こうでなかったら、こうであったら……」なんて考えるのは、卑近な例ですが、わたしに限らずゴルフ好きは誰でも、ホールアウトすると必ず「タラレバ」になるのと同じですから。しかし、この可能世界それ自体はあくまで、今すなわち現実世界からのみ考えられる世界なのであり、かつ、この可能世界を想定するがゆえに過去から現在に至る歴史的な関心あるいは意識とともに、ストーリーが姿を現すのだ、と考えられます。でなければ、それは単なる時間経過に過ぎず、否、そもそも時間感覚すら生まれないのだと思います。別の観点からすると、この可能世界論によって、わたしたちの人生における偶然性の契機そして「運命と自由」ということに思いを致さないわけにはいきません。よく、子どもは親を選べない、と言います。そして、子どもは生まれると、「○○君」あるいは「△△ちゃん」というまさに固有名が親によって与えられるのです。もし、生まれ落ちても固有名が与えられないとしたら、その子のそれからの人生の歴史はどうなるでしょうか。同時に、人と人とのつながり、すなわち社会的なあり方はどうなるのでしょうか。
こうして、固有名は、その個体を歴史的な存在そして同時に社会的な存在へと向かわせるのですが、この社会的な存在の契機となるのが、繰り返しになりますが、固有名は他者から与えられ、伝達される過程に存するということなのです。いわゆるアイデンティティとは、個体内部にあるものではなく、その折々において、他者から「○○」と呼ばれることによって良くも悪くも形作られていくものだということ、すなわち、そこにセルフ・ナラティヴ（ストーリー）が生まれてくると考えられるのです。言うまでもないことですが、ここでの〝セルフ〟は孤立したものではなく、すでに、そこに社会的なものが孕まれているものなのです。そして、この「○○」はもはやその人の名前に限定されるものではありません。高橋さんは次のように語ります。

名称がストーリーを構成し、ストーリーが名称を規定する。ナラティヴ・セラピーにとって「名称」とは、上述したような直接的な「呼び方」に限らず、例えば「なまけもの」とか「がんばりやさん」とか「うつ病」とか「セレブ」とか、なんであれ「そのひとに『冠される』名称」全般を指します。名称変更はストーリーを再構成し、ストーリー変更は名称を再規定する。この恒常的な相互作用のなかに「ひと」はその存在を構成し続けるという認識がナラティヴ・セラピーの一部であろうと思います。

わたしがケース検討会の席に呼ばれた時、ケース報告者に対して必ず最初にお願いするのは、そのケースに仮名（あるいはニックネーム）をつけてもらうことです。そうして、その後のケース報告およびディスカッションでは、ずっと、その仮名を使っていきます。すると、わたしはもとより報告者、それに参加者も、あたかも、この場にそのケースの人がいるかのようなリアリティを感じることができるのです。ともかく、《私が特に否定したいのは、個体はそれが何を意味するにせよ「諸性質の束」以外の何ものでもない、という考えである》というKripkeの言明は、わたしにとって、ナラティヴ・セラピーであるかどうかは別にしても、セラピー場面でクライエントを前にした時には、いつも心がけておきたいものです。

三つ目の固有名による単独性によって、その個体は「倫理的な存在になる」ということについては、次の「コラボレイティヴ」に関する議論との関連において考えてみようと思います。

Ⅳ　「コラボレイティブ」ということ

ナラティヴ・セラピーというと「コラボレイティヴ」ということがキーワードになっていますが、今では、何かにつけてこの言葉が耳にされます。さきほど取り上げたコミュニケーションという言葉ほどではないにしても、これもまた、わたしたちには実に手触りのよいものになってきているようです。しかし、その内実について高橋さんは、《少なくとも「セラピストがクライエントに共感を示す」ことや「セラピストがクライエントに協力する」ことや「セラピストがクライエントを尊重する」こととは少し異なる概念であるようです》と述べて、ナラティヴ・セラピーにおける「コラボレイティヴ」の依って来るところについて次のように語っていかれます。ここでは、「クライエントも専門家である」あるいは「Not-knowing」といった今ではかなり知られたナラティヴ・セラピーの原則が語られていきますが、とても大切なことですので、そのまま引用します。

ナラティヴ・セラピーでは、面接の場におけるセラピストとクライエントの立場を「クライエントがその専門性を発揮しやすいように場を進行する専門家」と「自身の経験をストーリーだてる専門家」として捉えているようです。ナラティヴ・セラピーにとって「ひと」は自らを構成し続けるストーリーについての違和感を表明したり異議申し立てるストーリーが構成されつつあるなかで、「クライエント」という立場を通じて自らのストーリーの語り手となります。それはクライエント自身によってしか語りえないストーリーであり、だからこそその意味するところはクライエント自身しか知りえない独特のことばを用いて語られます。

…（略）…

セラピストは、専門家たるクライエントとの対話を進めるにあたって、まずその専門用語の意味を知らねばなりません。多くの専門家がそうであるように、専門家自身にとって自分の用いることばの意味は自明ですから、その専門性に気づきにくいかもしれません。加えてクライエントの専門用語は共通言語の形式をとることが多いですから、セラピストはよほど注意深く耳を傾けていないと誤解してしまうかもしれません。「クライエントのことばの意味は、クライエントに尋ねるしかない。クライエントの言わんとすることは、クライエントに尋ねるしかない」というセラピストの基本姿勢をナラティヴ・セラピーでは「Not-knowing」と呼び、「コラボレイティヴ」にあたっての大切な態度であると考えられています。

さて、「コラボレイティヴ」なるものについて、これをここではひとまず「共同、共同性、共同体」といった日本語を用いることで、わたしのストーリーを重ねてみようと思います。「共同」という場合、そこには複数の人間がいて、かつ、それら複数の人間の間には何らかの共通性あるいは同一性があること、が前提になっていますよね。そのようにして形成された「共同体」には、その「内部」と「外部」を分かつような空間的認識が生まれ、さらに、その「内部」にあっては成員たちにはさらなる同一性を求めるような動きが生じる。こういうと何やらシステム論に近くなってきますが、それはともかくとして、問題は、さきほど議論になった個体（人）における単独性との関連です。つまり、単独性を強調するとすれば――例えば、高橋さんが語るセラピストとクライエントはそれぞれ専門家なのです、という表明からすると――、少し乱暴な言い方かもしれませんが、「あんたはあんた、わたしはわたし」ということになって、そういう二人がどうやって共同できるのでしょう。とても、お互いの共通性あるいは同一性どころではない。少なくとも、ある共同体を構成する成員同志の間には、やはり、さきほどの高橋さんが疑問として示された「共感」「尊重」「相互理解」といったことを前提にしなきゃいけないのではないかとか思うんです。あるいは、その共同体そのもの、そしてその成員同士のつながりを支える言わば超越的な何らかの原理あるいは規則がそこにないとダメなのではないかと思うのですが。であれば、セラピストとクライエントによって構成される面接場面だって一つの共同体と考えることができるし、実際、わたしがかつて受けたあるカウンセリングの講義では、「面接場面には、セラピストとクライエントをつなぐある共通の土台があるのだ」と教えられました。なるほど、と関心しつつも、ということは、人類みな兄弟ってことか、なんていじわるな感想ももったのですが。それはともかく、高橋さんがおっしゃるナラティヴ・セラピーにおける「共同」というのは、今、わたしが呈した「共同」論とは似て非なるものだ、ということだけは確認できました。

つまり、きわめて逆説的なのですが、セラピストはクライエントのあり方を決してセラピストの内部に回収することはできない、そのような「他者性」に徹底して向き合うことこそが、ナラティヴ・セラピーでは、「共同」そして「対話」を構築していくための中心になるようなものなのでしょうか。ということは、「お互いに違うな、ということが心底わかったよ」といった感覚がそれにあたるのでしょうか。それにもう一つ、「共同」というと双方とも対等の関係というイメージをつい持ちがちですし――実際、ヒューマニスティックな臨床家たちは、そのように言いますが――、それに、ナラティヴ・セラピーでもお互いに専門家同士というわけですから、対等性という点では同じように考えられます。しかし、実は、そうではなくて、ナラティヴ・セラピーでのセラピストとクライエントの関係は非対等（対称）なんだということです。つまり、セラピストがクライエントに学ぶ、ということに他ならない――いわゆる、ワンダウン・ポジションではない――。だからこそ、セラピストに求められる態度として「Not-knowing」ということが言われるわけですね。

そして、このような関係において生じてくる倫理性は、わたしたちが通常受け入れているいわゆる外部から規定される倫理性とは次元を異にするものだ、ということでしょう。わたしはここで、「生きられる倫理性」という言葉を使ってみようと思うのです。それは、クライエントの「他者性」を徹底的に承認すること、言い換えれば、その「固有名」に常に依拠すること、そのことによって、クライエントをして歴史的かつ社会的な存在ならしめること、に尽きるのではないかと考えられます。その具体的なことが高橋さんのさきほどの文章の最後に触れられた《セラピストはクライエントのことを「わかったつもりにならない」》ということに端的に示されているように思えるのです。

Ｖ　おわりに

ご承知のことと思いますが、高橋規子さんは、二〇一一年十一月十三日にお亡くなりになりました。享年四十八歳。ここまでのわたしの応答に高橋さんが直接また応じてくださることは、もはやかないません。もっと早くに、という思いがなくはありませんが、ともかく、日本の臨床家の中で、高橋さんほどこれほどまでにナラティヴ・セラピーそのものを生き抜いたセラピストはいないのではないか、ということを申し上げてこの対話を終わりにしたいと思います。

文　献

Anderson, H. (1997) Conversation, Language, and Possibilities: A Postmodern Approach to Therapy. Basic Books.（野村直樹・青木義子・吉川悟訳（2001）会話・言語・そして可能性．金剛出版．）

de Shazer, S. (1991) Putting Difference to Work. W.W.Norton.（小森康永訳（1994）ブリーフ・セラピーを読む．金剛出版．）

Hoyt, M.F. (1998) The Handbook of Constructive Therapies. Jossey-Bass Publishers.（児島達美監訳（2006）構成主義的心理療法ハンドブック．金剛出版．）

柄谷行人（1993）悲劇と言葉．講談社学術文庫．

柄谷行人（1988）内省と遡行．講談社学術文庫．

柄谷行人（1999）ヒューモアとしての唯物論．講談社学術文庫．

Kripke, S.A. (1980) Naming and Necessity. Basil Blackwell and Harvard University Press.（八木沢敬・野家啓一訳（1985）名指しと必然性．産業図書．）

児島達美（2009）心理療法にとって〝ナラティヴ〟とは．家族療法研究，26 (2); 111-116, 117-145.

児島達美（2008）可能性として心理療法．金剛出版．

小森康永・野口裕二・野村直樹編（1999）ナラティヴ・セラピーの世界．日本評論社．

McNamee, S. & Gergen, K.J. (eds.) (1992) Therapy as Social Construction. Sage Publications.（野口裕二・野村直樹訳（1997）ナラティヴ・セラピー—社会構成主義の実践．金剛出版．（現在は，遠見書房より再刊））

高橋規子（2008）ナラティヴ・セラピー：セラピーの最前線．In：森岡正芳編：ナラティヴと心理療法．金剛出版．）

高橋規子・吉川悟（2001）ナラティヴ・セラピー入門．金剛出版．

高橋規子（2001）私と「高橋」にとっての「ナラティヴ・セラピー」．家族療法研究，18 (2); 108-111, 117-142.

高橋規子（2009）あれから「治療者」はどうなっていったのか．家族療法研究，26 (2); 106-110, 117-145.

おわりに

本書刊行は、多くの仲間の、とりわけ、すでにこの世を去った森俊夫、和田憲明、高橋規子といういずれも稀有なる心理臨床家の力なしには決して実現しなかった。私は、彼／彼女らとの知己を得たことを心底誇りに思うと同時に、まずもって、本書をこの三名に捧げたい。そして、次世代を担う木下みどり、永尾嘉康および伊藤勢津子の三名の心理臨床家も、今では、それぞれさらなる活躍を見せていることも本当にありがたい。

ところで、本書タイトル『ディスコースとしての心理療法』だが、読者の中には、何やら偉そう、難しそう、な響きがして敬遠される向きがあるやもしれぬ。一方、ディスコースなる言葉に少なからず関心を寄せておられる読者からすると、物足りなさを感じられるだろうと思う。いずれにせよ、なぜ、ディスコースなのか、ということなのだが、これは、私がこれまでずっと抱いてきた心理療法なるものに対する自問自答の現時点での一つの答えである、としか言いようがない。あらためて、読者諸氏には、そうした私の自問自答にお付き合いいただければ幸いである。

さて、本書刊行の企画が持ち上がったのは本年四月である。仕掛人は、以前からお世話になっている遠見書房の山内俊介氏である（ちなみに、私の最初の論集である『可能性としての心理療法』（金剛出版、二〇〇八）も同氏のお力添えによるものである）。そこで、この数年来、何かにつけて「そろそろ、次の本、どうですか？」とのお誘いを受けていた。しかし、学内外の諸事に益々多忙を極める中、とてもその余裕はなかった。

ところが、である。相変わらずの後先を考えない大バカ者である私は、やむを得ない事情があったとはいえ、この多忙の最中、日本家族研究・家族療法学会第三十三回大会の長崎開催まで引き受けてしまったのであった。そこで、大会運営のため関係先に広告依頼をすることになり山内氏にも協力を求めた。すると、「一番高い広告料をだしてもいいですよ。ただし、大会に間に合うように本を書いていただけるならば……」という実に見事な営業文句にハメられたのであった。

こうして、本書は文字通り突貫工事により刊行となった。ゆえに、至らぬところが多々あるやもしれぬ。しかし、開催が危ぶまれた今夏のリオデジャネイロ・オリンピックも今のところ順調に競技がすすめられているようであるから、ここはブラジルの精神に倣うことで寛恕願うしかない。

そして、今、日本家族研究・家族療法学会第三十三回長崎大会の開催に向けた準備は、まさに大詰めの段階を迎えている。

最後に、山内俊介氏のいつもの暖かな〝無茶ぶり〟がなければ本書刊行とはならなかった。ここにあらためて心からの感謝を申し上げる。

二〇一六年八月

児島達美

は行

ま行

や行～

索　引

あ行

か行

さ行

初出一覧

序　セラピストは良き観客たれ→書き下ろし

第１章　私が家族療法から教わったこと→『家族療法研究』（日本家族研究・家族療法学会）17 巻２号；69-75，2000.

第２章　遠い親戚のおじさんのように振る舞う→『家族療法研究』（日本家族研究・家族療法学会）27 巻２号；14-17，2010.

第３章　日本における夫婦療法のゆくえ→『家族療法研究』（日本家族研究・家族療法学会）25 巻３号；66-70，2008.

第４章　ブリーフ・セラピーへの招待→『現代思想：特集　心は自由になれるか――臨床の現場から』（青土社）30 巻４号（３月号），70-83，2002.

第５章　「問題の外在化」再考→『ブリーフサイコセラピー研究』（日本ブリーフサイコセラピー学会）19 巻２号；67-76，2010.

第６章　心理療法にとって〝ナラティヴ〟とは→『家族療法研究』（日本家族研究・家族療法学会）26 巻２号；111-116，2009.

第７章　心理〈相談〉に固有のアセスメントは存在するか？→吉川悟編『システム論からみた援助組織の協働』（金剛出版）pp.243-250，2009.

第８章　ものわかりのよい、手のかからないセラピストとクライエント・その１→『精神療法』（金剛出版）31 巻４号；74-81，2005.

第９章　ものわかりのよい、手のかからないセラピストとクライエント・その２→『精神療法』（金剛出版）31 巻５号；72-82，2005.

第 10 章　若き男性セラピストの〝軽はずみと羞恥心〟・その１→『精神療法』（金剛出版）31 巻６号；77-86，2005.

第 11 章　若き男性セラピストの〝軽はずみと羞恥心〟・その２→『精神療法』（金剛出版）32 巻１号；83-92，2006.

第 12 章　子どものセラピーにはコマーシャル付きがおすすめ・その１→『精神療法』（金剛出版）32 巻２号；72-79，2006.

第 13 章　子どものセラピーにはコマーシャル付きがおすすめ・その２→『精神療法』（金剛出版）32 巻３号；95-105，2006.

第 14 章　会話を続けること――コミュニケーション障害は治療的会話の促進を妨げるか？→『家族心理学年報』（日本家族心理学会）22 号；80-94，2004.

第 15 章　高橋規子さんの〝ナラティヴ〟との対話→『N：ナラティヴとケア』（遠見書房）４号；31-38，2013.

【著者紹介】

児島達美（こじま・たつみ）

1950年、長崎生まれ福岡育ち。長崎純心大学人文学部人間心理学科、同大学院臨床心理学分野教授。長崎純心大学地域連携センター所長。

上智大学大学院教育学専攻博士課程修了。東京都立駒込病院心身医療科他非常勤カウンセラー、九州大学医学部附属病院心療内科助手、三菱重工長崎造船所メンタルヘルスサービス室長を経て、2000年4月より現職。

（財）日本臨床心理士資格認定協会；臨床心理士。日本家族研究・家族療法学会；認定制度委員会委員長（認定スーパーヴァイザー）。日本心身医学会；代議員。日本産業精神保健学会；評議員。日本ブリーフサイコセラピー学会；元会長。長崎県臨床心理士会；会長。

主な著書：「心理臨床学の冒険」（共著，1991，星和書店），「心身医学標準テキスト」（共著，1996，医学書院），「ブリーフサイコセラピーの発展」（共著，1996，金剛出版），「構成主義的心理療法ハンドブック」（監訳，2006，金剛出版），「可能性としての心理療法」（単著，2008，金剛出版），「家族療法テキストブック」（共著，2013，金剛出版）

和田　憲明：元（株）三菱重工長崎造船所メンタルヘルスサービス室長，2009年11月逝去

田崎みどり（旧姓，木下）：長崎純心大学地域連携センター室長
永尾　嘉康：（株）メディヴァ保険事業部産業保健コンサルタント
伊藤勢津子：長崎県立大学／長崎県スクールカウンセラー

森　　俊夫：元 東京大学医学部保健学科助教，2015年3月逝去

ディスコースとしての心理療法
可能性を開く治療的会話

2016年9月20日　初版発行

著　者　児《こ》島《じま》達《たつ》美《み》
発行人　山内俊介
発行所　遠見書房

〒181-0002　東京都三鷹市牟礼 6-24-12
三鷹ナショナルコート 004
（株）遠見書房
TEL 050-3735-8185　FAX 050-3488-3894
tomi@tomishobo.com　http://tomishobo.com
郵便振替　00120-4-585728

遠見書房

印刷　太平印刷社・製本　井上製本所

ISBN978-4-86616-021-4　C3011